修訂十四版

法學緒論

Introduction to Jurisprudence 劉作揖 著

JUSTIC

三民書局

修訂十四版序

一帖：法學是人類生命之軸心

　　法律數載異容，余步趨那法律身影，深恐脫序，鑿石又穿山，撐起法學之船楫以楫為謙心，滿懷之燃煤，只為民間保溫與耕心。余步入生死學會、協會、殯葬教育協會、學會之刊物、《中華禮儀》雜誌那塊福田，轉眼已有二十餘載之文頁，法學可延續「生命禮儀」，人間裡充塞著無法言喻的行儀與道理。

二帖：法學有源口、有創意

　　猶如層巒疊嶂、玉潤珠圓，那名望學者，後人尋訪深山，只探得幽谷留音，法界繽紛似錦，可，絲路再長，源口卻在身旁，觸手可及，令人著迷。

三帖：考場揮筆，只為那點滴希望

　　各位學子們，余參加考試，步步揮汗，蓁蓁府田迎早春／百合花滿山頂／庭宇盛開風信子萬株／滿天星花落一片天。

　　別忘了，那年輕輕地乘著一帆輕舟／帶著一份學校聘書／又帶老母之淚珠／海邊風大／晨昏要加穿衣裳／周末要坐船回家／邁著瘦瘦兩腿／西裝瘦瘦地緊縮在瘦瘦的身軀，我上岸拾穗東吉／東吉月夜孤島獨眠／大地寂靜／那年星光伴燈／書文伴桌／牙疼無醫／那年，菊島虎頭山點頭，伴我孤心／人生二十餘載雄心正立，浩浩蒼天，我與誰吟／論文入獎／高考、特考雙雙及第／督學中舉／生命之中唯一燈塔，東吉女孩燈塔，杜蘭朵知余，北枝花，北枝花妳可知心！

四帖：法學告知，飲水思源，百善孝為先

　　青青翠翠的蔘莪呀！立於水間、田間似神仙／正如父母對我之愛與餵／青蒿、白蒿呀／父母育我，勞苦功高好比昊天／父母抱我、生我、育我那般勞困／那番身影，感動有情之蒼天／父母蔚藍之神影正如人間蔚草般蒼蒼濃鬱。

五帖：愛不釋手，三民書局出版之《法學緒論》

讀者之熱忱，鼓勵我一再地將那本《法學緒論》加強其內容，補充其研究課題，且每年國考之題庫不斷地引入，愛書是一件天生之財富，從書中獲得人生之智慧、培養出清新、溫雅與帥氣，而書更是教學中具多重功能之幕後主角，故而書中自有顏如玉。

獲三民書局編輯部之智慧導引，本書就將進行修版，此刻，新型冠狀病毒漫流期，法學之種子，它擔負起維護社會命脈之功能更加令人醒目，本書之修訂更加富有實質上之意義。

六帖：海鷗再次飛翔

當啟航之笛音深深地響出十四次，本書第十四版就要出世了／海鷗飛翔／大地艷唱出阿勃勒詩句／文稿布滿了書衣在桌面上／這年二〇二〇年黃澄澄的阿勃勒花開／夾帶著晶澈水滴／串串的歌曲／串串的月光／串串的詩句／那是海鷗飛翔之身影／帶著浴火鳳凰／帶著紅熾熾之艷光／那阿勃勒詩句再度讓人雀躍。

七帖：謝謝您！

謝謝所有讀者，以及三民書局所有工作同仁，以專業、專長、努力地付出，以及三民法律編輯協助資料整理與提出修訂建議，唯作者知識尚淺，體力不夠強壯，失誤之處尚請法界專家、學者、讀者們多多指正，值此本書即將問世之際，爰特為之序。

劉作揖 謹識

中華醫事科技大學護理系

郭秀娟醫護文學老師　寫於竹塹荷蘭村二〇二〇年十二月

修訂十三版序

　　一個由頭顱、肢體、骨骼、器官、組織、血脈、細胞、皮膚等組成的嬰兒身體，其生命的存活，源自於母體的孕育、分娩。換句話說，嬰兒的生命發生，萌芽於父母的精卵結合。

　　原來，當一個男子的精細胞，與女子的卵細胞結合後，女子的卵細胞受孕（又稱受精）；而受精的卵細胞，即緩緩滑向子宮，附著於子宮壁；同時，進行細胞的分裂，由一分裂為二、由二分裂為四、由四分裂為八、由八分裂為十六、由十六分裂為……，如此依等比級數不斷的分裂，最後形成一個細胞球；細胞球內有一個空腔，把所有細胞分成內、外層，內層細胞有一部分發育成為胚胎，外層細胞則發展為胚胎的附屬構造，包括臍帶、胎盤與胎囊，其功能是在保護生長、發育而成的胚胎，並供給它所需的營養。胚胎發育成為胎兒，歷經十個月左右的成長，最後脫離母體，出生為有生命的嬰兒。

　　剛出生的嬰兒，如非死產，依民法的規定，已具自然人身分（因具人類形骸），得享有民法上的親屬權（父母的子女），受父母及祖父母的保護、扶養、照顧與調教；又享有民法上的繼承權，得繼承父母及祖父母的財產或遺產（包括動產與不動產），如有兄弟姊妹，得與兄弟姊妹平分財產或遺產。出生不久的嬰兒，依民法的明文規定，因尚無行為能力（未滿七歲），不能自理生活，故其父母必須遵守憲法的規定，保障其生存權（憲法第十五條：「人民之生存權……應予保障」），讓出自己身的嬰兒，能在溫暖的懷抱下，延續生命，繼續成長，而生存在有安全感的家庭中，千萬不可因嬰兒身體畸形、面貌奇醜、瘦弱多病或經濟困窘無法扶養等原因，而將其丟棄家外。如果將嬰兒丟棄家外，便構成刑法的遺棄罪，應接受刑法的制裁。

　　嬰兒在成長的過程中，尚有身體自由權及生命權的享有與維護，得排

除他人非法的侵害、綁架或擄人勒贖（得由法定代理人代為追訴）；及長，仍得享有憲法上的受教權，除接受國民教育外，尚得依自己的意願，接受高中高職、大學或其他較高層次的教育。其次，憲法上明定的種種自由權、選舉權、訴訟權、工作權等等，幼兒長大成人後，仍得享有，並得排除不法的干擾與侵害。

法律，種類繁多，不勝一一列舉，如欲窮畢生之心力，以透澈了解所有法律的內容，的確不是一件容易事。而法學緒論一科，是學習法律的入門學科，淺近易懂，可以了解法律的梗概，有意更進一步涉獵專門法律者，自得以此為臺階，悉心閱讀、研究，俾融會貫通，增廣法律的素養。

本書承蒙學者、讀者的訂購、捧場、厚愛，修訂十二版的拙著，二〇一四年八月間才出書，不料本年七月下旬又忙著修訂十三版的校閱、修改工作，著實令人感到驚訝與意外；茲值修訂十三版即將出書前夕，謹再次感謝三民書局法律編輯的辛勞與細心的校對，並希望學者、讀者們能一本過去的關懷，多多指正，爰特為之序。

劉作揖 謹識

二〇一六年八月

修訂十二版序

　　法律是規定國家與人民或人民與人民相互間權利與義務關係的社會行為規範。前者例如中華民國憲法、刑法、刑法的特別法、刑事訴訟法、行政訴訟法、民事訴訟法……等等，是國家與人民相互間權利與義務關係的特定行為規範，屬於公法的一環；後者例如民法、民法的特別法……等等，是人民與人民相互間權利義務關係的社會生活準則，屬於私法的範疇。

　　法律是經由立法機關所制定、通過，而由總統公布的所謂具有形式、具有文字的社會行為規範，適用於國家統治權所能及的領域，除了享有治外法權的外國元首、外國代表及其家屬、侍從人員……等不受拘束與干涉外，凡我中華民國的國民均應遵守法律，不得故意違背法律的禁止行為。

　　法律規定的事項，總離不開權利的保障、維護與享有，以及義務行為的遵守、履行與制裁。就法律最高層次的基本規範——中華民國憲法而言，權利的保障、維護與享有，有以下兩種類型的明文規定：

一、平等權的保障、維護與享有

　　中華民國憲法第五條有：「中華民國各民族一律平等」的明文規定，就中華民國的臺灣而言，這是保障原住民與客家民族的平等地位權利，居住臺灣地區的原住民（包括泰雅族、阿美族、排灣族、布農族、魯凱族、卑南族、鄒族、賽夏族、雅美族〔達悟族〕、邵族、噶瑪蘭族、太魯閣族……）與漢族、客家民族……等，自應維護與享有憲法所保障的平等權利，和平相處，共謀政治之安定、社會之繁榮、國家之富強與進步。切勿相互猜忌、排斥與敵視。

　　中華民國憲法第七條又有：「中華民國人民，無分男女、宗教、種族、階級、黨派，在法律上一律平等」的明文規定，使憲法上所保障的人民平等權，能落實在法律層級（位階）的維護，並歸中華民國人民所享有：

　　1.男女平等的保障、維護與享有　即掃除往昔男尊女卑、重男輕女的

不當觀念與習俗，使男女不因性別之不同，而有不同的差別待遇，男女在政治上、經濟上、社會上、教育上……等等一律平等，其平等權的享有，不但由國家保障，尚且由法律加以維護。

2.宗教平等的保障、維護與享有　即基督教、佛教、回教（伊斯蘭教）……等不同教義、教儀與信念的宗教，享有絕對保障與維護的平等權，國家不以某宗教為國教，亦不以經費補助某宗教，各宗教得在法律保障內，自由宣揚教義、舉行教儀、吸收教徒……不得濫用平等權，相互攻訐、傾軋與敵對。而人民享有信仰宗教之自由，不因信仰宗教之不同，而蒙受不利之遭遇。

3.種族平等的保障、維護與享有　即掃除種族間相互歧視、敵對與仇殺……等的不良風俗，使各種族（例如漢族、客家族、泰雅族、排灣族、布農族、阿美族、魯凱族、雅美族〔達悟族〕……等等）在政治上、教育上、經濟上、社會上有同等地位的平等權保障，同時各種族間，得相互通婚，語言與文化得相互交流。

4.階級平等的保障、維護與享有　即掃除往昔貴族與平民、富豪與貧民、高官與愚民……等嚴分階級的不合理社會現象，保障中華民國領域內的人民，享有階級平等的權利，不分貧富、不問家世、不管職位的高低，在法律上一律平等。

5.黨派平等的保障、維護與享有　即在中華民國領域內，所有黨派（例如中國國民黨、民主進步黨、親民黨、新黨、臺灣團結聯盟……）在政治上的地位平等，各黨派均得自由吸收黨員，並參與總統、副總統或立法院立法委員以及直轄市、縣（市）民選官吏或民意代表之選舉。而中華民國人民亦享有依其志願加入黨派的自由平等權利，不受國家或任何人的阻撓與干涉。

二、自由權的保障、維護與享有

自由權的保障，目的在排除國家或任何人不法侵犯及他人自由的行為，為了維護中華民國人民能夠享有國家所保障的自由權，憲法採列舉式——

予以列舉規定：

　　1.人民身體自由之保障　即人民之身體自由有不可侵犯的權利。除現行犯外，非經司法或警察機關，依法定程序，不得逮捕、拘禁。非在法院，依法定程序，不受審問、處罰。非依法定程序之逮捕、拘禁、審問、處罰，人民得拒絕之。

　　2.人民居住及遷徙自由之保障　即人民之居住處所，不得非法或無故侵入、搜索或查封，人民之遷居、旅遊、移民國外……等自由權利，不受國家或任何人之刁難、阻撓或干涉。

　　3.人民言論、講學、著作、出版自由之保障　即人民有以自己之所學、所思、所悟、所覺發表言論、從事講學、撰寫著作，或將著作印行出版的自由權利。

　　4.人民秘密通訊自由之保障　即人民以書信、電話或其他科技器具，所為的通訊，不容許任何人擅自拆閱、公開或竊聽、監聽。

　　5.人民信仰宗教自由之保障　即人民得依自己之思想、信念與智慧，選擇某一宗教，為其終生之信仰，不許任何人之阻撓與干涉。

　　6.人民集會結社自由之保障　即人民得依自己之志趣、思想與理念，參與集會或結社之活動，不受任何人之干涉與阻撓。

　　以上，列舉之自由權利，除為防止妨礙他人自由，避免緊急危難，維持社會秩序及增進公共利益所必要者外，不得以法律限制之。唯其限制人民的自由權利，必須符合比例原則，且必須有法律可依據（此稱之為法律保留原則）。所謂比例原則，是指限制人民的自由權利，其必要性的目的與其執行的方法及手段，必須寬嚴適中、合情合理，不侵犯人民的自由權利，不逾越必要的程度。例如人民的集會、遊行自由權利是否該限制？如果限制過嚴，難免違背民主精神、開民主的倒車；如果不加限制，任憑人民自由集會、遊行，又易演變成抗議、示威、暴行、失控的場面，不但影響社會之秩序，還免不了會發生流血事件，故兩相比較，權衡利弊得失，如認為有需要適度限制的必要性，得制定法律（或修正法律）限制之。唯其限

制的目的與措施，以及限制的執行方法與手段，必須寬嚴適中，合情合理，既不侵害人民的自由權利，亦未逾越必要的程度，此為比例原則的態樣。

很榮幸，本書在三民書局的大力推介，以及國內學者、讀者的厚愛、採購之下，又將再版新書了。茲值修訂十二版即將付印之際，謹再次校閱、修改，期能減低不應有的失誤與瑕疵，尚祈各學者、讀者，繼續賜予指正，爰謹欣然為之序。

劉作揖　謹識

二〇一四年七月

修訂十一版序

一個人的生命，祇有一生一世，沒有再生再世的未來。當生命者的肉體、身軀，失去了生命的跡象，停止了心臟的跳動、胸腔的呼吸、血液的循環流動、腦幹的運作……生命者本身，便長眠不起、永遠安息，不能再甦醒、再復活起來（死而復活，並非真正死亡）。

生命，是無可衡量的珍貴寶貝，用多少金錢都無法買回已死亡的生命（使起死回生），也無法以價值連城的財物，換取永恆不死的生命。因此，這珍貴的生命，不但為人人所珍惜，即使憲法以及有關法律，亦保障人人有維護自身的生存權及生命權，不容許國家或任何人肆意的、任意的、隨意的加以侵害或剝奪。但是，作為一個有生命體的人，如果不遵守法紀，不明辨是非，不克制慾念，不修身養性……動輒殺人、姦淫、搶劫、縱火……，犯下滔天大罪，觸犯了刑罰法律，制裁犯罪行為人的司法機構（指法院法官），仍不得不就犯罪情節重大，犯罪手段殘酷、凶惡的特定行為人，為死刑的判決，剝奪其賴以生存的生命權，此為不得已的手段，不如此，則無以樹立司法的威信、正義與尊嚴，防杜犯罪行為的猖獗，維護國家與社會的安全與秩序。

生命，附著於五臟俱全的身體而存在，身體因生命的延續存在，而能自由行動並依自己的意志行為；這生命所賴以生存的身體，有其憲法上所保障的自由、自主權，例如除現行犯之外，非經司法或警察機關依法定程序，不受逮捕拘禁；非由法院依法定程序，不受審問處罰。非依法定程序之逮捕、拘禁、審問、處罰，得拒絕之。又任何人遭受任何機關非法逮捕拘禁時，得向法院聲請追究……，顯見任何人皆有身體自由、自主的權利，得以排除國家或任何人的不法侵犯。

其次，由人的身體自主權，所延伸的自由權，尚有以下種種：一、居住及遷徙的自由。二、言論、講學、著作、出版的意見發表自由。三、信

仰宗教的自由。四、秘密通訊的自由。五、集會及結社的自由……等等。

　　上述種種自由權利，憲法不但有確切的明文保障，有關的法律早有限制個人或團體，過分的擴大自由權利的措施，同時，亦有制裁違法者的明文規範。因此，國家為了保障與維護人民的自由權利，除了不得任意剝奪或過分限制個人及團體的自由權利外（須依法執行，且不得逾越必要的程度），任何人、任何黨派或團體，自然也不能侵犯及妨害國家或任何人、任何黨派或團體的自由權利的限制、爭取或行使。

　　除了生命的尊重、身體的不可侵犯、以及由身體所延伸的種種自由權利的法益之外，每一個人尚有財產權及名譽權等的法益。財產權的維護，憲法有明文予以保障，例如：「人民的生存權、工作權及財產權，應予以保障」。同時，刑法對於侵害國家、社會與個人財產法益的犯罪行為人，亦設有處罰的規定，例如偽造通用之貨幣，處五年以上有期徒刑，得併科五千元以下罰金。以詐術騙取他人財物者，處五年以下有期徒刑、拘役或科或併科一千元以下罰金……。原則上，個人因經營上的努力或勞力、資本的投入，或承繼親屬的遺產，致有累積的財產，其所有權人自然得有自由使用、受益或處分的權利，不受國家或任何人的不法侵占。至於名譽權的維護，憲法雖然沒有保障的規範，但刑法的褫奪公權的處罰，是剝奪犯罪行為人的名譽權，使其不能為公務員，不能競選公職人員。另外妨害他人名譽者，刑法設有處罰的規定，受害人並得聲請民事賠償。

　　以上舉述的生命、身體、自由、財產、名譽……，均屬於人民的權利，簡稱為人權。人權之不可侵犯，早已成為世界各國伸張民主政治，所高懸的旗幟與理念，有了人權的維護與尊重，人的生命、身體、自由……等權利，才能獲得確切的保障，而憲法祇是一種規範，一種抽象的明文規定，缺乏執行的力量，所以它必須借助「法律」這把刀劍，才能強制執行。身為國家一分子的我們，自當維護與支持人權，並尊重他人生命、身體、自由……等之權利，切勿濫用人權或假藉人權的維護，濫殺無辜、為所欲為，做盡傷天害理的罪行。

　　很榮幸，本書在三民書局的大力推介，以及國內學校機關、學者、讀者的厚愛、採用與支持之下，修訂十版的書籍已將售罄，茲值修訂十一版即將再版之際，爰謹以感恩之心，感謝三民書局為本書的陸續再版所付出的心力與奉獻，並期望國內學校機關、學者、讀者繼續惠賜指正。

劉作揖　謹識

二〇一一年二月

修訂十版序

　　東北亞日本國 (Japan) 處遇犯罪行為人的刑罰，有死刑、懲役、禁錮、罰金、拘留、科料等六種主刑，及沒收等一種附加刑。日本的死刑與我國刑法的死刑相同，但是執行死刑的方法不同（日本採用絞首，我國採用槍決）。迄今，日本仍保留死刑，沒有廢除。日本刑罰的懲役，分為無期及有期，有期自一月以上二十年以下。受懲役處罰的犯罪行為人，拘置於刑務所（監獄）內，每日並課以八小時的勞務。至於刑罰的禁錮，亦分為無期及有期，有期自一月以上二十年以下，受禁錮處罰的犯罪行為人，拘禁於刑務所（監獄）內。日本的無期懲役或禁錮，與我國刑罰的無期徒刑類似；有期懲役或禁錮，與我國刑罰的有期徒刑類似；但日本的有期懲役或禁錮的量刑起點自一月以上，而我國有期徒刑的量刑起點，則自二月以上，此為不同之處……。日本刑罰的罰金（罪較重，罰金數額較高）、科料（罪較輕，科料數額較低）都是屬於財產刑，與我國刑罰的罰金，類同。至於日本刑罰的拘留，刑期自一日以上三十日未滿，受處罰的犯罪行為人，則拘置於拘留場。我國刑罰的拘役，其刑期自一日以上六十日未滿。受處罰的犯罪行為人，則拘置於看守所（或監獄）內。其次，日本刑罰的附加刑，僅有沒收一種，我國刑罰的附加刑，則有沒收、褫奪公權與追徵、追繳、抵償等三種。

　　中華人民共和國處罰犯罪行為人的刑罰，有死刑、無期徒刑、有期刑、拘役、管制等五種主刑，及沒收財產、剝奪政治權利、罰金等三種附加刑。死刑，迄今仍保留，沒廢除，但犯罪時未滿十八歲的少年，或審判時懷孕的婦女，不適用死刑。又死刑緩期執行期間，犯罪行為人倘無故意再犯罪，二年期滿後，減為無期徒刑。有重大立功表現者，二年期滿後，減為十五年以上二十年以下之有期徒刑。有期徒刑之刑期，為六月以上十五年以下；拘役的刑期，自一月以上六月以下，均與我國刑法的有期徒刑、拘役的刑期高低度不同。至於管制一項，乃中華人民共和國刑法的一種特

別措施與處遇，為我國刑罰制度所無。至於沒收財產的附加刑，與我國刑法的沒收附加刑，其執行之對象、範圍均有所不同（前者沒收財產的全部或一部分，後者僅沒收違禁物或供犯罪所用、供犯罪預備之物或犯罪所生、所得之物）。又剝奪政治權利的附加刑，與我國褫奪公權的附加刑，類同。再者罰金的附加刑，與我國主刑的罰金，亦類同。

　　我國處罰犯罪行為人的刑罰，有死刑、無期徒刑、有期徒刑、拘役、罰金等五種主刑，及沒收、褫奪公權與追徵、追繳、抵償等三種附加刑（又稱從刑）。死刑為剝奪犯罪行為人生命法（權）益的一種極不人道、極為殘酷的刑罰。故晚近常有人提倡廢除死刑之議。主張廢除死刑之議者，認為死刑極殘酷、極不人道，既不尊重人的生命權，更缺乏憐憫、寬恕之慈悲心，孰能無過、無失足之恨？何必執著於不人道的嚴刑苛罰？尤其國家為行使德政，更應體恤民怨，廢除死刑；何況今日歐洲早有若干國家廢除了為世人所鄙棄的死刑。不過作者認為：既然日本、中華人民共和國……等都保留刑罰的死刑，我國當然亦應保留刑罰的死刑，不可廢除。況我國刑法早已廢止不用唯一死刑（刑法第 333 條第 3 項及第 334 條）。而以死刑為選擇刑者，也祇有十多種罪情；且法院法官於審判犯罪情節重大的犯罪行為人時，又得審酌犯罪行為人的犯罪手段、犯罪後的態度……等等，為是否判處死刑的慎重選擇。因此，為了維護社會的秩序與安全，防杜犯罪之猖獗，對於少數怙惡不悛、凶暴殘酷而犯罪情節重大的犯罪行為人，除不得不為死刑的處罰外，凡有悛悔改過的心態或實據；或有改善行狀的可能者，宜以終身監禁的服刑措施，代替死刑的執行；或以判處無期徒刑，代替死刑的宣告。

　　很榮幸，本書在「三民書局」的大力推介，以及國內學界、讀者的厚愛、採用之下，已累積了九版的業績；茲值修訂十版即將付印、出書之際，謹再次感謝三民書局所有編輯部同仁，為本書的再版所奉獻的心力與辛勞，並期望國內學界、讀者們，繼續賜予支持、指正。爰欣然為之序。

二〇一〇年七月五日　**劉作揖**　謹識

自 序

　　已故前司法院副院長韓教授忠謨，已故前大法官林教授紀東、鄭教授玉波，以及前大法官、後為總統府資政、顧問的管教授歐……等幾位長輩、學者，在早年（約自民國四、五十年至六、七十年間）都曾先後有《法學緒論》名著的問世，也都曾在法學學術領域上，占有一席之地，大放絢麗的光芒，為後輩學子所崇仰；其後，雖仍有多位先進、學者，先後繼起，陸續發揚光大，但也難能超越前人的聲譽與成就……。

　　《法學緒論》是一門法學入門的課程，向為大專院校必修之共同科目之一，其重要性可想而知；惟近年來專科學校之共同科目，已將《法學緒論》之課程，更名為《法學概論》，其修習之內容，似乎擴增了許多；但國內在尚無《法學概論》之範本，可供參考、應用之前，一般專科學校仍多採用前述幾位名家之著作。作者有幸在南部一所專科學校，講授《法學概論》一門課程，一面研讀已故大法官鄭教授玉波之名著《法學緒論》，一面與學生共同研習，課餘之暇，更利用一點一滴之時間，埋頭伏案、振筆疾書，就研閱、深思所得之心得，亦撰寫成書。書既撰寫完成，乃商請三民書局協助出版，唯三民書局編輯部卻另提出《法學概論》教學單元大綱，囑咐作者依照單元大綱重新撰寫，俾作為專科學校教學之用書。作者有感於三民書局編輯部之器重、賞識，在盛情難卻之情形下，竟欣然答應在短期間內完成撰寫工作，絕不負所託。是書之草稿，歷經三個多月之辛勤耕耘、振筆疾書，終於大功告成，並於民國八十四年四月間出版。出版後之本書，雖曾參考過七、八種國內名學者的有關著作，自認理論與內容方面應不成問題，不料因撰寫草稿時過於倉促，思慮欠周，遣詞、論述技巧失當，致書中仍有瑕疵、失誤之處，嗣經編輯部同仁於再版之前，發揮集思廣益之精神，將其失當、失誤、易遭非議之處，加予修正；其後復經作者再加慎重研閱，仔細校對，已使本書之瑕疵、謬誤，一掃而光，預料本書第五次再版時，當能廣獲各界肯定、認同與好評。

目前國內坊間，雖已有三、四種《法學概論》之大專用書，且都各有其特色，唯都偏重於內容之充實，體系之完整，致篇幅過多，例如我國主要法律內容之論述，太過於周詳、過於繁多，故欲以一個學期、每週二小時的教學時間，將書中各章節內容，全部教學完畢，實在困難多多，因此，建議採用本書之教授、學者，能斟酌情形，靈活運用，不必逐編、逐章、逐節依序教學。

本書之得能陸續再版，應感謝三民書局總經理劉振強先生之器重、賞識與厚愛，以及編輯部所有同仁之協助打字、排版、校對與精神上之投入，一併在此致謝。作者法學素養尚淺，在學術領域上尚無任何成就，本書再版後，期望海內外專家、學者能不吝指正。爰特為之序。

劉作揖　謹識
二〇〇〇年八月

法學緒論

目　次

修訂十四版序

修訂十三版序

修訂十二版序

修訂十一版序

修訂十版序

自　序

第一編　導　論

第一章　民主與法治的意義及其關係 ·· 1

　　第一節　民主與法治的意義 ·· 1

　　第二節　民主與法治、法制的關係 ·· 2

第二章　法律的意義及其社會功能 ·· 5

　　第一節　法律的意義 ·· 5

　　第二節　法律的社會功能 ·· 9

第三章　法律與其他社會行為規範 ·· 13

　　第一節　法律與道德 ·· 13

　　第二節　法律與宗教 ·· 16

　　第三節　法律與習慣 ·· 17

　　第四節　法律與政治 ·· 19

　　第五節　法律與經濟 ·· 21

第四章　法律的制定、公布、施行及效力 ·· 25

　　第一節　法律的制定 ·· 25

　　第二節　法律的公布 ·· 27

第三節　法律的施行及效力 ……………………………………… 30

第五章　法律的類型 …………………………………………………… 35

第一節　國內法與國際法 …………………………………………… 35

第二節　成文法與不成文法 ………………………………………… 36

第三節　公法與私法 ………………………………………………… 37

第四節　普通法與特別法 …………………………………………… 39

第五節　實體法與程序法 …………………………………………… 41

第六節　強行法與任意法 …………………………………………… 42

第七節　原則法與例外法 …………………………………………… 44

第八節　固有法與繼受法 …………………………………………… 45

第九節　母法與子法 ………………………………………………… 46

第六章　法律的適用與解釋 ………………………………………… 49

第一節　法律的適用 ………………………………………………… 49

第二節　法律的解釋 ………………………………………………… 53

第二編　違法的責任

第一章　違法的意義及其違法的阻卻 …………………………… 61

第一節　違法的意義 ………………………………………………… 61

第二節　違法的阻卻 ………………………………………………… 61

第二章　違法與責任 ………………………………………………… 65

第一節　責任能力 …………………………………………………… 65

第二節　責任條件 …………………………………………………… 67

第三節　違法與責任的關係 ………………………………………… 70

第三章　違法的制裁 ………………………………………………… 73

第一節　行政制裁 …………………………………………………… 73

第二節　刑事制裁 …………………………………………………… 79

第三節　民事制裁 …………………………………………………… 86

第四節　國際制裁 …………………………………………………… 89

第三編　我國現行的司法制度

第一章　偵查犯罪的機關 95

第一節　檢察機關 95

第二節　警察機關 96

第三節　調查機關 97

第四節　憲兵機關 97

第二章　檢察機關的體系 99

第一節　地方檢察署 99

第二節　高等檢察署 99

第三節　最高檢察署 100

第三章　司法機關的體系 101

第一節　司法院 101

第二節　各級法院 101

第三節　行政法院 103

第四節　懲戒法院 105

第四章　辯護制度與訴訟輔導 107

第一節　辯護制度 107

第二節　訴訟輔導 110

第五章　解決紛爭的法律途徑 115

第一節　解決紛爭的訴訟程序 115

第二節　解決紛爭的非訟程序 125

第四編　我國主要法律的內容

第一章　中華民國憲法 129

第一節　中華民國憲法的序言及總綱 129

第二節　人民的權利與義務 133

第三節　國家的基本組織 137

　　第四節　基本國策 ··· 144

第二章　民法及商事法規 ··· 149

　　第一節　民法的概念 ··· 149

　　第二節　民法總則 ·· 155

　　第三節　民法債編 ·· 163

　　第四節　民法物權 ·· 168

　　第五節　民法親屬 ·· 172

　　第六節　民法繼承 ·· 182

　　第七節　商事法規 ·· 183

第三章　刑法及少年事件處理法 ··· 191

　　第一節　刑法的概念 ··· 191

　　第二節　刑法總則 ·· 197

　　第三節　刑法分則及常犯的罪行 ·· 206

　　第四節　少年事件處理法 ·· 213

第四章　行政法規 ··· 227

　　第一節　行政法規的基本概念 ·· 227

　　第二節　行政組織 ·· 228

　　第三節　行政作用 ·· 235

　　第四節　行政爭訟 ·· 241

第五章　其他重要法律 ·· 247

　　第一節　勞動基準法 ··· 247

　　第二節　環境保護法規 ·· 248

　　第三節　智慧財產權法規 ·· 250

測驗　複習 ··· 257

主要參考書籍 ··· 327

第一編　導　論

第一章　民主與法治的意義及其關係

第一節　民主與法治的意義

　　人類在社會生活上，一向崇尚自由自在的生活方式，祇要沒有人束縛其自由、干涉其行動，而生活問題能夠解決，便已經心滿意足了。唯人類在君權高漲時代（例如十七、十八世紀的歐洲），往往飽受君主的欺凌與壓迫，不但要聽命於君主，任其蹂躪與踐踏，而且要繳納重稅，任其搜括、壓榨，人民苦不堪言，連最值得珍惜的自由也被剝奪，特別是社會上又有貴族階級的歧視，形成貴族與平民之對立。於是人民忍無可忍，竟在盧梭 (J. J. Rousseau) 社會契約論與洛克 (John Locke) 天賦人權說的鼓動下，紛紛掀起革命，以推翻專制不仁之暴君，爭取自由與平等。例如英國皇帝查理士第一 (Charles I) 的被推翻，法國皇帝路易士十六 (Louis XVI) 的被處死，均可證明人民確實仰慕民主，崇尚自由與平等。

　　民權思潮激起後，君權時代的專制政治，雖然已消滅於無形，但是人民的個人主義色彩太濃，總以為民權時代既然崇尚民主，尊重個人的自由與權利，那麼人民便有無限制的自由，可以無所顧忌，為所欲為，於是演變到後來，又形成社會漫無秩序，人民成為暴民的畸形現象；所以有識之士咸認為，要實行民權政治，除了要崇尚民主之外，尚須注重法制，即人民必須守法，如此才能維持社會的秩序；亦須注重法治，即政府治理人民，需要有法律作為統治依據，政府須受法律約束，如此才能促進民權的蓬勃發展，於是，民主與法治便成為不能割開的一體兩面。

　　民主是什麼？民主是一種政體、一種政治形態、一種生活方式；就國

體而言，凡國家的主權屬於全國人民的，稱為共和國國體。就政治形態而言，凡實施民有、民治、民享之政治措施，而為民造福的政治制度，稱為民主政治。就生活方式而言，民主是以人民為主體、為本位的一種生活模式，人民在崇尚民主的政治環境下，可以享有法律許可範圍內的自由、平等權，而國家在民主體制下，一切政治措施，均以人民的福利為前提，以服務人民為依歸，故民主是一種以民為主、以民參政、以民監督政府，同時政府的措施，以造福人民、服務人民為主要鵠的的政治形態。

法治是什麼？法治是以法治國、以法治事、以法治人的意思。就以法治國而言，國家的一切政治措施、行政行為，均必須依據法律的規定。同時國家為實行新的決策，也必須制定新的法律，作為推行新政的行為準繩。就以法治事而言，國家與人民或人民與人民之間所發生的權利義務爭執問題，必須依據法律的規定妥善處理。同時法律的規定，可供人民之間作為處理事務的行為規範。就以法治人而言，凡任何人違法犯法，均依據法律的規定加以制裁，沒有特權者的優遇，法律之前人人平等，因此人人必須知法、守法、崇法。故法治是一種以法律來治理國事、仲裁糾紛、以及約束個人行為的政治措施。

第二節　民主與法治、法制的關係

民主是以人民為主體，以民意為依歸的政治形態，而尊重人民的主權，保障人民的自由與權利，便是民主政治的表現。法治是人民需遵守法律，政府以法律治國、以法律治事、以法律治人的政治措施。而依法屬行民主政治，依法仲裁勞資間之糾紛，依法保障或限制人民的自由，便是法治精神的所在。所以從整體方面來說，民主與法治有如下的關係：

一、偏重民主，忽略法制，社會便陷於混亂

民主固然是以人民為本位，以民意為依歸，尊重人民的主權，保障人民的自由與權利，是一種良好的政治制度。唯民主思潮激起後，一般民眾均崇尚民主自由的生活，厭惡法制的束縛，故倘若偏重民主，而忽略法制，

則人民的自由，便毫無限制，可以為所欲為，肆無忌憚，同時還會導致祇講權利、不盡義務；祇知私利、不知公益的境地，弄到社會混亂、秩序破壞而後已。甚至，還會造成暴民政治。

二、偏重法制，忽略民主，國家便趨向專制

　　法治固然是以法治國，以法治事，以法治人的政治制度，是現今民主國家所揭櫫的治國方針。唯法制一向崇尚紀律，講求秩序，故倘若祇講法制，不講民主；或者偏重法制，而忽略民主，則人民的自由將被抹殺，民意不得伸張，人民的權利將被剝奪，而民主政治的理想藍圖，便成為海市蜃樓般，無法達成。因此缺乏民主的法制，便會促使國家趨向專制、獨裁的境地。所以還要注重法治，政府在治理人民時，也需要遵守法律，唯有政府受到法律約束，才能避免國家陷入專制、獨裁。

三、民主與法治、法制，如唇齒相依不能分割

　　民主與法治、法制，如一體之兩面，唇齒之相依，不能分割，不能偏重，更不能缺一，而必須並行不悖，相輔相成。民主政治的屬行，雖然講求民主自由，但不能捨棄法制，以免人民擴充個人的自由，為所欲為，形成社會的脫序，秩序的破壞，而促使民主政治，成為暴民政治的弊害。法制制度的履行，雖然講求紀律，重視秩序，但不能忽略民主，以免民意不得伸張，民權不能獲得保障；不能忽略法治，以免法律蔑視人民的利益，而形成政府專制、國家獨裁的局面。所以民主政治的踐行，端賴法治與法制的運作。法治與法制的建立，端賴民主政治的推動，兩者的關係誠如一車之兩輪，缺一不可。

研究問題

一、何謂民主？何謂法治？請依你的意見加以說明。

二、民主與法治的關係如何？請依你的見解加以闡述。

三、民主政治，尊重人民的自由，何謂自由？請你加以界說。

四、中華民國憲法規定的人民自由權有那些？請參考中華民國憲法的條文，加以舉述。

五、關於我國的國體，中華民國憲法有何規定？

第二章　法律的意義及其社會功能

第一節　法律的意義

　　人類不能離群獨居，而營與世隔絕的孤獨生活。人一旦脫離社會、離開人群，生活便陷入困境，生命便難以延續，所以，人必須接納社會，與社會共存。

　　在人群眾多、生活繁忙、組織複雜的群體社會，個人必須與其他個人或團體，建立和諧的、友愛的相互關係，才能圓滿的適應社會的生活。同時，個人也必須遵守社會道德、習慣以及群體制定的社會生活規範，一方面約束個人的行為，使個人的行為不致侵害他人或團體的權益，一方面尊重其他個人或團體的人格，減少衝突、摩擦的負面影響，使社會得以維持和平、安定。

一、法律的實際意義

　　法律的意義如何？晚近歐美各學者間的見解紛歧不一，主張神意法說者，認為法律是本於神的意思而制定的規律；主張自然法說者，認為法律是本於人類的自然理性而發展成的生活規範；主張正義法說者，認為法律是本於人類的正義驅力所引發的遵守義務；主張命令法說者，認為法律是主權者對於人民的命令等，眾說紛紜，莫衷一是[1]。

　　即使國內的學者，對於法律的意義，也有不同的詮釋；例如前大法官管教授歐認為：「法律是經過一定的制定程序，以國家權力而強制實行的人類生活規範。」[2]

　　已故的前大法官鄭教授玉波認為：「法律是以保障群眾安寧，維持社會秩序為目的，而通過國家權力以強制實行之一種社會生活規範。」[3]

---

[1]　參考自管歐著　法學緒論 (81.8 修訂再版　著作者發行) 第八八頁至第九〇頁。

[2]　引自[1]管歐著　法學緒論　第九〇頁。

　　已故的前大法官林教授紀東認為:「法律是社會生活上人和人間關係的規律,以正義為其存在的基礎,以國家的強制力為其實施的手段者。」❹

　　已故的前司法院副院長韓教授忠謨認為:「法律是憑藉強制力以為施行之保障的社會生活規範。」❺

　　綜合前述各權威學者的詮釋,法律可以說是國家與人民或人民與人民相互間權利與義務關係的社會生活規範;或者換一句話說,法律是以公權力強制施行的一種社會生活規範。

㈠法律是一種社會生活規範

　　社會是人類群居活動所形成。人類在群居的社會中生活,必須與其他個人或團體和諧相處、互助合作,才能促進社會的進步、文化的延續。同時,個人在團體中必須各就自己的角色、職責,貢獻才智、努力工作、共謀社會大眾的福利,才能充實自己的生命、立足於社會。唯人類雖然由獸性的動物演進為理性的動物,但私心、慾望、妒恨等的劣根性仍難完全消除。故人與人相互間難免因利害關係,而有摩擦、衝突、敵視、打鬥。必須揭示社會生活規範以拘束其行為、約束其行動、控制其私心與慾念,此社會生活規範乃道德、習慣、教義、禮俗、法律等。所以,法律是一種社會生活規範。

㈡法律是強制施行的社會生活規範

　　道德、習慣、教義、禮俗、法律等,雖然同是社會生活規範,但是道德僅受義務心的驅使。個人如不履行義務行為(即道德行為或簡稱善行),祇是受良心的譴責,社會對其不道德的行為,亦僅止於輿論的批評、指責而已。故道德的約束力量,在瞬息萬變的複雜社會,仍然極為有限。習慣雖然也有約束人類行為的力量,但習慣祇是社會大多數人認同的行為規範,不一定是完全合理的行為規範。例如習慣有好壞之分,好的習慣(例如敬老尊賢)固然要提倡、發揚;壞的習慣卻要加予消除、改革。故習慣也祇

---

❸ 引自鄭玉波著　法學緒論(81.8再版　三民書局印行)第二頁。

❹ 引自林紀東著　法學緒論(81.10再版　五南圖書出版公司印行)第二頁。

❺ 引自韓忠謨著　法學緒論(83.5再版　著作者發行)第七頁。

能在淨化之後，借助社會輿論的力量，來約束人類的行為。宗教的教義雖然在「人心不古」、「道德淪落」的現時社會，的確有洗滌人類心靈、勸人為善的功效，但其約束力量，也祇能擴及宗教的忠實信徒而已，不能普及全人類。禮俗雖然也是社會大多數人認同的行為規範，具有約束人類行為的力量，但禮俗常隨時代之不同，而有不同的評價。故古時的禮俗，不見得能容於現時的社會，且禮俗亦祇能借助社會輿論的力量，來譴責違背禮俗的反社會分子，對於社會全人類的警惕，不見得有何影響。法律與道德、習慣、教義、禮俗不同，法律不容許社會上有任意妄為、不遵守社會生活規範的現象存在。凡有違背善良風俗、公眾安寧、侵犯個人與團體之權益者，一律須接受法律之制裁。因此法律是以強制力，拘束人類之行為。所以法律是以強制力施行的社會生活規範。

㈢法律是以公權力強制施行的社會生活規範

　　法律是保障群眾的權益，維護社會安全的一種社會生活規範，必須以強制力施行，並以強制力約束人類的行為，人類才不致任意違背法律的規定。唯強制力並非任何人皆得以行使，必須具有代表國家行使其職權的公務人員，基於法律上的授權，才得以行使，此乃公權力之表現。基於此，法律經由國家公布施行後，必須由有關機關以強制力強制施行，並由具有代表國家行使其職權之公務人員，運用公權力去拘束人類的行為，苟有「知法犯法」、「明知故犯」而觸犯法律者，則一律接受法律之制裁，由具有代表國家行使其職權之公務人員，運用公權力制裁之。所以法律是以公權力強制施行的社會生活規範。

二、法律的形式意義

　　法律的形式意義，是從現行的法制，來探討法律的意義。

　　從現行的形式法律而言，法律可以說是依照一定的法定程序而制定的社會生活規範。換句話說，法律必須如憲法第一百七十條之規定：「本憲法所稱之法律，謂經立法院通過，總統公布之法律」是。

　　綜上所述，法律的形式意義，是指制定法而言，是屬於狹義的法律；

而法律的實際意義，是屬於廣義的法律，包括制定法與非制定法，內容較為廣泛。

三、法律的定名

我國的法律，在早期有稱為「法」者，有稱為「律」者，前者如戰國末年李悝所編的盜法、賊法、囚法、捕法、雜法、具法等六篇法經，後者如商鞅輔秦，改「法」為「律」，漢高祖時代將李悝所編的法經六篇，修訂為九章律……即是，其後魏、晉、隋、唐、宋以至明、清，歷代的法律，均稱為「律」，特別是唐律，對後世以及鄰國——日本、韓國等影響最大。

晚近由於法治思想的澎湃，法律的種類益加繁多，必須明確的定名，才不致混淆不清；特別是法律與命令，常被一般人所誤解，以為同屬法律、性質相同，沒什麼區別；殊不知命令是習慣上所稱的法律，並不是實際上所稱的法律；命令毋須經立法院通過，而法律必須經立法院通過，故性質上仍然不同，其名稱亦截然有別，但有時命令亦屬於廣義的法律，是由行政機關所制定。

㈠法　律

法律，是由立法機關制定、國家元首公布有關公或私的行為規範。

依中央法規標準法第二條之規定，「法律得定名為法、律、條例或通則」，均必須經立法院通過，總統公布，始生效力。稱「法」者，如中華民國憲法、民法、刑法、民事訴訟法、刑事訴訟法、公司法、票據法、海商法、中華民國總統府組織法等即是。稱「律」者，如戰時軍律（已廢止）是。稱「條例」者，如卸任總統副總統禮遇條例、管收條例、鄉鎮市調解條例、貪污治罪條例、檢肅流氓條例（已廢止）等即是。稱「通則」者，如少年矯正學校設置及教育實施通則等是。

㈡命　令

命令，是由行政機關，依據法律的授權或基於社會的需要，運用職權所制定及發布的行為規範。

依中央法規標準法第三條之規定，「各機關發布之命令，得依其性質，

稱規程、規則、細則、辦法、綱要、標準或準則」，均由治權機關（如行政院、司法院、考試院等）依法定職權或基於法律之授權而制定。稱「規程」者，如臺灣省政府暫行組織規程（已廢止）；稱「規則」者，如行政法院辦案期限規則（已廢止）；稱「細則」者，如公務人員考試法施行細則；稱「辦法」者，如家事事件處理辦法（已廢止）；稱「綱要」者，如過去的臺北市各級組織及實施地方自治綱要；稱「標準」者，如農藥工廠設廠標準；稱「準則」者，如前票據掛失止付處理準則等。

第二節　法律的社會功能

　　人類從母體出生後，即在社會環境中成長，並接受社會文化的薰陶，與社會的行為模式表同。唯人類的本性非善非惡，在起初純潔如同一張白紙，漸漸的由於閱歷的增廣、經驗的累積，使其可善可惡的本性開始有了潛移默化的轉變。社會是一個生活場地也是一個大染缸，所謂「染於蒼則蒼，染於黃則黃」。人類終生處於複雜的社會，難免受其影響、為其左右，其操守、品性、氣質、待人處事的態度，也自然有了不同的個別差異。人類是群居的動物，有群居以求共生共存的習慣，唯人類的獸性尚未完全消滅、理性亦常為慾念所困，故人類一旦與人相處不悅，糾紛、械鬥之事亦常習見。倘若生活困苦，三餐不能溫飽，亦有可能鋌而走險，幹起竊盜、搶劫的事來。因此常有人戲稱：「有社會，即有犯罪。」法律既為因應社會之需要而產生，則自然具有阻遏犯罪的功能，可以促使人類發展理性、控制情慾、遵守紀律、克制行為，使社會能趨於和諧、安定。那麼法律到底具有那些社會功能？

一、規範社會行為

　　人類在社會生活上，往往須與其他個人或團體，發生相互的關係。此相互的關係，如果是和諧的、友愛的，便會增進彼此的友誼；如果是摩擦的、衝突的，便會產生彼此的敵對，演變下去可能會導致發生鬥毆、仇殺等有礙社會秩序的社會行為。社會是以和諧、安定為主，社會的繁榮與進

步是建立在和諧、安定的基礎上，犯罪問題的頻繁，祇會帶給社會混亂、不安的亂象，對社會的繁榮與進步並無任何幫助。故法律是規範人類的行為模式，使人類在社會生活上能遵守紀律、維護秩序，踐行法律所允許的社會行為，儘量阻遏犯罪的慾念，克制情慾的衝動，做一個知法、守法、崇法的社會文明人。

二、維護善良風俗

社會是由人類的群居所形成，大的社會因為人口較多，工商業發達，交通頻繁，於是形成都市或城市；小的社會因為人口較少，開化較慢，交通較不便，於是形成偏僻、落後的小鄉村或小聚落。每一個社會，均有其共同的語言、文字、風俗與習慣。語言與文字是表情達意的工具，語言以聲音的組合，來傳達內心的意思；文字以符號的組合，來記述所見所聞，以傳授後代；風俗與習慣是人類所開創，並為社會所慣行的行為模式。好的風俗與習慣，因為大多數人類均表贊同，於是常為社會所流傳、所倡導；壞的風俗與習慣，因為有損社會倫理與道德，對於社會秩序的維護有負面影響，故逐漸消失匿跡，為社會所淘汰。人類雖然有嫉惡如仇的心態，但畢竟獸性未滅，稍有慾念萌生，則理智控制不住衝動，致傷風敗俗的行為時有所聞。社會的和諧與安定有賴善良風俗的維護、道德行為的認同。故法律以明文規定，禁止人類為傷風敗俗的行為，違者依法懲罰。此為法律所具的社會功能。

三、維持社會秩序

社會是人類生活的場地。人類為了生活常須東奔西跑，與人頻頻接觸，一方面與他人交換生活經驗，一方面謀求自己之發展。假若人與人之間的交互行為，能維持和諧、友愛、愉快的情誼，則社會將可趨向和平、安定、繁榮的境地，而社會秩序自然可以長久維持，日趨向上。唯人類各有私情、私慾、與人性上的弱點，因此與人摩擦、衝突、口角、鬥毆等事時有所聞，即使搶劫、殺人、勒索、強暴、縱火、欺詐等影響社會秩序與安全之犯罪

案件，亦層出不窮，令人震驚！法律為維持社會之秩序，使人類能安居樂業，享受美滿、恬靜的生活，明文規定凡有妨害社會秩序之擾亂行為，或有影響社會安全之犯罪行為，一律依法加以制裁，以示炯戒，此亦為法律的社會功能。

四、保障私人權利

人類是組成社會的分子。每一社會，無論其地域的大小、人口的多寡、環境的優劣，都有其發展的餘地。人類在社會生活上，為了求生存、求發展，必須在社會團體裡覓求適合於自己的工作，扮演社會所給予的角色行為，而在互助合作、各盡所能的努力下，促進社會的和諧與進步。人類的權利能力，始於出生，終於死亡，故人類從母體出生後，即享有法律上所保障的權利，例如人格權、身分權與財產權等是。人類因為享有法律所保障的人格權，故對於侵犯其生命、身體、名譽、自由、貞操等法益的加害人，得訴諸法律加以排除或制裁；人類因為享有法律所保障的身分權，因此才享有繼承財產的權利，以及充當家長或監護人的資格；人類因為享有法律所保障的財產權，因此才得以自由使用、支配、收益以及處分其財產，並得排除他人不法的侵害。故法律具有保障私人權利的社會功能。

五、限制個人自由

社會是一個人類所組成的團體，同時在這個大團體內，又分門別類組成性質不同的小組織體，例如農會、工會、商會、漁會、機關、學校、公司、工廠等。而每一個組織體內又有許多組織內的分子，在一個領導者的指揮與監督下分層負責，各司自己的工作，各負組織體所賦與的角色行為責任。唯人類為了求生存、求發展，除了表現自己的才能，善盡自己的職責外，常有擴充自由的意願。例如工作自由的爭取，言論自由的主張，身體自由的呼籲等。假定個人所爭取的自由，是合情、合理，又為法律所容許，自然不必受法律的制裁與懲罰。但是如果為了擴充自己的自由，而侵犯及他人的自由則為違法的行為，應接受法律的制裁。目前中華民國憲法，

雖然以明文規定保障人民的身體自由、居住遷徙自由、言論講學著作出版自由、祕密通訊自由、信仰宗教自由、集會結社自由等，但並不贊同無限制的自由。故凡有任性放縱，假借自由之名義為所欲為，致侵犯他人的生命、身體、自由、名譽、財產、貞操等權益者，仍應接受法律的制裁。基於此，可見法律具有限制個人自由的社會功能。

六、促進社會進步

原始社會因為沒有成文法律、沒有生活法則，故亂象叢生，常有你爭我奪，強欺弱、眾暴寡的混亂現象，致民不聊生、紀律鬆弛。其後，雖然有宗教、道德、習慣所認同的行為規範，來拘束人類的慾念、貪婪與獸行，但畢竟力量薄弱，缺乏強制性。法律誕生後，一方面可以拘束人類的社會行為，一方面得以強制力強制人類遵守。於是知法而違法者少，知法而守法者多，致社會日趨於安定、文明之狀態，人類的生活呈現欣欣向榮的景象。故法律有促進社會進步的社會功能。

研究問題

一、何謂法律？試就實際上的意義與形式上的意義加以說明。

二、依據中央法規標準法的規定，法律的名稱有那些？請分別舉一例說明。

三、依據中央法規標準法的規定，行政機關所頒布的命令，依其性質的不同，可分那些？

四、法律的社會功能如何？試依你的見解加以說明。

五、法律與命令有何區別？請參考法律的規定試加分述。

第三章　法律與其他社會行為規範

第一節　法律與道德

　　法律與道德，都是保存善良風俗、維持社會秩序所不可缺少的社會行為規範。法律是經由立法機關依法定程序所制定的具有形式的成文法，而道德是經由內心的意識作用，所形諸於外的不具形式的社會行為表現。法律與道德，究竟有如何的關係？其相同點與不相同點如何？以下分述之：

一、法律與道德的關係

　　原始社會無所謂法律，但是社會上已經有雛形的社會生活規範，什麼事可以做，什麼事不可以做，社會有一定的認定標準。這便是道德行為的評價。可見那時候已經有道德的意識，同時以道德代替法律。社會進步後，道德已不足以拘束人類的行為，於是有法律的產生，同時將道德意識容納於法律之中，形成道德與法律的合而為一。例如古代的中國法與羅馬法即係如此。迨文明發達後社會漸趨複雜，道德觀念與法律觀念於是漸趨分離，道德的尺度與法律的尺度，亦無法使其一致。因此道德與法律的關係有越來越複雜之勢。其情形如下：

　　甲、有道德所贊同的行為，法律亦贊同。例如不違背善良風俗的行為、慈善的行為、誠實信用的行為等即是。

　　乙、有道德所唾棄的行為，法律亦禁止。例如殺人行為、縱火行為、搶劫行為、詐欺行為等即是。

　　丙、有道德讚許的行為，法律不允許。例如以前劫富濟貧的行為，從道德上而言，是行善事，但從法律上而言，是搶劫行為，故法律不允許社會上有劫富濟貧的行為。唯現代民主法治的社會中，劫富濟貧為破壞個人財產權的行為，除了侵害個人法益外，亦是對法的破壞，已不被認為是道德讚許的行為。

丁、有道德與法律，互不相干者，例如現行的各機關組織法、公文程式條例等即是❶。

二、法律與道德相同之點

法律是抽象規定的社會行為規範，道德是意識認可的社會生活法則。兩者之間雖然其名詞不同，但是目的上、內容上有其相同之處：

㈠**目 的 相 同**

法律與道德的目的，都在維護善良風俗、維持社會秩序，使社會能安和樂利、沒有紛爭；人民能遵守法紀、律己向善。故法律與道德的目的相同。

㈡**內 容 相 同**

法律與道德的規範內容大致相同。法律通常以道德的內容為內容，故違反道德的行為也大多違反法律。例如殺人、縱火、搶劫等行為，不但為道德所不容，即使法律亦明文禁止。其次誠實信用，為道德所讚許同時也是法律所期許的行為。故法律與道德的內容有其類同之點。

三、法律與道德不相同之點

法律與道德，同為人類社會行為的規範。但法律是國家制定的形式規範，道德是內心意識的價值判斷，兩者之間仍有其不同之處：

㈠**產 生 方 法 不 同**

法律是制定的，有一定的程序；道德是因應社會需要而逐漸發展的，沒有一定的制定程序。法律通常是由立法機關，依據法定程序制定後，移送總統公布施行；道德是由社會上的長輩，依據生活的經驗與理性的判斷，所揭示的社會生活準則，祇有傳遞給下一代的任務，沒有制定與公布的程序。法律有具體而詳盡的內容，道德僅是良心的推理作用，沒有具體的明文規定。

---

❶ 參考自管歐著　法學緒論（82.2 著作者發行）第九五頁及第九六頁。

(二)作用不同

　　法律是在拘束人類外部的行為；道德是在拘束人類內在的良心。法律所規範的行為準則，人人有遵守的義務，但法律不過問人類內心的作用。因此凡行為未表現於外部而內心已有不良之陰謀者，法律仍不加以制裁；道德所揭示的觀念，深入人類的內心，故有不良的行為表現於外部，則受良心與輿論的譴責。法律僅對於表現於外部的違法行為加以制裁，因此法律是制裁於已然之後。道德僅對於內心的不良意圖加以譴責，故道德是禁止於未然之前。

(三)觀念不同

　　法律是講求享有權利與履行義務，權利與義務立於對等的地位，有權利即有義務，有義務即有權利。例如因繼承關係，享有土地所有權，即應履行繳交土地稅的義務，能履行繳稅的義務，才能享有自由使用、收益及處分土地之權，可見權利與義務是相互對立的。而道德僅是講求義務，不講求權利。譬如當你發現一男童在海中戲水，因不諳水性致將溺斃，這時道德上的良知會催促你趕快下海救助男童。而救助男童的行為是一種應盡的義務，而不是為了享有某種權利。故道德的行為，較具理想化、嚴格化。

(四)制裁方法不同

　　法律的制裁方法是：當有違反法律者，即依據法律的規定，加予制裁、懲罰。法律的規定較具體而明確，法律的制裁也較有效，能一針見血，達到預期效果。而道德的制裁方法，祇是良心的責備與輿論的譴責。唯個人做錯了事，其良心是否受到責備旁人無法知曉。故良心的責備，是渺茫、不確實的。至於輿論的譴責，受譴責的一方也不見得能檢討反省、洗心革面。故道德的制裁方法，較傾向消極，其效果亦較不明確❷。

---

❷　參考鄭玉波著　法學緒論 (81.8 三民書局出版) 第五頁至第七頁，及林榮耀著法學緒論 (79.5 著作者發行) 第九五頁及第九六頁，以及❶管歐著前揭書　第九五頁及第九八頁。

第二節　法律與宗教

　　法律與宗教，同樣是人類在社會生活上所遵循的行為規範。法律是依憑法條的規定，來約束人類的行為，使其不致危害社會；而宗教是仰賴教義的宣導，來束縛人類的良心，使其不致萌生邪念。故法律與宗教的目的，也同樣是在維護善良風俗，促進社會的安全。

一、法律與宗教的關係

　　古時重視神道，宗教意識甚深，當神權高漲時期，宗教與法律幾乎混為一體，凡宗教所許可的行為，法律亦許可，宗教所不容許的行為，法律亦禁止。例如摩西 (Moses) 的十誡，便是以宗教的教規，來代替法律的法規，故早期的法律與宗教的關係，就已經十分密切。其後君權盛行時期，竟有以宗教為國教，或以國庫補助宗教之舉，雖然大受輿論之批評，但亦可顯示法律與宗教之不可分離。現時的法律趨向，大致已取消以宗教為國教，或以國庫補助宗教之舉。且多數國家均能仿效民主法治的國家，以法律規定宗教信仰之自由，顯見現時的法律容許宗教信仰之自由，也保障人民不因信教之不同而遭受歧視。而宗教所尊崇的教條、教義，對於信徒所發生的良心束縛，也可以彌補法律功能之不足。故法律與宗教的關係，迄今仍十分密切❸。

二、法律與宗教的不同

　　法律與宗教，雖然同為社會上約束人類行為的規範，但是也有其不同之處：

㈠產生方法不同

　　法律是由國家的立法機關，依據法定的程序制定，並由總統公布的；宗教是由一群具有共同信仰的人，如僧侶、長老、神父、牧師等，假託神的意旨而創立的。

❸　參考自❶管歐著前揭書　第九三頁及第九四頁。

㈡作用不同

法律是約束人類的外部行為，所以法律的施行，常以強制力作為後盾，使人類不敢輕率犯法，其作用較為現實化。而宗教是約束人類內部的良心，所以教義的宣導，常以因果報應作為助力，使人類不敢為惡，其作用較為理想化。故宗教的存在，全賴信徒的信仰。

㈢範圍不同

法律與宗教所能普及的範圍不同。法律一經公布施行後，其效力普及於全國，舉凡國內人民均受其拘束，不得違反其規定。而人民在國內雖然有信仰宗教的自由，但不能以宗教的活動，煽動信徒犯罪。至於宗教一經成立，其信仰僅能及於教徒，衹有相同宗教的教徒，才有遵從其教規、參與其教儀的義務。其餘非教徒或不同宗教信仰的教徒，則無遵從其教規、參與其教儀的必要，故宗教的普及範圍較小。

㈣內容不同

法律的內容，包括公法與私法。公法是規定國家與人民間公的權利義務關係的法律，例如刑法、刑事訴訟法等即是；私法是規定人民之間私的社會生活關係的法律，例如民法是。至於宗教的內容，包括教義與教條，教義多規定人與神的關係，主要的意旨在教人為善，而教條則類似行為規範，以實踐善行為鵠的。

㈤制裁方法不同

法律是就事論事，公正處理。凡有違反法律者，一律加以制裁，其制裁的方式，視違法的情節而定。宗教是捫心自問、自我譴責，凡有違背教規者，則跪於神像前，自我懺悔、改過❹。

第三節　法律與習慣

法律與習慣，同樣是人類在社會上所遵循的行為規範。法律是由國家的立法機關，依法定的程序所制定的具有形式的成文法典；而習慣是由人

---

❹　參考自❶管歐著前揭書　第九四頁及第九五頁，及❷鄭玉波著前揭書　第七頁及第八頁，以及❷林榮耀著前揭書　第九九頁及第一○○頁。

類的社會生活,逐漸演變的眾所遵循的行為模式,但沒有形式的成文法典。法律與習慣,都是在維護善良風俗,故兩者之間的關係也十分密切。

一、法律與習慣的關係

習慣是由行為逐漸地養成的,一個人在社會生活上,倘若不斷的反覆某一種行為,久而久之便形成了習慣,所以習慣可以說是慣行的行為。習慣有好的一面,也有壞的一面,好的一面常為社會所讚許,所以便自然的保存下來,壞的一面因為不受社會所歡迎,所以也逐漸的被淘汰。社會生活上的習慣,常是眾所公認的行為模式,有拘束人類社會行為的功效,因此法律上常將眾所讚許、認同的習慣,採用為法律的補充素材。例如我國民法第一條有「民事,法律所未規定者,依習慣……」的規定,可見法律的規定有時難以周全,須要習慣來彌補其不足。即使英美法系的國家,如英國,迄今仍須採用習慣法來規範或制裁人類的社會行為。可見法律與習慣的關係,如一體之兩面、相輔相成。法律有賴習慣之補充、習慣有賴法律之選擇;法律以習慣為淵源、習慣以法律為支柱。

二、法律與習慣的不同

法律與習慣的目的相同,兩者皆是在維護善良風俗與保持社會秩序。唯法律是制定的成文法典,習慣是非制定的行為模式,故兩者之間仍有其不同之點。

㈠產生方法不同

法律是由國家的立法機關,依據法定的程序制定完成,並經由總統公布施行。而習慣是由人類的社會生活,逐漸演變、形成的眾所公認、贊同的行為模式,並為眾所共同遵守者。

㈡效力不同

法律是以強制力,來拘束人類的社會行為,使人類不敢為非作歹,同時對於違法者,以法律加以制裁。而習慣是以社會的認同,來規範人類的行為模式,使人類能保存善良風俗,傳遞社會文化,但對於違背善良風俗

者，僅能施以言論的責備，故其效力較低。

(三)範圍不同

　　法律是以制定的社會行為規範為內容，其範圍僅包括公法方面的法律與私法方面的法律，非經制定的命令以及社會的習慣不包括在內。而習慣是以非制定的社會行為模式為內容，故其範圍較廣，舉凡公法上的法律行為或私法上的社會行為，以及日常社會生活上的種種社交應對的行為，都屬於習慣的範疇。

(四)作用不同

　　法律的作用，在規範人類的社會行為，並制裁違反法律的人；習慣的作用，在履行社會的行為模式，保存善良風俗，對於違反社會善良風俗的人，僅以言論加予規勸。

(五)內容不同

　　法律多以習慣為內容，例如社會生活上的買賣、交易、契約、租賃、借貸、結婚、繼承等行為模式，已成為法律的內容。

(六)制裁方法不同

　　法律的制裁公正無私，凡有違法者，即依法律的規定加以制裁、懲罰。而習慣，通常採用言論的指責，以規勸違反社會善良風俗者改過遷善，因此缺乏有力的制裁方法。祇有當習慣成為習慣法之後，才得以援引判例制裁違法者❺。

第四節　法律與政治

　　法律是國家制定的社會行為規範；政治依國父孫中山先生的解釋，是管理眾人的事❻。法律與政治，由於都必須借助國家的公權力，強制實行，所以兩者之間，常有依存的關係。

---

❺　參考自❷林榮耀著前揭書　第七頁及第八頁與第一○○頁及第一○一頁。及❷鄭玉波著前揭書　第二○頁及第二一頁。

❻　國父孫中山先生在三民主義的民權主義第一講中，曾說政就是眾人的事，治就是管理，管理眾人的事，便是政治。

一、法律與政治的關係

法律是維護國家安全，維持社會安定的行為規範；政治是推展便民措施，增進人民福利的行政行為。兩者都是國家不可缺乏的公權力量，其關係十分密切。

㈠政治的措施為制定法律的依據

法律通常是由行政機關或其他有關機關，先擬定法律草案，然後移送立法機關審議。立法機關經依法定程序制定後，即移送總統公布，此為我國的立法程序。而政治活動，通常是由行政機關各部會首長，依據領導者——行政院院長的施政方針、計畫、政策等，擬定種種可行的施政措施，或者是法律草案，並將法律草案移送立法機關審議，以利法律之制定與政治之推行。故行政機關所規劃的有關政治方面的措施，常為制定法律的依據。

㈡法律的規定為政治活動的準繩

法律的制定，固然是由於行政機關為了推行政治措施的必要，但最重要的是在因應社會上的迫切需要。例如社會上有噪音管制的需要，才有噪音管制法的制定。有了噪音管制法的誕生，便可以實施噪音管制的政治措施。所以法律的規定，常成為政治行為或政治活動的準繩。

㈢政治與法律有相互依存的關係

法律與政治的關係，在過去曾經有兩種說法，一說認為「政治領導法律」，一說認為「法律領導政治」。雖然兩種說法都有理，但難免有所偏。以現今我國的民主法治的政治活動來說，國家的政治措施，是制定法律的依據；法律的規定，是國家政治活動的準繩。故國家的一切政治措施的推行，必須依據法律的規定；法律的制定，必須顧及社會的需要以及人民的福利。現時行政機關是推行民主政治活動的中樞，立法機關是制定法律的殿堂。而立法機關的立法委員是由民選產生，可以採納大多數人民的意見，制定有利於人民、有利於政治改革的法律。所以政治與法律，實有相互依存的關係。

二、法律與政治的不同

法律與政治，雖然如一車之兩輪，有相互依存的關係，但是也有其不同之區別。

㈠產生機關不同

法律是由立法機關所制定，政治是由行政機關所推行。我國現時的最高立法機關是立法院，故立法院是制定法律的機關。我國現時的最高行政機關是行政院，雖然我國的政治活動分由考試、行政治權機關實施，但仍以行政院為主，故行政院是推行政治措施的中樞機關。

㈡產生方式不同

法律與政治的產生方法不同。法律是經由立法機關，依法定的程序制定完成，即所謂立法程序。通常一則法律草案，必須經過立法院的三讀會程序，一再的審查、討論、議決後才算定案，而完成形式上的立法程序。而制定後的法律，一經總統公布施行後即正式誕生。至於法律的修正與廢止，亦須經一定的法定程序。政治，雖由行政機關訂定目標，決定政策，擬定計畫，但其政治措施的實行、變更、廢止，並無一定的嚴格的法定程序。

㈢形態不同

法律為有形的、具體的條文規定，其形態較為固定、恆久。政治為無形的抽象的動態活動，其行為較易變動、更改❼。

第五節　法律與經濟

法律是社會生活的規範，經濟是社會生活的形態，兩者之間，仍有不可分離的關係。法律在社會生活上，規範了經濟活動的行為模式；經濟在社會生活上所表現的行為規範，也成為法律規定的素材。法律因經濟生活的繁榮，而擴充其內容；經濟因法律的行為規範，因而有了發展的秩序。

---

❼　參考自❶管歐著前揭書　第九八頁及第九九頁。及❷鄭玉波著前揭書　第一〇頁及第一一頁。以及❷林榮耀著前揭書　第一〇三頁。

一、法律與經濟的關係

　　人類的社會生活，可分精神生活與物質生活等兩種，法律可以說是精神生活的一部分，經濟可以說是物質生活的一部分。經濟之所以為物質生活的一部分，乃是因為經濟是人類解決食、衣、住、行等問題的活動，所以人類的經濟活動甚為廣泛，不但生產、消費、分配等活動是屬於經濟活動的一部分，即使買賣、交易、借貸、租賃、契約的訂定等活動，也是屬於經濟活動的範圍。經濟活動要能納入軌道進行有序，的確有賴法律規範的拘束，否則搶劫、謀財害命、偷竊、詐欺、綁架勒索等有關經濟類型的犯罪，便會不斷發生，而嚴重影響及公共的秩序與社會的安全。所以法律與經濟，向來是分不開的。

(一)法律的規範是經濟活動的準繩

　　法律所規定的社會行為規範，甚多是人類經濟生活的行為法則。人類在社會上因為必須經營食、衣、住、行等經濟上的生活，因此在社會行為上與人發生糾紛、爭吵的衝突，也都是起因於經濟問題的解決。所以法律所規定的有關經濟方面的行為規範，可作為人類經營經濟活動的準繩。人類在社會生活上從事經濟活動，必須遵循法律的規定，並講求誠實信用，否則便會觸法，為法律所制裁。

(二)經濟活動的行為模式是法律的內容

　　經濟活動的進行，是源於社會生活的需要。在往昔的古代社會，人類為了解決生活問題，便發生了「日中為市」的經濟活動。其後人類的經濟活動，隨著社會的繁榮，人口的遽增，而更加活躍，同時各種經濟活動的行為模式與制度，也隨著社會的需要，自然發展起來。法律為了使人類的經濟活動，能夠在公平合理的原則下，井然有序的進行，而不會發生經濟上的犯罪問題，於是將經濟活動上眾所認同的行為模式，規定於法律中，成為法律內容的一部分。例如現今民法上的債編、物權編等，大多是經濟活動上必須遵循的行為規範，即使刑法上的分則編，也將觸犯與經濟生活有關的行為，如偽造貨幣、偽造有價證券、偽造度量衡、侵占、詐欺背信

及重利、擄人勒贖等列入制裁的範圍，於是社會生活上的經濟活動，有了法律做後盾，經濟秩序乃獲得維持與改善。

㈢法律與經濟有相互輔助的關係

　　法律與經濟的關係，在過去曾有兩種說法，一說認為法律依附於經濟，一說認為法律支配經濟。其實，法律所規定的有關經濟生活的行為法則，目的是在建立經濟制度、維持經濟秩序，並不在支配經濟活動。而經濟生活上所遵循的經濟行為模式，雖然成為制定法律的素材，擴充了法律的內容，但法律並不一定依附經濟而存在。經濟是人類社會生活最重要的一面，所以為了使人類的經濟生活不發生爭端、衝突致破壞了經濟秩序，法律不得不制定有關經濟方面的行為規範，來拘束或制裁人類的違法經濟行為。於是種種因應經濟生活需要的法規，如專利法、商標法、證券交易法、商業登記法等便隨之產生。可見法律與經濟有相互輔助的關係。

二、法律與經濟的不同

　　法律與經濟，雖然有相互輔助、不可分開的關係，但是兩者之間，仍有其不同之處。

㈠性質不同

　　法律是經過法定程序制定的有形的、具體的行為法則，其性質較為固定、恆久；經濟是人類在經濟生活上所認同的無形的、抽象的行為模式，其性質較為多變、不定。

㈡產生方法不同

　　法律是由立法機關依據法定程序制定後產生的；經濟是由人類因應生活的需要自由創設的。法律由總統公布施行後，即發生效力；經濟須由行政機關擬定法律草案，移送立法機關審議、制定，並經總統公布後，才成為經濟方面的法律，有拘束人類經濟行為的效力❽。

---

❽　本章內容，係摘錄自拙著　法律與人生（93.3 三版二刷　五南圖書出版公司印行）第一一頁至第二五頁。

研究問題

一、何謂道德？法律與道德有何異同？請發抒你的見解。

二、何謂宗教？法律與宗教有何異同？請發表你的看法。

三、何謂習慣？法律與習慣有何異同？請說明你的見解。

四、法律與政治有何關係？有何不同？請說明之。

五、法律與經濟有何關係？有何不同？請說明之。

第四章　法律的制定、公布、施行及效力

第一節　法律的制定

法律，有制定法與非制定法之別。制定法，有一定的條文、形式，由制定機關依一定的立法程序所通過並經國家元首公布。

一、法律的制定機關

法律的制定機關，在外國大致屬於國會，在我國依憲法第六十三條的規定，立法院有議決法律案之權，因此立法院是我國法律的制定機關。

立法院是國家最高的立法機關，由人民選舉之立法委員組織之，代表人民行使立法權，此在憲法第六十二條有明文規定。唯我國的政府體制——即中央與地方權限之劃分，因憲法上採取均權制度，故屬於中央的立法權，由立法院行使之；屬於直轄市的立法權，由直轄市議會行使之；屬於縣（市）的立法權，由縣（市）議會行使之。

二、法律的制定程序

法律的制定程序，是指制定法律時，通常必須經過的一定步驟或是階段，習慣上常稱之為立法程序。我國與英美國家的法律制度不盡相同，因此制定法律的程序，也不一樣。而我國現行慣用的立法程序，則比較有一致性。

㈠法律案的提出

法律案的提出，簡稱為提案，其提案的程序，大致有以下情形：

甲、由行政院、司法院、考試院、監察院等治權機關，就所掌事項，向立法院提出法律案。唯上述各院所屬之機關，不得逕向立法院提出法律案；換言之，如欲提出法律案，必須透過主管院，以其主管院之名義提出之。

　　乙、由立法委員提出法律案。唯應有立法委員 15 人以上之連署，才可提出❶。

　　法律案的提出，應以書面為之，並應附具法律之名稱及其條文，說明提出該項法律的理由。

　　法律的條文，應分條書寫，冠以「第○條」字樣，並得分為項、款、目。項不冠數字，空二字書寫；款冠以一、二、三等數字，目冠以㈠、㈡、㈢等數字，並應加具標點符號。目再細分者，冠以 1、2、3 等數字。法律的內容，倘若繁複或條文較多時，得劃分為第×編、第×章、第×節等❷。

㈡法律案的審查

　　立法院依憲法第六十七條之規定，設有內政、外交、國防、經濟、財政、教育、交通、司法等各種委員會。法律案的審查，則依其性質，由有關的委員會為之。

　　通常行政院、司法院、考試院、監察院等政府機關，依憲法的規定提出法律案後，應先經立法院程序委員會提報院會朗讀標題後，交付有關的委員會審查。至於立法委員所提出的法律案，得由提案人說明其旨趣，經大體討論，議決交付審查❸。

　　立法院有關委員會審查法律案時，得由召集委員推選委員若干人審查之，亦得共同審查之。審查法律案時，得邀請政府人員及社會上有關係人員到會備詢。

㈢法律案的討論

　　法律案的討論，是指就提出的法律案，經審查或是報告後，依法所進行的讀會程序。

---

❶　法律案的提出，各國的情形不一；有專屬於議會的，如美國；有專屬於政府的，如英國；有屬於政府與議會雙方的，如法國；有除政府與議會之外，尚認其他機關也有提案權的，如德國、墨西哥、祕魯……等，我國法律案的提出，除政府機關外，立法院的立法委員也有提案權。

❷　錄自中央法規標準法第八條、第九條之條文。

❸　援引自立法院職權行使法第八條條文。

就外國而言，法律案提出於議會後，其討論的程序，有採二讀制的，也有採三讀制的，前者如法國 (France)、意大利 (Italy)；後者如英國 (England)、德國 (Germany)。採二讀制的，一讀大致為總討論，二讀大致為逐條討論。採三讀制的，有一讀為總討論、二讀為逐條討論、三讀為修正文字者，如德國是。有一讀為讀案由、二讀為總討論，逐條討論在全院委員會進行、三讀僅作形式上的文字修正者，如英國是❹。

我國法律案的討論，採三讀制，一讀是報告提案，或朗讀議題，或兼說明立法意旨，一讀後即交付有關委員會審查；或議決逕付二讀程序；或於委員會審查報告後，議決是否繼續二讀的程序。至於立法委員提出之議案於朗讀後，提案人得說明其旨趣，經討論後即議決交付審查，或逕付二讀，或不予審議。二讀較詳盡，除就議案朗讀，依次逐條提付討論外，並得就審查意見或原委要旨，先作廣泛討論；討論之後，如有出席委員提議，並經 15 人以上之連署或附議，於表決通過後，得重付審查或撤銷之。三讀除發現議案內容有互相牴觸，或與憲法及其他法律相牴觸者外，祇得為文字的修正❺。

㈣法律案的議決

立法院院會主席，於法律案經二讀程序後，應即提付院會表決，即是三讀程序。法律案之議決，以出席委員過半數的同意行之，可否同數時，取決於主席。法律案經立法院院會議決通過後，即完成法律的制定程序，亦即完成所謂「立法程序」。唯法律一經制定後，尚須依法公布，始能發生效力。

第二節　法律的公布

法律制定後，必須依法公布，才能發生施行的效力。法律是由何機關

---

❹　參考自朱元懋著　中華民國憲法精義（49.5 著作者發行）第一四七頁。

❺　參考自立法院議事規則及立法院職權行使法，暨管歐著　法學緒論（81.8 著作者發行）第一五六頁，以及林榮耀著　法學緒論（79.5 著作者發行）第五七頁。

公布？其公布的程序、公布的方法如何？茲分別概述之：

一、法律的公布機關

法律制定後，歐美各國大致由國家元首依法公布。唯國家元首對於立法機關通過的法律案，是否必須公布，有無阻撓或拒絕的權力，各國的法制未必相同，有不許元首拒絕公布者、有允許元首拒絕公布者。而後者又有兩種情形：

(一)絕對的否決

有些君主國家，法律案經立法機關——議會通過後，須經國家元首的同意或批准，倘若國家元首不同意，則該法律案便不能成立，這種否決權稱之為絕對的否決。例如在英國，國會通過的法律案，尚須呈送國王批准，國王同意則批准公布之，不同意則拒絕批准。

(二)限制的否決

法律案經立法機關——議會通過後，移送國家元首公布，國家元首倘若不贊同，可移交立法機關——議會覆議；議會覆議時倘不堅持維持原案，則該法律案形同撤銷，自然不能成立。這種限制的權力，稱之為限制的否決。例如美國便是這種制度的創始者❻。

我國法律案經立法機關——立法院通過後，依法須移送總統及行政院，故法律的公布機關為總統，並須經行政院院長的副署。唯行政院對於立法院決議的法律案，倘若有認為窒礙難行之情形時，得依憲法增修條文第三條第二項第二款之規定，經總統之核可，於該決議案送達行政院十日內，移請立法院覆議。覆議時，如經出席立法委員二分之一以上決議維持原案，行政院院長應即接受該決議。可見我國法律案的批准與公布，是採取限制的否決，但與外國的法制有些不同。

---

❻ 參考自劉慶瑞著　比較憲法（50.6 大中國圖書公司印行）第二三七頁至第二四一頁。

二、法律的公布程序

　　法律應經立法院通過，總統公布，中央法規標準法第四條有明確的規定。唯總統公布法律時，應依據憲法第三十七條之規定，須經行政院院長之副署，或行政院院長及有關部會首長之副署。例如公布「兒童及少年福利與權益保障法」，因兒童及少年福利主管機關，在中央為內政部，故總統公布「兒童及少年福利與權益保障法」的法典，須經行政院院長或行政院院長及內政部部長之副署；又例如公布「教育人員任用條例」，因教育行政最高機關為教育部，故總統公布「教育人員任用條例」的法規，須經行政院院長或行政院院長及教育部部長的副署。

三、法律的公布方法

　　法律的公布方法，隨時代之演進而不同，在過去有所謂「朗誦法」，即將法律之規定內容，於公眾聚集的場所朗誦之；也有所謂「公簿登錄法」，即將法律的規定內容，登錄於公共簿冊上，而放置於公共場所供人閱覽；也有所謂「傳閱法」，即將法律規定的內容，製成多份，輾轉傳遞以供人閱覽。唯現行常用的公布方法，則有下列幾種情形：

(一)張貼揭示法

　　即將法律規定的內容或者條文，張貼於公共場所的揭示版上供人閱覽，使眾人皆知。

(二)公報登載法

　　即將法律規定的內容或者條文，登載於政府的公報，作為傳閱的資料，供人閱覽，並便於保存查考❼。

(三)新聞報導法

　　即將法律的制定意旨，以及法律規定的內容或者條文，經由新聞報導，使眾人皆知。

　　法律的公布，與命令的下達或發布不同，法律的公布，由總統行之，

---

❼　例如司法院公報，常將近期制定或修正公布的法令，登載於公報內。

並須經行政院院長、或行政院院長及其有關部會首長之副署；而命令的下達或發布，則由各機關依其法定職權或基於法律之授權訂定而發布之❽。

第三節　法律的施行及效力

法律自施行期日生效後，即自然發生強行、拘束、規範的效力。

法律的效力，常涉及時、地、人等方面的適用限制，換句話說，法律在什麼時候，在什麼地方，對什麼人才可以適用，而發生強行拘束的規範效果，茲分述之：

一、法律關於時的效力

法律關於時的效力，是指法律從什麼時候開始才可以適用，而發生強行拘束的效力，茲依中央法規標準法的規定概述之：

㈠法律因公布施行而發生效力

法律的發生效力，有下列種種情形：

　1.法律特定有施行日期，或以命令特定施行日期者，自該特定日起發生效力。例如國家賠償法第十七條規定，「本法自中華民國七十年七月一日施行」，是法律特定有施行日期，自應從施行日期當日起發生效力。又例如道路交通管理處罰條例第九十三條有「本條例施行日期，由行政院以命令定之」之規定，是法律授權給予行政院以命令特定其施行期日，故自該特定施行日起發生效力。

　2.法律明定自公布日施行者，自公布日起算至第三日起發生效力。例如原兒童及少年福利與權益保障法第一百十八條有「本法自公布日施行」之規定，因該法是於民國九十二年五月二十八日由總統令公布，故自公布之日起算至第三日起發生效力。

---

❽　依中央法規標準法第七條的規定，各機關依其法定職權或基於法律授權訂定之命令，應視其性質分別下達或發布，並即送立法院。

㈡法律因公布廢止而失其效力

　　法律的廢止，應經立法院通過，總統公布。廢止的法律，自公布之日起算至第三日起失效。法律之所以必須廢止，依中央法規標準法第二十一條之規定，有下列情形之一：

　　1.機關裁併，有關法規無保留之必要。

　　2.法規規定之事項已執行完畢，或因情勢變遷，無繼續執行之必要。

　　3.法規因有關法規之廢止或修正致失其依據，而無單獨施行之必要。

　　4.同一事項已定有新法規，並公布施行者。

　　另外，法規定有施行期限者，期滿當然廢止，但應由主管機關公告之。

㈢法律因停止適用而暫不生效

　　法律自公布施行之日期起發生效力，唯依中央法規標準法第十九條之規定，法律因國家遭遇非常事故，一時不能適用者，得暫停適用其一部或全部。法律既暫停適用其一部或全部，則無異一部或全部暫時不發生適用之效力，必俟暫停適用之期間屆滿，或公布恢復法律之適用，才再次發生適用之效力❾。

㈣法律受不溯及既往及新法優於舊法原則之支配

　　法律的適用，必須受「法律不溯及既往」以及「新法優於舊法」的拘束。所謂「法律不溯及既往」，是指法律祇能適用於施行後所發生的事實，不能適用於施行以前所發生的事實。例如未經規定處罰的行為，縱然行為後法律變更為應處罰的行為，亦不得追溯既往之行為而加以處罰。至於「新法優於舊法」，是指同一事項，舊法與新法有不同規定時，應優先適用新法。但新法祇能支配其施行以後所發生的事項，新法施行以前所發生的事項，仍歸舊法支配。

二、法律關於地的效力

　　法律關於地的效力，是指法律在什麼地方、什麼情形下才可以適用，

---

❾　參考自❺管歐著　法學緒論（81.8 著作者發行）第一九五頁及第一九六頁。及中央法規標準法第十九條之條文。

而能發生強行拘束的效力。茲依我國現行採用的規定略述之。

㈠法律在本國領域內有適用效力

凡居住於本國領域內的人民，不論是本國籍的人、或是外國籍的人，皆應受本國法律的拘束，並遵守我國法律的規定，不得知法犯法、明知故犯。

本國的領域，除領土之外，尚有領海、領空，因此，除本國領土範圍內的本國人民以及在本國居住、旅遊的外國人，皆為法律效力所及，應遵守我國法律的規定外，本國之領海、領空亦為法律效力所能及的空間，故外國的戰艦、輪船、漁船以及飛機等交通工具，自應受我國法律的拘束，遵守我國法律的規定，不得無故侵入。

㈡法律例外在外國領域內有適用效力

法律固然在本國領域內有適用效力，即使在外國領域內，也有例外情形為本國法律效力所能及，得適用本國的法律。例如：

1.本國駐在外國的使領館，為本國法律效力所能及，應受本國法律的拘束。

2.航行外國領海、領空的本國船艦、航空器，或航行於公海、公空的本國船舶、航空器，皆為本國法律效力所能及，應受本國法律的拘束。例如刑法第三條有「在中華民國領域外之中華民國船艦或航空器內犯罪者，以在中華民國領域內犯罪論」之規定，可見本國法律例外在外國領域內之特定對象──中華民國船艦、航空器等，有強行拘束及適用之效力。

㈢法律有在特定地區才有適用效力

法律的適用效力，有以某一特定地區為其範圍者，例如臺灣省內菸酒專賣暫行條例（已廢止），祇暫行適用於臺灣是❿。

三、法律關於人的效力

法律關於人的效力，是指法律對於什麼人可以適用，而能發生強行拘束的效力；關於這個問題，在過去有所謂屬人主義與屬地主義之分。前者

❿ 參考自❺管歐著 法學緒論 第一九三頁及第一九四頁。

是認為凡是屬於本國的人民，不問其居住地是在本國抑或外國，均受本國法律的拘束；至於外國人居住於本國者，則不受本國法律的拘束。而後者是認為凡在本國領域之內，不問其為本國人，抑或為外國人，均受本國法律的拘束。

由於屬人主義與屬地主義各有所偏、不夠周延，例如屬人主義不足以適應事實的需要，屬地主義亦多窒礙難行。故晚近歐美各國之法律均採折衷主義，即以屬地主義為原則，屬人主義為例外，我國亦是。茲依我國現行的規定略述之。

㈠**居住於本國領土者的法律效力**

1.凡居住於本國領土內之本國人民適用本國法律，受本國法律之拘束。但亦有例外；例如總統除犯內亂或外患罪外，非經罷免或解職，不受刑事上之訴究（中華民國憲法第五十二條）；國民大會代表（現已停辦選舉）在會議時所為之言論及表決，對會外不負責任（憲法第三十二條）；立法委員在院內所為之言論及表決，對院外不負責任（憲法第七十三條）等，皆是法律在國內關於人的效力的例外情形。

2.凡居住於本國領土內之外國人民適用本國法律，受本國法律之拘束。但亦有例外；例如外國元首、外國使節、外國領事、外國軍隊、及其他有關人員，如侍從、家屬等，享有治外法權，不受我國法律之拘束，但商業行為豁免權除外。

㈡**本國人民僑居於外國的法律效力**

本國人民僑居於外國者，自然受該國（居住國）法律的拘束，應遵守該國的法律，但亦有例外。例如民法上關於身分、能力、親屬、繼承等事項的規定，仍適用本國法律❶。

---

❶　參考自❺管歐著　法學緒論　第一九一頁至第一九三頁，暨林紀東著　法學緒論（81.10 五南圖書出版公司印行）第七一頁至第七三頁。

研究問題

一、依據我國的現行制度，說明法律的制定程序。

二、依據中華民國憲法的規定，法律經立法院制定後，應即移送總統公布，唯總統應依何種法定程序公布？

三、法律的公布與命令的發布有何不同？試依你的見解說明之。

四、依現行法律的規定，法律的施行有何種不同的情形？試說明之。

五、依據中央法規標準法的規定，何種情形必須修正法律？

六、依據中央法規標準法的規定，何種情形必須廢止法律？

七、何謂「法律不溯及既往」？何謂「新法優於舊法」？試加以說明之。

八、試說明法律對於時、地、人的效力。

第五章　法律的類型

第一節　國內法與國際法

　　凡適用於國內的法律，稱之為國內法；適用於國際的法律，稱之為國際法。茲分述之：

一、國內法

　　國內法是指一個具有主權的國家，用以拘束國民的行為規範——即法律，如果是成文法的話，通常都是以一種通行的文字，有系統的制定為法律草案，而後依循法定程序，移送國會（我國是立法院）審議，國會審議通過後，即移送總統公布，法律經總統公布後，即有拘束國民的效力，所以國內法是由一個有主權的國家所制定，並適用於主權所能及的領土範圍內。

　　我國的法律，不論其名稱是法、是律、是通則、是條例，皆是國內法。所有的法律，不論是由行政機關，或司法機關、考試機關基於職權所擬定的法律草案，均必須經立法院審議通過，總統公布始生效力，例如刑法、民法等便是國內法的範疇。

二、國際法

　　國際法是指一般國際社會所公認的規約，其適用不限於一國之領域範圍，換言之，凡國際團體間任何國家均一致行使或遵守者，稱之為國際法。例如聯合國憲章是。

　　國際法得依其性質之不同，分為國際公法與國際私法等兩類，國際公法（即國際法）雖然是規定國際間應相互遵守的規約，但又有平時國際公法與戰時國際公法之別，前者如外交關係公約、領事關係公約、公海公約、領海及鄰接區公約、國際法院規約等，後者如戰時俘虜的處理、敵方傷殘

士兵的人道待遇等的國際慣例。至於國際私法,雖冠有國際二字,實際上它是以本國主權為立場,對於涉外的私法上權利義務事件,規定應適用何國的法律,所以仍為國內法的一部分。例如我國現行的涉外民事法律適用法,其性質即為國際私法❶。

國際法雖不如國內法有完備的立法機關、制裁機關,以及絕對的強制力,唯現今聯合國已設有國際法院,以制裁國際間的糾紛,舉凡有違反國際法、蔑視國際正義而侵害他國主權的國家,均會遭受國際間的集體制裁,例如國際間輿論的譴責、外交關係的斷絕、經濟制裁與封鎖港口、武力干涉、戰爭等。

第二節　成文法與不成文法

凡依法定程序所制定的法律,稱為成文法;未依法定程序制定但國家承認的法律,稱為不成文法;茲分述之:

一、成文法

成文法,通常是指一個有主權的國家,以自己國家通用的文字,有系統、有組織、有條理的記載成一條一條具有形式的條文,並依一定的立法程序,經國會(議會)審議通過,制定成完整的法典,而後由總統公布,這種法律便是成文法,例如美國憲法便是。

我國的法律,不問是法、是律、是條例、或是通則,皆屬於成文法。因為我國的所有法律,都是經過立法院通過,總統公布,而且以我國通行的文字所制定的。例如民法、刑法、毒品危害防制條例、社會秩序維護法等法律,便是成文法的一環。

二、不成文法

不成文法,通常是指一個有主權的國家,未曾以自己國家通行的文字,

---

❶　參考自管歐著　法學緒論(81.8 修訂再版　著作者發行)第一四五頁至第一四八頁。

有條理、有系統、有組織的記載成一條一條具有形式的條文，並依一定的立法程序，制定成完整的法典。換一句話說，不成文法或許有文字的記載，但並無制定完整的法典，僅依社會上的習慣、學者主張的學說、公認的法理，以及法院的判例等，為不成文法的法律，並由國家承認其效力，例如英國早期所慣行的便是不成文法的典型與態樣。

三、成文法與不成文法的比較

成文法與不成文法的不同，不在有無文字的記載，而在於是否經過立法程序，制定成完整的法典，並依法定的程序公布。

成文法的優點，在於具有形式上的條文，內容較周詳、明確，便於施行、研究，且修正與廢止，均有一定的法定程序。唯成文法修正較不易，若干法律條文一經社會之變遷、時代之演進，常有適用上的困難，必須重新修正方能適應，因此費時費力。反之，不成文法既未制定完整的法典，則變更較易，能適應社會的需要，唯缺乏有形式的條文，內容較不具體、明確，因此適用時較不便❷。

第三節　公法與私法

何種法律是公法？何種法律是私法？公法與私法的區分標準如何？學說紛紜，迄今仍無一致的看法。

一、主體說

凡法律關係主體的一方或雙方，為國家或公法人者，是屬於公法。例如中華民國憲法、刑法、刑事訴訟法、行政訴訟法等法律，皆是公法的範疇。至於法律關係主體的雙方，均為私人或私團體者，是屬於私法。例如民法、公司法、票據法等法律，便是私法的範疇。

---

❷　參考自❶前揭書　第一二六頁至第一三〇頁。及鄭玉波著　法學緒論（81.8 修訂再版　三民書局印行）　第二五頁及第二六頁。以及林榮耀著　法學緒論（79.5 再版　著作者發行）第一〇頁。

採用主體說，以法律關係的主體來作為區分公法與私法的標準，雖然是一種比較妥當的說法，但也有缺陷，例如民法是屬於私法，而國家與人民間的買賣契約，卻須適用民法的規定是。

二、權力說

權力說又稱之為從屬說、意思說。主張權力說者認為：凡規定權力服從關係的法律，或者說是國家與人民相互間存有命令與服從的不平等關係的法律，是屬於公法；例如監察法、公務人員考試法、刑法等是公法的範疇。至於規定對等關係的法律，或者說是不含有權力服從的性質，人民相互間得依自己之意念為意思表示的法律，是屬於私法。例如公司法、保險法、合作社法等是私法的範疇。

主張權力說，以權力關係為區分公法與私法的標準，仍有其缺陷之處，例如國際公法是屬於公法，可是它是對等關係的法律，並無權力服從的性質；而民法是屬於私法，可是民法中關於親權的行使，卻具有權力與服從的關係，可見公法與私法，仍難以權力關係的情形，予以區分。

三、利益說

利益說，學者亦稱之為「目的說」。

主張利益說者，認為凡是以保護公益為目的者，為公法；以保護私益為目的者，為私法。前者如刑法、少年事件處理法、社會秩序維護法等即是；後者如民法、著作權法、專利法等即是。

以利益說為區分公法與私法的標準，也有其缺陷之處，例如社會秩序維護法，固然在保護公益，也同時在保護私益；著作權法，固然在保護私益，也同時在調和社會公共利益；民法雖然是私法，在保護私人利益，但同時也尊重公益，以不背於公共秩序或善良風俗為原則。

四、關係說（新主體說）

關係說，學者亦稱之為「新主體說」。認為凡是規定公的權利義務關係

者，是公法；規定私的權利義務關係者，是私法。換一句話說，凡規定國家與國家間、或國家與人民間公的權利義務關係，皆屬於公法的範疇；規定國家與人民間、或人民與人民間私的權利義務關係者，皆屬於私法的範疇。前者如國際公法、憲法、刑法、社會秩序維護法等，後者如民法、公司法、票據法、保險法等❸。

　　以法律規定的關係，為區分公法與私法的標準，應較主體說、權利說與利益說為適當。因為以主體說、權利說或利益說，為區分公法與私法的標準，皆有其不周延之處。而關係說，祇要法律規定的是公的權利義務關係，即可認定是公法；法律規定的是私的權利義務關係，即可認定是私法，故較為適當、易識。

　　唯晚近由於社會之演進、法律之增多，公法與私法之外又另增公私綜合法，有的學者稱之為「社會法」。例如經濟法、勞動法等便是。

第四節　普通法與特別法

　　凡法律的施行效力及於國內一般的人、事、地者，為一般法，或稱普通法。凡法律的施行效力及於國內特定的人、事、地者，為特別法。茲依人、事、地的區別標準概述之：

一、以人為區別標準

　　法律，其施行的效力所能及之人，是全國的一般人者，為普通法；限於特定的人者，為特別法。前者如刑法、民法等法律是適用於全國一般人，故為普通法；陸海空軍刑法僅適用於具有軍人身分之特定人，少年事件處理法僅適用於未滿十八歲特定之少年，故上述兩種法律均為特別法。

---

❸　參考自❶前揭書　第一三五頁至第一三八頁。及❷鄭玉波著前揭書　第二九頁。及❷林榮耀著前揭書　第一二頁。以及林紀東著　法學緒論（81.10 五南圖書出版公司出版）第三五頁至第四一頁。

二、以事為區別標準

法律，其施行的效力所能及之事，是國內一般事項者，為普通法；限於特定事項者，為特別法。前者如民法適用於一般民事事項，刑法適用於一般刑事事項，故上述兩種法律均為普通法；公司法適用於公司的經營事項，票據法適用於票據的行使事項，均限於特定的事項，故為特別法。

三、以地為區別標準

法律，其施行的效力所能及之地，為國內全部地區者，是普通法；限於某一地區者，是特別法。例如民法、刑法、民事訴訟法、刑事訴訟法等種種法律，均適用於全國各地區，一般人民均受其拘束，故為普通法；臺灣省內菸酒專賣暫行條例（已廢止）等法律，僅適用於臺灣省一個特定地區，故為特別法。

普通法與特別法的區別，是屬於相對的，例如土地法是民法的特別法，但同時又是實施耕者有其田條例（已廢止）的普通法；陸海空軍刑法是刑法的特別法，但同時又是戰時軍律（已廢止）的一般法。

普通法有時又會與特別法競合適用，在此情況下究竟應適用普通法抑或適用特別法？由於法律之適用，有「特別法優先普通法適用」之原則，故理論上自應優先適用特別法。例如未滿十八歲之少年，觸犯竊盜、猥褻罪情，依法應優先適用刑法之特別法——少年事件處理法，予以適當的處遇；又如房屋租賃，民法有規定，土地法也有規定，適用法律時自應優先適用民法的特別法——土地法的規定，唯土地法沒有規定的事項，才可適用民法的規定（債編中關於租賃的規定）❹。

---

❹ 參考自❶前揭書　第一二八頁至第一三二頁。及❷鄭玉波著前揭書　第三二頁。及❷林榮耀著前揭書　第一三頁及第一四頁。以及❸林紀東著前揭書　第四一頁至第四三頁。

第五節　實體法與程序法

　　凡規定權利與義務的本體內容的法律，稱之為「實體法」；規定實現權利與義務的程序內容的法律，稱之為「程序法」。茲分述如下：

一、實體法

　　刑法、民法、商事法等法律，為實體法。

　　實體法，又稱主法，是規定權利義務本體的法律，也可以說是規定權利義務的性質、內容、發生、行使、變更及消滅等事項的法律，可供法院作為審判民、刑事案件之依據。

二、程序法

　　民事訴訟法、刑事訴訟法、破產法等法律，為程序法。

　　程序法，又稱助法或手續法，是規定實現權利義務的程序的法律，也可以說是規定如何執行或實現權利義務的方法，及對於違反者如何加以制裁的程序的法律。例如刑事訴訟法是規定實施國家刑罰權的方法，或者說是審判處罰犯罪人程序的法律，民事訴訟法是輔助民事方面有關權利義務實現的程序的法律等皆屬於程序法的範疇。

三、實體法與程序法的關係

　　實體法與程序法的區分，是屬於相對的而不是絕對的。有些法律如少年事件處理法，一方面它是屬於實體法，另一方面它又是屬於程序法，根本沒有實體法與程序法的區分，而是一體的。民法雖然是屬於實體法，但有關總則編、債編、物權編等的施行法，則又類似程序法的規定。

　　實體法與程序法的性質，雖然不盡相同，但兩者之間應是一體兩面、相輔相成的。譬如實體法是「體」，程序法是「用」，沒有實體法，程序法無由發揮其作用；沒有程序法，實體法的規定，亦不能發生效力。所以實體法與程序法關係密切，缺一不可❺。

第六節　強行法與任意法

強行法是不問私人情願與否，必須適用的法律；任意法是法律的適用與否，可依從私人的意思。茲分述如下：

一、強行法

強行法是不問私人意思如何，必須適用的法律。換句話說，法律規定的事項，涉及國家的秩序、社會的安全、善良風俗的維護，不問私人情願與否，必須遵守、適用、受其拘束的法律。例如中華民國憲法、刑法、社會秩序維護法等法律便是。

強行法理論上又分為命令法（或稱命令規定）與禁止法（或稱禁止規定）。命令法是強制為特定行為之法，或者說是強制行為人履行特定的作為義務的法律，例如兵役法是強制滿十八歲男子履行服兵役義務的法律；所得稅法是強制特定人履行繳稅義務的法律等即是。而禁止法是禁止為特定行為之法，或者說是強制行為人履行特定的不作為義務的法律，例如刑法的規定是在禁止人民犯罪；社會秩序維護法的規定是在禁止人民妨害安寧秩序、妨害善良風俗等；民法第九百八十五條的「有配偶者，不得重婚」的規定，是在禁止有配偶者發生重婚的行為等皆是禁止法的實例。

二、任意法

任意法是指法律的適用，可依從私人的意思與決定。換一句話說，法律所規定的事項僅涉及私人的利益，當事人可依從私人的意思自由，決定是否適用法律。例如民法、商事法等法律，大部分的規定都屬於任意法。

任意法理論上又分為補充法（或稱補充規定）與解釋法（或稱解釋規定）。補充法是補充當事人意思表示欠缺的法律規定，或者說是法律預設規定，凡當事人對於某種法律關係之意思表示有欠缺時，使其依法適用以維

---

❺　參考自❶前揭書　第一三八頁至第一四〇頁。及❷林榮耀著前揭書　第一六頁及第一七頁。以及❸林紀東著前揭書　第四五頁及第四六頁。

護其權益，例如民法第一千零五條「夫妻未以契約訂立夫妻財產制者，除本法另有規定外，以法定財產制，為其夫妻財產制」之規定，便是夫妻財產制的補充法。而解釋法是解釋當事人意思的法律規定，或者說是當事人意思不明確或不完全時，用來解釋其意思的法律規定。例如民法第一千二百零七條「繼承人或其他利害關係人，得定相當期限，請求受遺贈人於期限內，為承認遺贈與否之表示。期限屆滿，尚無表示者，視為承認遺贈」之規定，便是解釋法的條文規定。

三、強行法與任意法的區分

強行法與任意法的區分，應就法律條文之本身加予研究判斷，不可誤以為公法皆是強行法，私法皆是任意法：例如刑法，一般人認為是公法；但刑法中「告訴乃論」的規定，是屬於任意法的態樣。又如民事訴訟法也是公法，但其中合意管轄的規定（訴訟事件的管轄法院，得以雙方當事人的合意定之），是屬於任意法。民法雖然是私法，可是民法總則編中有關受監護處分人無行為能力之規定、物權編中關於物權不得自由創設之規定、親屬編中關於男女結婚年齡的規定等，是屬於強行法，自不容許私人任意變更法律的規定。

法律條文之規定，是屬於強行法抑或是屬於任意法，通常可從條文的文字加以辨別，假如條文中有「……應……」、「……不得……」、「非……不得……」等字樣之情形者，是屬於強行法。如果條文中有「得……」、「另有規定者，不在此限」等字樣之情形，則屬於任意法。

四、強行法與任意法的效力

強行法與任意法的法律效果不同，凡違反強行法的規定，在公法上可能要遭受刑法上或行政上的制裁，在私法上也可能發生行為無效或得撤銷的效果。例如民法第九百八十五條「有配偶者，不得重婚」之規定是強行法的規定，但倘若有配偶者違反其規定而再重婚，則在刑法上構成重婚罪，必須接受刑罰的制裁。而在私法上也發生其結婚之行為無效的處境。至於

違反任意法的規定，則不發生上述種種問題❻。

第七節　原則法與例外法

凡法律所規定的事項，一般均應適用者，為原則法。凡法律所規定的事項，若有特殊情形時，得適用例外規定者，為例外法。茲分述之：

一、原則法

原則法是法律所規定的特定事項，一般均應適用者，或者說是法律就特定的事項，為原則性的規定，以供一般適用之準繩。例如民法第六條「人之權利能力，始於出生，終於死亡」之規定，民法第十二條「滿二十歲為成年」之規定等皆是原則法的規定，而民國一百零九年十二月二十五日立法院三讀通過民法部分條文等修正草案，滿十八歲即為成年人，並定於民國一百十二年一月一日施行之。

法律的條文，有時有但書的規定，凡是在「但」字以前的規定，是屬於原則法。例如民法第一千零一條「夫妻互負同居之義務。但有不能同居……」之規定，民法第一千零四十九條「夫妻兩願離婚者，得自行離婚。但……」之規定等是屬於原則法的規定。

二、例外法

例外法是法律所規定的事項，若有特殊情形時，得適用例外之規定，或者說是法律就特定的事項為原則性的規定外，並針對特殊的必要所作的例外規定。例如民法第七條「胎兒以將來非死產者為限，關於其個人利益之保護，視為既已出生」之規定，便是民法第六條「人之權利能力，始於出生，終於死亡」的例外法。

法律的條文，有時有但字的出現，凡是在「但」字以下的規定，是屬

---

❻　參考自❶前揭書　第一三二頁至第一三四頁。以及❷鄭玉波著前揭書　第三四頁及第三五頁。以及❷林榮耀著前揭書　第一四頁至第一六頁。以及❸林紀東著前揭書　第四三頁至第四五頁。

於例外法，例如民法第九百八十四條「監護人與受監護人，於監護關係存續中，不得結婚。『但』經受監護人父母之同意者，不在此限」之規定，又民法第一千零四十九條「夫妻兩願離婚者，得自行離婚。『但』未成年人，應得法定代理人之同意」之規定等，凡是在但字以下的是屬於例外法的規定 ❼。

第八節　固有法與繼受法

凡承襲本國固有的法律思想的法律，為固有法；模仿外國的法律思想的法律，為繼受法。茲分述之：

一、固有法

固有法是承襲本國固有的法律思想的法律，或者說是根據本國從前的固有文化、法律思想、風俗習慣、社會狀況、政治組織等情形，所制定的法律。例如我國的唐律、明律是固有法的承襲資料。

固有法的優點，在於能保存本國固有的傳統文化，以及法律思想與制度，比較能適合本國的風俗民情；其缺點在於容易故步自封，不能適合時代潮流。

二、繼受法

繼受法是模仿外國的法律思想與制度的法律，或者說是參考、模仿外國的文化、法律思想與制度，採取其較適合於世界潮流或本國國情者，制定成為本國的法律。例如從前美國法之模仿英國法，我國清末民初的法律之模仿日本的法律，國民政府統一全國後之模仿歐洲大陸的法制等，均是繼受法的例子。

繼受法的優點，在於能適合時代潮流，並使本國的法制與外國的法制趨於一致；其缺點在於不容易適合本國的風俗習慣、社會需要，若是盲目

---

❼　參考自❶前揭書　第一四二頁及第一三五頁。以及❷鄭玉波著前揭書　第三四頁及第三五頁。以及❷林榮耀著前揭書　第一四頁。

抄襲，亦難適合本國國情。

　　晚近世界各國，由於文化交流之影響，本國的法律已沒有固有法與繼受法的區別，換一句話說，各國的法制，都有固有法的成分，也都有繼受法的資料，沒有完全是固有法的法制，也沒有完全是繼受法的模式。而且各國的法制逐漸趨向一致，這是時代進步所帶來的影響❽。

第九節　母法與子法

　　凡法律的規範，是屬於主體性、法源性者，為母法；是屬於從屬性、補充性者，為子法。茲分述之：

一、母　法

　　一種法律的規範，倘依據他種法律的規範而制定者，其所依據的法律，為母法。譬如「兵役法」是一種獨立的法典，而依兵役法第五十一條之規定，制定「兵役法施行法」之後，「兵役法」即成為「兵役法施行法」之母法。又例如「大學法」是一種獨立的法典，而依大學法第四十一條之規定，制定「大學法施行細則」之後，「大學法」即成為「大學法施行細則」之母法。

　　母法的規範，具基本性、原則性、一般性，是子法的主體性法律與法源性法律。子法雖然是依據母法的規範所制定，但其子法的規範，若是又為他種法律規範所依據而制定，則此一子法，又成為他種子法的母法。例如「立法院組織法」是依憲法的規定而制定，故憲法是法源性母法，立法院組織法是憲法的子法。又「立法院職權行使法」，是依據「立法院組織法」的法源而制定，故原為憲法的子法的「立法院組織法」，又成為「立法院職權行使法」的母法。再例如「立法院議事規則」，是依據「立法院職權行使法」的法源而制定，故原為子法的「立法院職權行使法」，又成為「立

❽　　參考自❶前揭書　第一四四頁。及❷鄭玉波著前揭書　第三六頁及第三七頁。❷林榮耀著前揭書　第一一頁。以及❸林紀東著前揭書　第三三頁及第三四頁。

法院議事規則」的母法。

二、子　法

　　一種法律的規範，若是依據他種法律的規範而制定者，其所依據的法律，為母法；其所制定的法規（包括法律及命令），為子法。譬如「教師法施行細則」是依據「教師法」的法源而制定，故「教師法」是母法，「教師法施行細則」是「教師法」的子法。又例如「外役監條例」是依據「監獄行刑法」的法源而制定，故「監獄行刑法」是「外役監條例」的母法，而「外役監條例」是「監獄行刑法」的子法。

　　子法的規範，具補充性、具體性、細節性、個別性……，是母法的從屬性法律與輔助性法律。子法雖然是依據母法的規範所制定，但其子法的規範，不一定稱為法、條例、通則，並經立法程序制定完成，而可稱為規程、規則、細則、辦法、綱要、標準、準則等，並由相關機關以命令方式發布之❾。

研究問題

一、何謂國內法？何謂國際法？請舉例說明。

二、何謂成文法？何謂不成文法？請舉例說明。

三、何謂公法？何謂私法？請舉例說明。

四、何謂普通法？何謂特別法？請舉例說明。

五、普通法與特別法競合適用時，怎麼辦？

六、何謂實體法？何謂程序法？請舉例說明。

七、何謂強行法？何謂任意法？請舉例說明。

八、何謂原則法？何謂例外法？請舉例說明。

九、何謂固有法？何謂繼受法？請舉例說明。

十、何謂母法？何謂子法？請舉例說明。

---

❾　本章內容，係摘錄自拙著　法律與人生（93.3 三版二刷　五南圖書出版公司印行）第六四頁至第七八頁。

第六章 法律的適用與解釋

第一節 法律的適用

　　法律是以通行的文字，抽象的規定應遵守的行為規範。法律經制定、公布、施行後，必須隨時加予適用，才不致流於形式。法律的適用，通常是以法律的抽象規定，適用於社會生活上所發生的具體事實，以明瞭其法律責任的歸屬，或者是法律行為的效力。例如甲男子未滿十八歲，乙女子未滿十六歲，甲男子與乙女子的結婚行為，在法律上是否有效？關於此項具體事實的法律效力問題，吾人適用民法第九百八十條「男未滿十八歲，女未滿十六歲者，不得結婚」之規定，可知甲男子與乙女子不得結婚，若違反該條規定，依民法第九百八十九條，其婚姻關係為得撤銷，但甲、乙已達法定年齡或已懷孕，則不得撤銷。

　　唯民國一百零九年十二月二十五日立法院三讀通過民法部分條文等修正草案，為保障婦女與兒少權利，新修正的民法第九百八十條規定「男女未滿十八歲者，不得結婚」，不過民法第九百八十九條規定於本次修正未刪除仍予以保留。該修正條文於民國一百十二年一月一日施行之。

　　法律的適用，不僅個人隨時可以適用，以維護法律上所保障的個人權益。即使國家統治領域內的治權機關，如行政機關、司法機關、考試機關、監察機關等，在公務的執行上亦隨時有適用法律的必要，特別是行政機關、司法機關適用法律的機會較多。故本節僅就行政機關、司法機關適用法律的原則分述之：

一、行政機關適用法律的原則

　　行政機關，從其組織的層級而言，在中央為行政院，在省為省政府，在直轄市為直轄市政府，在縣（市）為縣（市）政府，在鄉鎮市區為鄉鎮市區公所。行政機關執行公務的人，一般稱之為公務員或公務人員，均必

須熟諳法律，並隨時依公務上的需要適用法律，以推行政策，執行法令。行政機關的公務人員應如何適用法律？其應遵守的原則如何？茲列舉如下：

㈠行政機關適用法律應無待請求

行政機關是以推行政策，造福桑梓，服務人民為宗旨，因此行政機關內的公務人員在執行公務時，不問人民是否請求適用法律，均應依據法律的授權，或基於職權的作用，主動、積極的將抽象的法律規定，適用於具體的社會現象。一方面提高其行政績效，一方面為人民謀求更高、更大的福祉，此與司法機關所堅持的「不告不理」原則自然迥不相同。

㈡行政機關適用法律應依據需要

行政機關推行政令，承辦公務是以迅速、確實的行政績效，來造福社稷、為民服務，因此行政機關內的公務人員在執行公務時，應基於本身的職權，隨時斟酌業務上的需要，為法律的適用，以免職務上發生適用法律不當或違法失職情事。

㈢行政機關適用法律得斟酌裁量

行政機關以執行法律、推行政策為施政方針，故行政機關時時必須適用法律、運用法律，以解決社會上、政治上、經濟上、教育上等所面臨的重大問題。特別是人民的請願、訴願、申請等案件，不能不公正予以處理，以解除民怨、民憤。唯社會瞬息萬變，複雜萬端，欲以抽象的、固定的法律條文，適用於社會上、政治上、經濟上、教育上等的重大問題，或者適用於人民的訴願事件，有時法律亦難免有遺漏、不完備或不周延的窒礙難行處。因此行政機關的公務人員在適用法律時，如不牴觸憲法或違背其他法律的規定，容許其在職權範圍內，酌情行使裁量權，此與司法機關僅得依據法律的規定而適用的情形迥然不同。

㈣行政機關適用法律得制頒命令

行政機關是以行政作用，來執行法律所規定的職掌事項。行政機關的公務人員，在執行公務時，必須依法律的規定而行。法律的規定有屬於原則性的，有屬於概括性的，均必須仰賴公務人員基於職權，或在法律的授權下，制定種種因應措施的命令，如規程、規則、細則、辦法、綱要、標

準、準則等。此為行政機關適用法律時所習見的事，與司法機關的法院法官僅得適用法律，不能制定命令儼然有別。

(五)行政機關適用法律受長官指導

行政機關的組織體系，現時在中央為行政院，在直轄市、縣（市）為直轄市、縣（市）政府，在鄉鎮市區為鄉鎮市區公所，上級行政機關對於下級行政機關，有指導監督權，而下級行政機關對於上級行政機關的命令，必須服從。另外，同一機關內也有長官（主管）與部屬之分，長官有指導監督權，部屬對於長官的命令，也必須服從。故行政機關的公務人員，在適用法律時，必須接受上級機關或長官的指導監督，不得陽奉陰違。例如公務員服務法第二條規定，「長官就其監督範圍以內所發命令，屬官有服從之義務。但屬官對於長官所發命令，如有意見，得隨時陳述」。可見行政機關適用法律，須受長官之指導監督，並服從其命令，此與司法機關之審判獨立制度，亦不盡相同❶。

二、司法機關適用法律的原則

法院法官為司法機關之公務人員，彼等在審判民、刑事及行政訴訟案件中，適用法律之機會較多，故法院法官在執行職務時，必須堅守以下的原則：

(一)非經當事人提起告訴不開庭審判

民事或刑事案件，通常是由權益遭受他方非法侵害的當事人向法院提起自訴，或代表國家偵查犯罪之檢察官向法院提起公訴後，法院法官才依法審判處理，苟無正式提起自訴或公訴之程序，則法院法官不開庭審判，此為司法機關所堅持的「不告不理」原則，與行政機關適用法律的毋須請求截然不同。

(二)不得以法律不備不明而中止審判

社會現象複雜萬端，法律的規定，容或有不完備、不明確、不周全的缺陷，法院法官倘遇有適用法律，發生窒礙難行之處，自應依據法律的條

---

❶　參考自鄭玉波著　法學緒論（81.8 三民書局印行）第七四頁及第七五頁。

文加予研究、解釋、闡明，而不得以法律不完備、不明確為理由，而中止審判。例如法律有不完備的情形時，倘若是刑事案件，可依罪刑法定主義，即依刑法第一條：「行為之處罰，以行為時之法律有明文規定者為限……」之規定，宣告被告無罪。倘若是民事案件，則適用民法第一條：「民事，法律所未規定者，依習慣；無習慣者，依法理」之規定，予以審判處理。

(三)適用法律審判不受任何干涉

法院法官對於民、刑事及行政訴訟案件的審判，應依據法律，不受任何人的干涉，此乃司法機關所強調的「審判獨立」原則。法院法官能獨立審判，並就審判案件之事實認定為自由心證，不受任何外力的干預，審判的結果才不致有所偏失，故憲法第八十條有「法官須超出黨派以外，依據法律獨立審判，不受任何干涉」之規定，此與行政機關適用法律，須接受上級機關或長官之指導監督與命令的情形，自然不盡相同。

(四)對於違背憲法的法規之情況

只有命令法官才可拒絕適用，若是法律，法官只能停止審判，聲請大法官解釋。憲法為國家的根本大法。憲法的效力高於普通法律及命令，普通法律及命令牴觸憲法者，命令則失效，法院法官於執行審判或執行其職務上之行為時，如發見有違背憲法的法律，得停止審判程序，並得就有違背憲法疑義的法律聲請大法官解釋。

(五)適用法律遵守不溯及既往及新法優於舊法之原則

「法律不溯及既往」及「新法優於舊法」為適用法律的重要原則，所謂「法律不溯及既往」，是指法律的適用，祇能適用於該法律施行以後所發生的事實，而不能溯及該法律施行以前已發生的種種行為，這種原則稱為「法律不溯及既往」。至於「新法優於舊法」是指適用法律時，如發生新法與舊法競合適用的情形時，應適用新法，但如舊法較有利於行為人者，得例外適用舊法。法院法官於執行職務上的行為，為民、刑事及行政訴訟案件的審判時，當然應遵守「法律不溯及既往」、「新法優於舊法」的適用法律原則❷。唯刑法的「從新從輕」原則，已變更為「從舊從輕」原則，故

❷　參考自管歐著　法學緒論（81.8 著作者發行）第一八三頁及第一八四頁。

有關刑事案件的審判處罰，應適用「從舊從輕」原則。

第二節　法律的解釋

法律是以通行的文字，組織而成的有系統、有條理、有意義的條文，這些條文是規定某特定的權利與義務的關係的事項，或者說是規定某特定的社會行為規範的事項，是屬於原則性、概括性的抽象規定；雖然法律都經過集思廣益的過程，再三的修正、討論，並經過立法院通過，總統公布的法定程序，原則上法律的條文與內容應無問題，唯實際上法律施行以後，常常在理論上或實務上發生適用上的困惑與疑問，必須依靠法律學者或者有權解釋的機關加以解釋，才能澄清其疑問，了解其法條的意義。

法律之所以在施行以後，常常在理論上或者實務上發生適用上的困惑或疑問，乃是因為法律的條文有時刻板、籠統、繁瑣冗長、不易明瞭其意義，必須仰賴解釋。有時法律的規定，與實務上的應用不同，也必須仰賴解釋。另外適用法律時，有時也會發生意見上的不同以及法律條文內容的認知差異，例如該法律條文的意義如何？原則怎樣？是否可行？有無牴觸憲法？等，祇要對法律的規定有異議，均必須仰賴解釋。

一、法律解釋的類型

法律解釋，可分個人的解釋與機關的解釋等兩種類型，茲分別概述之：
㈠個人的解釋

法律的規定——即條文與內容，雖然皆經過立法機關的集思廣益，再三的審議、修正，並經過全體立法委員過半數以上的表決通過，而完成立法程序，由總統正式公布施行，原則上法律的本身條文與章節內容，應無問題。唯適用法律時，或因條文上的刻板、籠統，或因環境的變遷、實務上的窒礙難行等原因，必須加予解釋才能明瞭其意義。在此情況下，個人雖然可以加以解釋，但是倘若沒有法律的素養、高深的學問，所為的解釋必定十分膚淺、幼稚，因此原則上應由具有法學素養的學者，基於研究的必要加以解釋。

學者的解釋，因其大多具有高深的法學素養所為的解釋，較具權威性、說服力，一般人自然較易信服。但學者所為的法律解釋，往往缺乏強行力、拘束力，因此學者間常稱其為「無權的解釋」❸。

㈡機關的解釋

機關的解釋，是指由立法機關的立法院、司法機關的司法院、行政機關的行政院，基於法律的授權或職權的行使，所為的法律解釋，因其具有法定的效力，所以學者間有稱其為「法定的解釋」。又因其所為的法律解釋，具有強行性、拘束性，非其他學者、個人所能取代，因此學者間又稱其為「有權的解釋」。

1.立法機關的法律解釋

立法機關的法律解釋，簡稱立法解釋，是立法院在制定法律時，為預防適用法律可能發生的疑義，事先就法律專用的抽象名詞、特定用語、例示規定等所為的條文解釋。

將專用的名詞解釋規定於法律中者，例如刑法第十條規定：「稱以上、以下、以內者，俱連本數或本刑計算。稱公務員者，謂下列人員：一、依法令服務於國家、地方自治團體所屬機關而具有法定職務權限，以及其他依法令從事於公共事務，而具有法定職務權限者。二、受國家、地方自治團體所屬機關依法委託，從事與委託機關權限有關之公共事務者。稱公文書者，謂公務員職務上製作之文書……。」又例如民法第六十六條第一項規定：「稱不動產者，謂土地及其定著物」，同法第六十七條規定：「稱動產者，為前條所稱不動產以外之物」等，均係將專用名詞的解釋，規定於法律的條文。

立法院是否具有法律解釋權，因中華民國憲法無明文規定，故迄今仍為爭議的問題。唯一般的學者認為：立法院既為制定法律的立法機關，法律的條文於適用時，若有困惑、疑義之處，由其行使解釋並無不妥，祇有法律的統一解釋，才應由司法院大法官依法行使❹。

---

❸　個人的解釋，有的學者稱之為無權解釋；或學理解釋；或學術解釋……等等，見仁見智。

2.司法機關的法律解釋

　　司法機關的法律解釋，簡稱司法解釋，是司法院基於憲法的授權及職權的運用，對於法律及命令所為的解釋。依據憲法第七十八條之規定，「司法院解釋憲法，並有統一解釋法律及命令之權」，因此司法院的解釋法律，包括：

　　(1)解釋憲法　依據憲法第七十九條第二項之規定，「司法院設大法官若干人，掌理本憲法第七十八條規定事項……」，所謂第七十八條規定事項是指解釋憲法之權。解釋憲法雖非經常性的任務，但若中央或地方機關，人民或私人團體，對於憲法的規定有疑義時，得聲請司法院為之解釋。憲法的解釋，依司法院大法官審理案件法第四條第一項的規定，包括一、關於適用憲法發生疑義之事項。二、關於法律或命令，有無牴觸憲法之事項。三、關於省自治法、縣自治法、省法規及縣規章有無牴觸憲法之事項。且聲請解釋憲法，必須依司法院大法官審理案件法第五條第一項的規定：一、中央或地方機關，於其行使職權，適用憲法發生疑義，或因行使職權與其他機關之職權發生適用憲法之爭議，或適用法律與命令發生有牴觸憲法之疑義者。二、人民、法人或政黨於其憲法上所保障的權利，遭受不法侵害，經依法定程序提起訴訟，對於確定終局裁判所適用之法律或命令，發生有牴觸憲法之疑義者。三、依立法委員現有總額三分之一以上之聲請，就其行使職權，適用憲法發生疑義，或適用法律發生有牴觸憲法之疑義者。為行使憲法之解釋，依司法院大法官審理案件法第十四條之規定，大法官解釋憲法，應有大法官總額三分之二之出席，暨出席人三分之二之同意，方得通過。

　　(2)統一解釋法律及命令　依憲法第一百七十條之規定，「本憲法所稱之法律，謂經立法院通過，總統公布之法律」。因此中央法規若是經立法院通過，總統公布的，均屬於法律。至於由行政機關基於行政上的必要，所制

❹　參考自❷管歐著　法學緒論　第二一〇頁至第二一二頁，暨林榮耀著　法學緒論（79.5 著作者發行）第四一四頁，以及林紀東著　法學緒論（81.10 五南圖書出版公司印行）第八一頁及第八二頁。

定的種種法規，若是未經立法院通過，未完成立法程序者，概稱之為命令。例如公務人員考試法施行細則、法庭旁聽規則、道路交通事故處理辦法等法規，雖然習慣上稱之為法律，但因未經立法院通過，總統公布，所以祇能稱之為「命令」。法律及命令，向為行政機關所適用，適用時若是發生條文上的疑義，原則上得基於職權自行解釋，解釋若有歧見得申請上級機關為解釋，上級機關就該申請解釋之法律及命令若仍無法獲得一致的見解，自應聲請司法院大法官為統一之解釋。法律及命令之統一解釋，依司法院大法官審理案件法第七條第一項第一款之規定，「中央或地方機關，就其職權上適用法律或命令所持見解，與本機關或他機關適用同一法律或命令時所已表示之見解有異者」，得聲請統一解釋，「但該機關依法應受本機關或他機關見解之拘束，或得變更其見解者，不在此限」。又第九條「聲請解釋機關有上級機關者，其聲請應經由上級機關層轉，……」；又第十四條第二項「大法官統一解釋法律及命令，應有大法官現有總額過半數之出席，及出席人過半數之同意，方得通過」。

　　3.行政機關的法律解釋

　　　行政機關的法律解釋，簡稱行政解釋，包括法律的解釋和命令的解釋。關於法律的解釋，行政機關的公務員，在執行公務適用法律時，原則上可以依職權自為解釋，或函請上級行政機關為之解釋。如中央或地方行政機關的公務員，依其職權適用法律所持見解，與本機關或其他機關的公務員適用同一法律，所表示的見解有歧異者，得聲請司法院大法官為統一之解釋。至於命令的解釋，因其命令的制定與發布，悉由中央行政機關依法律授權或依其職權所為，故下級行政機關自應受其拘束，處理公務當然必須遵守其規定。唯下級行政機關的公務員，於處理公務適用命令發生疑義時，原則上仍應函請上級行政機關為該命令疑義部分之解釋。倘中央或地方行政機關的公務員，就其職權上適用命令所持見解，與本機關或其他機關適用同一命令時，所已表示之見解有異者，得向司法院聲請統一解釋。但該機關公務員依法應受本機關或他機關見解之拘束，或得變更其見解者，則毋須聲請司法院統一解釋。命令，依中央法規標準法第三條之規定，包括

規程、規則、細則、辦法、綱要、標準或準則等，大致由中央行政機關所發布，因此聲請統一解釋命令時，聲請解釋機關如有上級機關者，其聲請應經由上級機關層轉，唯上級機關對於不合規定者，不得為之轉請，其應依職權予以解決者，亦同。

二、法律解釋的方法

　　法律解釋應注重方法與技術，才不致發生偏執與成見。通常解釋法律，不論是學者個人的解釋，抑或是機關共同的解釋，皆不外以下幾種方法：

㈠文理的解釋

　　文理的解釋，是依據法律所規定的條文，運用知識，按字義及文義加以解釋，以明瞭其條文的意義及規定的事項。例如刑法第二十條「瘖啞人之行為，得減輕其刑」的規定，從其條文的字義及文義來解釋，則聽覺語言障礙者的犯罪行為，可以減輕其刑，也可以不減輕其刑，其得與不得由法官斟酌犯罪的情節以及聽覺語言障礙者的品行為量刑的依據。又例如民法第六十六條第一項規定，「稱不動產者，謂土地及其定著物」，依文理解釋，即凡土地及附著於土地的固定物——如房屋等，皆屬於不動產❺。

㈡論理的解釋

　　論理的解釋，是依據論理思考的原則，就法律所規定的內容加予推理，以明瞭其條文的意義，而不拘泥於字義及文義的解釋。例如民法第十三條第一項規定：「未滿七歲之未成年人，無行為能力。……」，若採文理的解釋，甚易了解其文義，但若要明白何以未滿七歲之未成年人無行為能力？何以其所為的行為在法律上無效？何以不必負民事責任？則必須借助論理的解釋，才能完全明瞭其真義，所以文理的解釋，是較膚淺、較簡單的初步解釋，而論理的解釋，是較深刻、較邏輯的推理解釋，兩者在法律的解釋上，常是相輔相成的，下面茲就論理解釋採用的幾種方法加以闡述：

---

❺　參考自❷管歐著　法學緒論　第二一九頁及第二二〇頁，暨❹林榮耀著　法學緒論　第四七頁，以及❹林紀東著　法學緒論　第八九頁及第九〇頁。

1.擴張解釋

擴張解釋，是依據法律所規定的特定用語（或稱專用名詞）或條文，加以擴充的解釋，以明瞭其法律所規定的條文的涵義。例如原中華民國憲法第四條「中華民國領土，依其固有之疆域，非經……之決議，不得變更之。」之「領土」一詞，通常在解釋上，常擴及領海及領空，這是擴張解釋的一例。又例如第十四條「人民有集會……之自由」的「集會」一詞，在解釋上亦常擴及靜坐抗議、遊行示威等集體行動，這也是擴張解釋的例子。

2.限縮解釋

限縮解釋，是限制法律所規定的特定用語（或稱專用名詞）或條文的解釋，使其解釋的涵義不致太廣泛，而能縮小其範圍至一定限度，以符合法律所規定的意義，以及實務上的實際需要。例如中華民國憲法第二十條「人民有依法律服兵役之義務。」的「人民」一詞，在解釋上常限縮為「具有中華民國國籍、已達服兵役年齡之男子」，女子不包括在內，這便是限縮解釋的例子。又例如第二十一條「人民有受國民教育之權利與義務」的「人民」一詞，在解釋上亦常限縮為「具有中華民國國籍的學齡兒童」，而不具中華民國國籍的外國學齡兒童不包括在內。這也是限縮解釋的例子。

3.反面解釋

反面解釋，是依據法律條文所規定的意義，推論其相反的意義，以加深對條文內容的了解，例如憲法第二十三條規定:「以上各條列舉之自由權利，除為防止妨礙他人自由、避免緊急危難、維持社會秩序，或增進公共利益所必要者外，不得以法律限制之」，反之，「為防止妨礙他人自由、避免緊急危難、維持社會秩序，或增進公共利益所必要者，得以法律限制自由權利」，此為反面解釋。

4.當然解釋

當然解釋，即是實務上舉輕以明重，舉重以明輕之法理。是指法律條文雖然未規定，但可以理所當然的理由，來解釋法律的真義。舉輕以明重，是指法律上沒有規定是否要處罰，但如果比它輕微的行為，都會被處罰，

那麼，重的行為就當然要處罰了。例如公園規定「勿踐踏草皮，踏入者，處新臺幣一千元」，若僅是踏入都要罰了，假使有人在草皮上溜狗或折花木，這些比踏入更嚴重的事，就更加要罰。舉重以明輕，則是指法律上沒有規定是否要處罰，但如果比它嚴重的行為，都不會被處罰，那麼，較輕微的行為就當然不會被處罰了，此即是當然解釋的例子❻。

研究問題

一、試舉述行政機關適用法律的原則。

二、試舉述司法機關適用法律的原則。

三、通常解釋法律的方法，有所謂文理解釋，與論理解釋，請說明其解釋的方法。

四、何謂「擴張解釋」？何謂「限縮解釋」？何謂「反面解釋」？何謂「當然解釋」？試舉例說明之。

五、解釋憲法及統一解釋法律及命令，依中華民國憲法之規定，是屬於何種機關的職權？如何解釋？請說明之。

---

❻　論理的解釋，除擴張解釋、限縮解釋、反面解釋、當然解釋等四項外，尚有歷史解釋，類推解釋，補正解釋、立法解釋等多項。

第二編　違法的責任

第一章　違法的意義及其違法的阻卻

第一節　違法的意義

　　何謂違法？簡單的說，違法便是違反法律的規定的意思。法律通常以明文規定，何種行為應作為，何種行為不應作為，假定應作為的行為，行為人不履行作為的義務；或者不應作為的事，行為人竟積極的去作為，這便是違法。例如甲於逛百貨公司之際，趁櫃臺小姐與顧客談話時，竊取女用內衣一件，瞬即被人發覺，並告知櫃臺小姐，甲於是因行為違法，當場被逮捕。又例如 A 年老多病，身體衰弱，其子乙竟罔顧人倫，不悉心奉養、照顧，而將其驅逐出門，故意予以遺棄，任其露宿街頭，自生自滅，由於乙觸犯刑法第二百九十五條的遺棄直系血親尊親屬之罪，故科處刑罰時，應加重其刑至二分之一。從上面所舉的兩個例子來看，一個是法律規定不應作為的行為（如偷竊財物），而行為人竟積極予以作為，故為違法的行為。一個是法律規定應作為的行為（如扶養年老的父母），行為人竟消極的不予以作為，亦為違法的行為。可見違法是行為人違反法律所規定的應作為、或不應作為的義務的行為。

第二節　違法的阻卻

　　行為的違法，除了必須具有違反法律所規定的形式規範的行為外，尚須具有違法性。在社會團體內，因其所從事的工作，所擔負的角色行為之不同，有時其所為的行為，從表面上來看，確有類似違法行為的徵象，但是由於其所為的行為是正當的，故法律上承認其行為得阻卻違法，其情形

如下：

一、依法令之行為

依法令之行為，是指行為人是依據法令的規定，從事法令所容許或要求的特定行為。法令包括法律與命令，而法律又包含公法與私法，均由國家依據法定程序所制定。而命令是由政府各機關所發布，以不牴觸法律的規定為原則。依法令之行為，既為法令所不禁，則顯示其所從事之特定行為，為正當行為，無違法性，故能阻卻違法。通常法令所許可之特定行為，包括一、關於法律方面，例如司法警察逮捕搶劫現行犯、父母於必要範圍內懲戒其子女、權利人之自力救濟行為等均得阻卻違法。二、關於命令方面，例如公務員之拆除違章建築物、扣押有賭博性質之電動遊樂器具等，亦得阻卻違法。

二、依所屬上級公務員命令之職務上行為

公務員執行職務上行為，應服從上級長官之命令，此為公務員必須遵守之義務，故刑法有「依所屬上級公務員命令之職務上行為，不罰」之規定，唯屬下對於長官之命令，明知違法者，得陳述其意見，提供其變更或因應之參考。例如依所屬上級公務員之命令，免除某人之服兵役義務，得阻卻違法，唯倘若該公務員明知命令違法者，得向上級長官陳述其意見，否則，應自負其違法的責任。亦即不得阻卻違法。

三、業務上之正當行為

業務上之正當行為，是指從事專門性業務之人，在業務上所為之合法行為。例如醫師為罹胃癌之病患，剖腹切割患部；法醫師為死者解剖屍體，以檢驗死因；警察追捕現行犯，槍殺歹徒等均為業務上之正當行為，自應阻卻違法。故刑法有「業務上之正當行為，不罰」之規定。

四、正當防衛之行為

正當防衛之行為，是指行為人為防衛自己或他人之權利，對於現在之不法侵害，以自身的力量加予排除的行為，例如婦女對於強暴歹徒者的反擊，銀行職員對於搶劫犯的抵禦，受傷人對於殺人兇手的防衛等，均是以正對不正的正當防衛行為，自應阻卻違法。故刑法有「對於現在不法之侵害，而出於防衛自己或他人權利之行為，不罰」，而民法有「對於現時不法之侵害，為防衛自己或他人之權利所為之行為，不負損害賠償之責。……」之規定。唯人的生命、身體、自由、財產等權利，在遭受他人不法之侵害時，固然可以自身的力量加以防衛，但防衛過當，仍為法所不容許。故刑法另有「但防衛行為過當者，得減輕或免除其刑」之規定，而民法亦有「但已逾越必要程度者，仍應負相當賠償之責」之規定。則明示過當的防衛行為，仍屬違法行為，故不得阻卻違法。例如抓到小偷後，以武器打之是。

五、緊急避難之行為

緊急避難之行為，是指為避免自己或他人之生命、身體、自由、財產之緊急危難，而出於不得已之行為，致損害他人之權益者，例如為逃避同居人之追殺，不得已侵入他人之住宅；為逃避火災之緊急危難，不得已捨棄了呼救的子女等。由於緊急避難之行為，係出於猝發之不得已舉動，且非如此則莫能避免緊急之危難，故刑法有「因避免自己或他人生命、身體、自由、財產之緊急危難而出於不得已之行為，不罰」，而民法有「因避免自己或他人生命、身體、自由或財產上急迫之危險所為之行為，不負損害賠償之責。……」之規定。緊急避難之行為，雖出於不得已之舉動，可阻卻違法，但其避難之行為不得過當，倘若過當則不能阻卻違法，故刑法另有「但避難行為過當者，得減輕或免除其刑」之規定。緊急避難之行為，從社會生活上來看，雖然任何人遭遇到生命、身體、自由、財產之緊急危難時，均可採取緊急之避難行為以為因應，但是在公務上或業務上負有特別義務者，不得為緊急避難之行為，例如消防隊員在執行救火任務，應勇敢、

負責，有犧牲小我的精神，不得緊急避難臨陣脫逃。醫師在急救傷患時，不能因敵方之砲擊，而採取緊急避難之行為，置傷患於不顧，此乃因為彼等具特殊身分之關係，負有特別義務之故。

六、經承諾之行為

經承諾之行為，是指經承諾人之意思承諾，而得以侵害其身體、自由與財產等權益之行為。例如經承諾人之同意，搜查其身體；經承諾人之同意，搜索其住所；經承諾人之同意，拋棄其財物等。由於社會上向有「得承諾，不為罪」之觀念，因此凡經承諾之行為，祇要承諾人沒有異議，原則上得阻卻違法。唯阻卻違法的承諾行為，必須承諾人精神狀態正常，且有完全意思能力，否則其承諾行為有瑕疵，不能阻卻違法。例如未滿十六歲的女童，承諾成年男子為性交行為，因其承諾行為有瑕疵（承諾人未成年，年幼可欺），故該成年男子不能阻卻違法。又例如請他人協助自殺，同意他人殺己的行為，因為承諾有瑕疵（生命不得自由處分），協助自殺者亦不能阻卻違法。

研究問題

一、何謂違法？試舉例說明之。

二、阻卻違法的行為有那些？試依你所知列舉一二。

三、依法令之行為，何以得阻卻違法？請說明之。

四、業務上之正當行為，何以得阻卻違法？請舉例說明之。

五、何謂正當防衛？為何正當防衛之行為得阻卻違法？請說明之。

六、何謂緊急避難？緊急避難之行為是否得阻卻違法？請說明之。

第二章　違法與責任

第一節　責任能力

　　人類從母體出生後，便隨著歲月的輾轉而生長，在生長的過程中，個人必須不斷的學習，不斷的累積經驗，同時在社會生活的適應上，也必須學會辨別是非善惡，而何種行為是善的、對的，個人不但要能辨識，而且要能身體力行；何種行為是惡的、非的，個人不但要能迴避，而且做錯了也必須負責；這負責行為，當然與責任能力有關，換句話說，一個完全沒有責任能力的人，犯了過錯，做了違法的行為，試問他如何為此事負責？所以行為的違法，必須具有相當責任能力的人，才能接受制裁。責任能力，是基於一定行為，負擔民、刑事或行政上責任的資格，法律上通常以年齡及精神狀態的是否正常，作為鑑別的標準，而將責任能力，分為全無責任能力、限制責任能力與完全責任能力等三種，茲分別論述之：

一、全無責任能力

　　全無責任能力（又稱應無責任能力），是指行為人或因年歲太小，或因精神狀態不健全，致不能負行為的後果之刑事責任而言，依刑法的規定，下列二種情形的行為人，應無責任能力，其所為的違法行為，不罰。

㈠未滿十四歲之人

　　未滿十四歲之人，年齡尚小，閱歷尚淺，知識幼稚，精神發育未臻於成熟，無健全之理解力，是非善惡之辨識力尚不足，其行為常受情緒或刺激所影響，故尚無責任能力，不能使其負行為後果之刑事責任，因此，刑法有「未滿十四歲人之行為，不罰」的規定。唯為保護其前途，對其違法的行為，得付保護處分。

㈡精神障礙之人

　　精神障礙（或心智缺陷）之人，因精神狀態不正常，其行為常不自知，

不能辨別是非善惡，不能理解規範，為全無責任能力，不能使其負行為後果之刑事責任，故刑法有「行為時因精神障礙或其他心智缺陷，致不能辨識其行為違法或欠缺依其辨識而行為之能力者，不罰」的規定。唯為保護其身體，對其違法的行為，得以付監護處分。

二、限制責任能力

限制責任能力，是指行為人因年歲已老，或尚未成年，或精神輕微障礙、心智輕微缺陷等特定原因，致僅能有限制的擔負行為後果之刑事責任而言。依刑法的規定，限制責任能力之人假定有違法行為，得減輕其刑，下面僅就享有限制責任能力之人，列舉之：

㈠滿八十歲之人

滿八十歲之人，或許其身體或精神狀態尚正常，但年歲已老，記憶減退，是非辨識力以及對於行為規範之遵守能力亦已退化、淡化，無完全理智及控制行為能力，對其所為之行為，自不能令其擔負完全的刑事責任，以示體恤。故刑法有「滿八十歲人之行為，得減輕其刑」之規定。使其對自己之行為後果，仍擔負較輕之刑事責任。

㈡十四歲以上未滿十八歲之人

十四歲以上而十八歲未滿之人，其身體之發育容或已成熟，但心理之發育大多尚未成熟，雖然其知識能力較未滿十四歲之人為高，但閱歷未深，情緒不穩，尚無充分理解規範之能力，且容易衝動、鬧事，為法律所特別保護之對象，故對其所為之行為，自亦不能令其擔負完全責任，因此刑法有「十四歲以上未滿十八歲人之行為，得減輕其刑」之規定，使其對自己之行為後果，承當較輕之責任。唯為保護其前途，仍得於減輕其刑之後，視個別需要交付保安處分（或稱保護處分）。

㈢精神障礙較輕之人

精神障礙（或心智缺陷）較輕之人，其精神狀態雖不正常，但尚未達心神喪失、精神完全障礙之程度，且對其所為之行為，仍能粗略的認識，唯其沒有健全的理智及控制行為能力，故刑法有「行為時因精神障礙或其

他心智缺陷之原因，致其辨識行為違法或依其辨識而行為之能力，顯著降低者，得減輕其刑」的規定，使其所為的違法行為，仍須擔負相當的刑事責任。

㈣瘖啞之人

瘖啞之人，是指自出生之後，即欠缺聽能、語能之人而言，此等人因身體上器官之缺陷，致阻礙精神之成熟，故法律上規定為限制責任能力人，使其對於所為的行為，承當較輕之責任，因此刑法有「瘖啞人之行為，得減輕其刑」之特別處遇。唯近代科技發達，教育普及，致瘖啞人亦多能接受教育，遂有學者主張瘖啞人應有完全責任能力，除非瘖啞之人，自出生之後，即欠缺聽能、語能，且無法藉醫術恢復，才得以享有限制責任能力之特別處遇。唯瘖啞人的違法行為，仍應負相當的刑事責任。

三、完全責任能力

完全責任能力（又稱應有責任能力），是指行為人已達成年，且精神狀態正常，能辨識是非善惡，能充分理解規範，故對其所為之行為，能負完全責任，例如滿十八歲以上之成年人，其精神狀態正常，身體健康，能辨別是非善惡，能明白行為之可行與不可行，假定觸犯違法之行為，即應負刑事或行政上的完全責任，並接受法律之制裁❶。

第二節　責任條件

人類在社會生活上，常因一時的慾念，一時的衝動，一時的糊塗，而鑄下大錯；雖然，「人非聖賢，孰能無過」，「知過能改，善莫大焉」，但是小的過錯，能自我反省，自我改過，倒也可以原諒；大的過錯，例如違法的行為，則不是笑臉賠賠罪就可以，還必須負刑事、民事或行政責任。從刑法上來說，刑法對於違法的行為，常須追究其責任。追究刑事責任的方法，除了鑑別違法者的責任能力之外，尚須評價違法者的責任條件，以推

---

❶　參考自周冶平著　刑法概要（57.1 三民書局印行）第六一頁至第六三頁，及梁恆昌著　刑法總論（69.10 著作者發行）第八七頁至第八九頁。

斷違法者的違法行為，是出於故意，或者是過失，因此，這故意或過失，便是構成違法行為的責任條件。以下擬就故意與過失的認定，加以論述：

一、故　意

　　行為人的違法行為，是否出於故意，必須從其認知的情形，以及表現於外部的行為，是否出於自己所決定的意思來推斷。倘若行為人所為的違法行為，事先有認知的觀念，同時也經過深思熟慮，權衡後果，才決心付諸行動，且其行為所發生的結果，與自己的本意不相違背，那便是故意。所以故意是行為人事先已認識構成犯罪之事實，進而決心實施其行為，使其發生預知之結果之內心意思。故學理上亦稱為犯意。

　　故意的觀念，學說上有認識說與希望說之論，主張認識說者，認為凡認識犯罪之客觀事實，並進而決心採取行動，聽任其發生行為之結果，此種內心的認識作用，即為故意，又稱為「預見主義」。主張希望說者，認為凡行為人希望犯罪之客觀事實發生，並為積極行動的決定，此種內心的意欲狀態，即為故意，又稱為「意欲主義」。其實兩種說法的著重點雖有不同，但實際上可以融合成一體，故近代學者多以犯罪客觀事實之認識與意欲為故意之內容，因此刑法上亦有「行為人對於構成犯罪之事實，明知並有意使其發生者，為故意」，「行為人對於構成犯罪之事實，預見其發生而其發生並不違背其本意者，以故意論」之規定❷。

　　故意，雖然包含「認知」與「決意」兩種心理因素，但從其不同的形態而言，可分以下幾種類型：

㈠單純故意與預謀故意

　　單純故意是指行為人事先並無犯罪的意欲，但由於突然的刺激與衝動，致臨時決意實施犯罪之心理狀態，又稱為一時故意。預謀故意是指行為人事先有犯罪的意欲，並對於犯罪之方法，經深思熟慮後，始決意為犯罪行為之心理狀態，又稱為陰謀故意。現行刑法鑑於預謀故意之犯罪情節未必重，臨時故意之犯罪情節未必輕，故已不加以區分❸。

---

❷　參考自❶周冶平著　刑法概要　第六四頁。

(二)確定故意與不確定故意

確定故意是指行為人認識構成犯罪之具體事實，並有意促其發生行為結果之心理狀態，例如搶劫銀行、擄人勒贖的犯罪行為是。不確定故意是指行為人預知犯罪之事實可能發生，而聽任其發生，且其發生並不違背原來的本意的心理狀態，例如相互毆打，竟重傷他人是。不確定故意，又可分為客體之不確定故意與結果之不確定故意。客體之不確定故意，例如向群眾開槍，預見有人會中彈死亡，但不能確定是否真有人中彈死亡是。至於結果之不確定故意，例如甲乙二人吵架，甲拾石子向空拋擲，石落竟傷乙之頭部是❹。

二、過　失

醫師為病患開刀割除盲腸，於縫合腹側時，竟忘了清除腹內的藥棉；護士為男嬰注射藥劑，未防範男嬰之猛烈抗拒，致射針折斷於臀部；司機駕車於熱鬧市區，未防範路旁行走之路人，致意外撞傷行人等，這些都是過失行為的例子。從法律上來說，過失是行為人對於構成犯罪之事實，應該且能夠注意而疏於注意，致發生意外的違法行為。關於過失的行為，刑法有：「行為人雖非故意，但按其情節應注意，並能注意，而不注意者，為過失」，「行為人對於構成犯罪之事實，雖預見其能發生而確信其不發生者，以過失論」之規定。故過失行為的構成，必須一、行為人對於構成犯罪的事實，負有注意的義務。二、須行為人具有注意的能力。三、須行為人確實疏於注意。四、須行為人疏於注意致發生意外的行為結果。

過失行為的發生，既因行為人的不注意所引起，那麼行為人的注意與不注意的界限如何，換句話說，行為人須有若何程度的注意，法律上才認定確實已有注意。關於注意的認定標準，向來有客觀說、主觀說與折衷說之論，主張客觀說者，以一般人的注意程度為標準，故凡行為人未盡一般人應有的注意者，即為法律上所認定的不注意。主張主觀說者，以行為人

---

❸　參考自❶周冶平著　刑法概要　第六四頁及第六五頁。

❹　參考自❶周冶平著　刑法概要　第六五頁。

本人之注意能力為標準，故凡行為人未盡自己注意能力所能及的注意者，即為法律上認定的不注意。主張折衷說者，是以客觀說為一般人注意能力之標準，但行為人之注意能力低於一般人時，即以主觀說為標準，此說較為妥當。

第三節　違法與責任的關係

一、違法與責任能力的關係

違法雖然是違背法律所規定的應作為、或不應作為的行為，應負擔違法的責任，並接受法律的制裁。唯行為人的承擔責任能力，因年齡、精神狀態的不同，區分為完全責任能力、限制責任能力與全無責任能力等三種類型。具有完全責任能力的行為人，因其已達成年，精神狀態正常，對其所為的違法行為，應負刑事或行政上的完全責任，並接受法律的制裁。具有限制責任能力的行為人，或因閱歷尚淺，年歲尚輕，為法律所特別保護；或因精神狀態較有障礙或缺陷，行為常不能自制，為法律所特別寬容，故對於所為的違法行為，刑法上允許其減輕其刑，科以較輕的刑事責任。而全無責任能力的行為人，苟有違法的行為，因刑法上有不罰的規定，毋須擔負刑事上的責任，唯得交付保安處分（或保護處分），基於此，可見違法與責任能力息息相關，不可漠視。換句話說，祇有具責任能力人的違法行為，才有需要負擔其應負的刑事或行政上的完全責任。

二、違法與責任條件的關係

違法的行為，應具備責任條件，即故意或過失，法律上才得據以令行為人負擔違法的責任，並接受法律的制裁。而依法令的行為、依長官命令的行為、業務上正當的行為、緊急避難的行為、防衛自救的行為等，雖然從其行為看來，容或有違法的態樣，但是因為有阻卻違法事由，故不能令其負擔法律上的責任。違法的行為，須出於行為人的故意或過失，法律上才能令行為人負擔其違法責任，並接受制裁。在刑法上，故意的行為，採

必罰主義，即依據行為人的違法情節，參酌刑法的規定，給與行為人應得的處罰，因此所負的行為責任也較重。過失的行為，採法定主義，即刑法上有規定應處罰者，即予以處罰；無規定應處罰者，即不處罰，因此過失觸法者所負的行為責任較輕。而在民法上，例如賠償責任，無論其侵害他人權益的違法行為，是出於故意或者是過失，其所負擔的賠償金額，大致是一樣的，因此民法的侵權行為，不區分故意與過失的責任條件。至於行政上，公務員的故意或過失的違法行為，當然其所應負的責任亦有重輕之別，凡故意的違法行為，其處罰可能較重，過失的違法行為，其處罰可能較輕，唯故意與過失的認定，必須視違法行為的動機、目的以及當時行為人的心理情況而定。

三、違法行為所應負的責任

違法的主體是行為人，客體是民法上所稱的人與物。從違法與責任的關係而言，行為人倘若有違法行為，當然要對行為負責，對法律負責，不能逃避責任，不能推卸責任，要勇敢的面對現實，接受法律上的制裁與處罰。唯行為人的違法，究竟應負何種責任，須依行為人的身分，以及所觸犯的法律而定。倘若是公務員，因行為的違法，致侵害人民的自由或權利者，除了應負行政責任，接受懲戒的處分外，尚應負刑事及民事責任。故違法行為所應負的責任，包括行政責任、刑事責任與民事責任等三類。行政責任是執行公務的人員，於執行行政行為時，因違法或失職，所應承擔的懲戒責任。刑事責任是指行為人因故意或過失，致觸犯刑罰法律之後，所應承擔的違法責任。民事責任是指行為人侵害他人的生命、身體、自由、名譽、財產、貞操等權益，致必須負擔的賠償責任，或回復及返還其權利的責任等。

研究問題

一、何謂責任能力？試舉例說明之。

二、責任能力之狀態有那幾種類型？試列舉說明之。

三、何種情況是屬於全無責任能力？請說明之。

四、何種情況是屬於限制責任能力？請說明之。

五、何謂完全責任能力？請說明其具備之條件。

六、何謂故意？何謂過失？請舉例說明。

七、全無責任能力人之違法行為，是否須接受處罰？請說明之。

八、具有公務員身分的人行為違法，應負何種責任？試說明之。

第三章　違法的制裁

第一節　行政制裁

　　行政制裁，是行政機關對於違反行政法規的人民或具有公務員身分的人員，以公權力所為的行政處分，茲依其處分對象的不同，分別概述之：

一、對於公務員的制裁

　　公務員的定義規定於刑法第十條第二項：「稱公務員者，謂下列人員：一、依法令服務於國家、地方自治團體所屬機關而具有法定職務權限，以及其他依法令從事於公共事務，而具有法定職務權限者。二、受國家、地方自治團體所屬機關依法委託，從事與委託機關權限有關之公共事務者。」

　　公務員既為國家任命的行政人員（包括政務官和事務官），則自應依據公務員服務法的規定，忠誠盡職，按時服勤，服從命令，嚴守祕密，保持品位，公正清廉，不得違法失職。倘有違法或失職情事，除應負行政責任外，並負民事及刑事責任。下面擬就公務員因違法、廢弛職務或其他失職行為，應受的懲戒處分列舉之：

㈠免除職務

　　違法情節嚴重，除免除其現職外，並不得再任用為公務員。

㈡撤　職

　　除撤其現職外，並於一定期間停止任用，其期間為一年以上、五年以下。這是一種比較嚴重的懲戒處分，受處分的公務員有些尚須負民事上的賠償責任，或者接受刑事上的制裁、處罰。

㈢剝奪、減少退休金

　　依違法或失職的情節輕重，剝奪或減少退休金，但以退休或離職的公務員為限。所謂剝奪退休（職、伍）金，指剝奪受懲戒人離職前所有任職年資所計給之退休（職、伍）金或其他離職給與；其已支領者，並應追回之。

　　所謂減少退休（職、伍）金，指減少受懲戒人離職前所有任職年資所計給之退休（職、伍）金或其他離職給與百分之十至百分之二十；其已支領者，並應退回之。

㈣休　職

　　休其現職，停發俸（薪）給，並不得申請退休、退伍或在其他機關任職，其期間為六個月以上、三年以下。休職期滿，許其復職。自復職之日起，二年內不得晉敘、升職或調任主管職務。

㈤降　級

　　依受懲戒人現職之俸（薪）級降一級或二級改敘，自改敘之日起，二年內不得晉敘、陞任或遷調主管職務。受降級處分而無級可降者，按每級差額，減其月俸（薪），其期間為二年。

㈥減　俸

　　依其現職之月俸（薪）減百分之十或百分之二十支給，其期間為六個月以上、三年以下。自減俸之日起，一年內不得晉敘、陞任或遷調主管職務。

㈦罰　款

　　除剝奪或減少退休金及減俸之懲戒處分外，得與其他懲戒處分併為處分。罰款，其金額為新臺幣一萬元以上、一百萬元以下。

㈧記　過

　　自記過之日起一年內不得晉敘、陞任或遷調主管職務。一年內記過三次者，依其現職之俸級降一級改敘，無級可降者，按每級差額減其月俸（薪），其期間為二年。

㈨申　誡

　　為最輕之懲戒處分，有言詞申誡與書面申誡之分，目前大多以書面為之。

　　以上九種行政上的懲戒處分，依據公務員懲戒法第九條第四項的規定，僅適用於中央或地方機關的事務官，至於政務人員的懲戒處分，不適用休職、降級及記過等處分。

隸屬於司法院的公務員懲戒委員會（已於民國一百零九年五月更名為懲戒法院），是公務員懲戒的審判機關，依據公務員懲戒法的規定，各院、部、會首長或直轄市、縣（市）行政首長等，認為所屬公務員有違法、廢弛職務或其他失職行為者，應備文明敘事由連同證據，送請監察院審查；但對於所屬薦任職（九職等）以下的公務員，得逕送懲戒法院審理❶。

監察院經審查後，如認為各院、部、會首長或直轄市、縣（市）行政首長，送請審理之公務員懲戒案件，確有違法、廢弛職務或其他失職情事，應付懲戒者，應將彈劾案連同證據，移送懲戒法院審理。由其審理中，決定為何種性質之懲戒處分，以懲戒違法、失職或廢弛職務之公務員❷。

二、對於人民的制裁

人民是國家構成的要素之一，國家的種種政治措施，必須以人民的福利為依歸。而人民的社會生活經營，必須在不影響公共秩序與安全的情況下，才能獲得確切的保障。人民在社會生活規範的約束下，倘若仍違反行政法規或者行政處分，國家自然必須運用公權力加以制裁，此種制裁得分為行政罰與行政上的強制執行。

㈠行政罰

行政罰，是國家對於違反行政法規，或者違反行政上應履行義務的人民，以公權力所為的制裁。其制裁的類型，較重要者有秩序罰、財政罰、交通罰、建築罰……等多種，茲就秩序罰、財政罰列舉如下：

1.秩序罰

秩序罰，是對於妨害安寧秩序、妨害善良風俗、妨害公務、妨害他人身體財產的人民，所為的行政處罰。依據社會秩序維護法第十九條的規定，其處罰的種類如下：

---

❶　參閱自林紀東著　法學緒論（81.10 五南圖書出版公司印行）第一〇六頁，及林榮耀著　法學緒論（79.5 著作者發行）第二四頁。以及公務員懲戒法第二十四條。

❷　引自公務員懲戒法第二十三條。

⑴拘留　一日以上，三日以下；遇有依法加重時，合計不得逾五日。

⑵勒令歇業　即命令無期限的停止其營業。(須符合比例原則)

⑶停止營業　一日以上，二十日以下。(須符合比例原則)

⑷罰鍰　新臺幣三百元以上，三萬元以下；遇有依法加重時，合計不得逾新臺幣六萬元。

⑸沒入　因違反社會秩序之行為所生或所得之物，以及查禁物，均得沒入。

⑹申誡　以書面或言詞為之。

2.財政罰

財政罰，是對於違反財政法規，或者違反財產上應履行義務的人民，以公權力所為的處罰；例如對於延遲繳納綜合所得稅的人民，所為的加收滯納金處罰；對於逃漏稅的人民，所為的罰鍰處罰；對於應繳營業稅而抗繳的人民，所為的停止營業的處罰等，皆屬於財政罰。

㈡**行政上的強制執行**

行政上的強制執行，是行政機關以公權力，對於不履行行政上義務的人民，強制其履行義務或使其實現與已履行同一狀態的處分。依據行政執行法的規定，行政上的強制執行，得分為間接強制、直接強制與即時強制。

1.間接強制執行

間接強制執行，是行政機關對於不履行作為或不作為義務的特定人，於其限定期間屆滿後，以公權力強制代為執行，或處以怠金之處分。

⑴代履行　依法令或本於法令之行政處分，負有行為義務而不為，其行為能由他人代為履行者，執行機關得委託第三人或指定人員代履行之，且得向義務人徵收費用，行政執行法第二十九條有明文規定。因此義務人在不履行義務時，行政機關得代為履行，或命第三人或指定人員代履行，而向義務人徵收費用，例如行政機關函請違章建築的屋主，於限期內自動拆除房屋，但屋主相應不理、故意違抗，於是行政機關指派公務員多人，並僱請拆屋工人多名，以「怪手」強制執行房屋之拆除，並於拆除後向不履行義務的屋主徵收費用等即是。

⑵處怠金　怠金，依據行政執行法第三十條之規定，凡有以下情形之一者，該管行政機關得處以怠金：一、依法令或本於法令之行政處分，負有行為義務而不為，其行為不能由他人代為履行者。二、依法令或本於法令之行政處分，負有不行為義務，而為之者。因此，怠金是對於義務人不履行義務，且行政機關或他人不能代其履行，或者義務人不履行不作為義務，致違反行政法規者所為的罰鍰處分。例如行政機關函請未立案的幼稚園、托兒所，於規定的限期內辦妥立案手續，唯迄今已逾規定期限，而該未立案幼稚園、托兒所竟置之不理，於是行政機關在不得已之下，乃發函處以怠金。又例如行政機關曾發函通知某工廠不得排放汙水，汙染水源，而該工廠竟未改善排水措施，致仍不斷排放汙水，為人民所檢舉，於是行政機關經派員再次查證後，乃發函處以怠金。怠金與罰鍰稍微不同，罰鍰是秩序罰，怠金是執行罰，在強制執行法與行政執行法中都有怠金的規定，例如違建房物限期拆除，如不拆除，超過期限就罰一次款，罰到該人肯拆除為止。罰鍰則是普遍出現在行政法規裡。

2.直接強制執行

直接強制執行，是行政機關對於不履行作為或不作為義務的特定人，認間接強制不能達成執行目的，或因情況急迫，如不及時執行，顯難達成執行目的時，以公權力所為的對特定人財物的直接處分。其直接強制的執行方法如下：

⑴對於動產不動產的扣留、收取交付、解除占有、處置、使用或限制使用　依法令或本於法令之行政處分，義務人負有行為或不行為的義務，唯特定人仍不履行者，行政機關得依法扣留、收取交付、解除占有、處置、使用或限制使用特定人之動產、不動產。例如扣留特定人違規駕駛之無執照車輛，收取交付特定人之遺失物、扣留物，解除占有人之不法占有，處置、使用或限制使用特定人之土地、住宅、建築物或其他物品，以應付因天災、事變或交通上、衛生上或公共安全上所發生的危害。

⑵對於住宅、建築物或其他處所的進入、封閉或拆除　行政機關的公務員，為救護人民之生命、身體、財產的迫切危害，得進入其住宅、建築

物或其他處所。對於有危害公共安全之危險住宅、建築物或其他處所，得執行封閉。對於違規建築之住宅、建築物或違規經營之色情處所，得視情節輕重，處以怠金或執行拆除。

(3)對於證照之收繳或註銷　義務人對於行政機關依法令或本於法令所為之行政處分，倘不履行其行為或不行為的義務者，行政機關得收繳或註銷其所發之證照。例如對於違法經營色情媒介之理髮廳或歌舞廳，得收繳其所發之營業執照。對於泥醉駕車肇事之駕駛人，得吊銷其所發之駕照。

(4)對於營業場所斷絕其自來水、電力或其他能源　營業場所應有安全設備且應合法經營，不得非法經營有妨害善良風俗之色情行業。倘義務人不履行法令所規定應作為或不應作為之義務行為，竟違規違法經營法所不許之營業，行政機關得以直接強制執行之方式，斷絕營業場所之自來水、電力或其他能源。

(5)其他以實力直接實現與履行義務同一內容狀態之方法　例如行政機關指定人員拆除營業場所之招牌或損毀其裝潢設備是。

3.即時強制執行

即時強制執行，是行政機關為阻止犯罪、危害之發生或避免急迫危險，而有即時處置之必要時，所為之即時處置，其即時強制之執行方法，有下列各項：

(1)對於人之管束　依行政執行法第三十七條之規定，管束必須有下列情形之一，才可以執行：一、瘋狂或酗酒泥醉，非管束不能救護其生命、身體之危險，及預防他人生命、身體之危險者。二、意圖自殺，非管束不能救護其生命者。三、暴行或鬥毆，非管束不能預防其傷害者。四、其他認為必須救護或有害公共安全之虞，非管束不能救護或不能預防危害者。

(2)對於物之扣留、使用、處分或限制其使用　依行政執行法第三十八條及第三十九條之規定，凡軍器、凶器及其他危險物，為預防危害之必要，得扣留之，此為對於物之扣留。又遇有天災、事變及其他交通上、衛生上或公共安全上有危害情形，非使用或處置其土地、住宅、建築物、物品或限制其使用，不能達防護之目的時，得使用或處置，或將其使用限制之。

例如扣留王姓少年之武士刀，以防傷人；使用甲家之滅火器，以撲滅乙家之火災；搬移甲家之易燃物，以防乙家之火勢蔓延；限制住宅之進入，以蒐集犯罪證物等，是對於物之扣留、使用、處置或限制其使用的例證。

⑶對於住宅、建築物或其他處所之進入　依行政執行法第四十條的規定，對於住宅、建築物或其他處所之進入，必須以人民之生命、身體、財產有危害迫切，非進入不能救護者為限。

第二節　刑事制裁

刑事制裁，是由司法機關的地方法院、高等法院、最高法院，代表國家行使公權力，而對於因故意或過失致犯罪的特定人，所為的刑法上的處分，包括刑罰與保安處分與沒收等三種。

一、刑　罰

刑法明文規定的刑，可分為主刑與從刑。主刑，又稱本刑，乃得以獨立科處之刑罰，包括死刑、無期徒刑、有期徒刑、拘役、罰金等五種。從刑，又稱附加刑，乃附加於主刑而科處之刑罰，包括褫奪公權、沒收及追徵、追繳、抵償等三種。唯新修正之刑法，從刑已無沒收及追徵、追繳、抵償等二種。

「死刑」又稱為「生命刑」。「無期徒刑」、「有期徒刑」、「拘役」等三種刑罰，又稱為「自由刑」。「罰金」又稱為「財產刑」。而「褫奪公權」，則稱為「名譽刑」或「能力刑」或「權力刑」或「資格刑」。

㈠生命刑

生命刑，又稱死刑，是剝奪犯罪人生命法益的刑罰。生命刑雖然可以將怙惡不悛、惡性甚深的犯罪人，使之永遠隔離社會以維護公共的安全，但其剝奪生命法益所運用的死刑方法與手段，畢竟十分殘酷，因此，晚近常有廢止死刑的議論。我國刑法雖然仍保留死刑，但其適用的範圍已大為減少，科處唯一死刑的罪，業已廢除不用（刑法第三百三十三條第三項、第三百三十四條）。而以死刑為選擇刑者，亦祇有十多種罪情。至於未滿十

八歲的少年，觸犯刑罰法律情節重大者，雖然不得科處死刑，本刑為死刑者應減輕其刑（刑法第六十三條）。但少年如犯刑法第二百七十二條第一項之殺直系血親尊親屬之罪者，在過去仍得科處死刑（前刑法第六十三條第二項），唯現在已刪除此項規定（即不得科處死刑）。

㈡ 自由刑

自由刑，是剝奪犯罪人身體自由的刑罰，在現今法院的審判上應用甚廣，而且富有彈性，可以斟酌犯罪行為人的犯罪情節，為不同刑期的個別處遇，同時可以藉自由刑的執行，將犯罪行為人拘禁於監獄內，並對不同犯罪行為人施以教誨、課以勞役，使其矯正惡性，養成勤勞的習慣，並使受刑人他日出獄後，能重新做人，不再犯罪。我國刑法規定的自由刑，有徒刑及拘役二種，而徒刑又有無期徒刑與有期徒刑之分，茲分述如下：

1.無期徒刑

無期徒刑，是將犯罪行為人終身禁錮於監獄內，剝奪其身體自由，並使其長期與社會隔離的刑罰，故又稱為「無期限的長期自由刑」。無期徒刑，雖然是終身剝奪犯罪行為人的身體自由，但是未剝奪其生命法益，與死刑有別，而且受刑人在監獄服刑期內，如果行狀善良，有悛悔實據，祇要逾一定之法定期間，即可藉假釋出獄而復歸社會，確具激勵作用。我國刑法規定科處唯一無期徒刑者，雖然祇有首謀內亂罪一種（刑法第一百條第一項），但是以無期徒刑為選擇刑者，卻尚有三十種罪情之多。至於未滿十八歲之少年犯罪情節重大者，不得科處無期徒刑，本刑為無期徒刑者，減輕其刑（刑法第六十三條）。換言之，無期徒刑減輕者，為二十年以下十五年以上有期徒刑（刑法第六十五條第二項）。

2.有期徒刑

有期徒刑，是將犯罪行為人在一定的期間內，拘禁於監獄內，剝奪其身體自由，並使其隔離社會的一種刑罰，又稱之為「有期限的彈性自由刑」。有期徒刑，因其刑期較富彈性，法官可自由斟酌犯罪行為人的罪情，個別予以不同的處遇，故向為各國法院所採用。我國刑法規定的有期徒刑，最低度為二個月，最高度為十五年，遇有加減時，得加至二十年，減至二

月未滿（刑法第三十三條第三款），而執行審判的法官，得在此限度內，斟酌犯罪行為人的罪情，科處適當的刑罰以處遇之。至於十四歲以上十八歲未滿之少年，如有觸犯刑罰法律者，得減輕其刑至二分之一。

3.拘　役

拘役，是將犯罪情節輕微，且惡性較輕、可望改善的犯罪人，在一定的期間內，拘禁於特定之場所，使服勞役，並暫時剝奪其身體自由的一種刑罰，故又稱之為「有彈性的短期自由刑」。我國刑法規定，拘役的刑期，在一日以上，六十日未滿，遇有加重時，得加至一百二十日（刑法第三十三條第四款），執行審判案件的法官，得在此範圍內，自由斟酌犯罪者的犯罪情狀，量刑處遇之。拘役，依刑法的規定，除得減輕其刑至二分之一外（刑法第六十六條），受拘役宣告之犯罪人，如其犯罪動機在公益或道義上顯可宥恕者，亦得易以訓誡（刑法第四十三條）。

㈢財產刑

財產刑，是剝奪犯罪行為人財產權的刑罰。所謂財產，是指動產與不動產而言，前者如金錢、有價證券等，後者如房屋、土地……等是。財產，既因個人努力經營生計所獲得，則個人自有自由使用、收益與處分之權，絕不容許他人不法之侵占、使用、收益與處分。唯國家為懲罰犯罪行為人的不法行為，或為預防供犯罪使用之物，再次為犯罪行為人所使用，於是乃有剝奪犯罪者財產法益之刑罰。財產刑，依刑法的規定，可分罰金、沒收及追徵、追繳、抵償等三種。

1.罰　金

罰金，是法院以判決，令犯罪行為人，在法定期間內繳納一定數量之金額的刑罰。罰金，刑法規定的最低度為新臺幣一千元以上（刑法第三十三條第五款），最高度則無明文規定，祇有規定科處罰金時，應審酌犯罪行為人之資力及因犯罪所得之利益。如所得之利益超過罰金最多額時，得於所得利益之範圍內酌量加重（刑法第五十八條），可見科處罰金之多寡頗富彈性。罰金，依刑法之規定，又可分為下列數種：

⑴專科罰金　以罰金為唯一法定刑，如刑法第二百六十六條之賭博罪

情是。

(2)選科罰金　以罰金與其他法定刑併列,而由法官於判決時選擇其一,如認為科處罰金較為適當者,即宣告罰金之刑罰,如刑法第一百十七條之違背中立命令罪是。

(3)併科罰金　即就刑法規定的數種主刑中,除科處他種主刑之外,並同時一併科處罰金之刑罰,如刑法第二百五十九條第一項之為人施打嗎啡或以館舍供人吸食鴉片之吸食煙毒罪情是。

(4)易科罰金　即受短期自由刑之宣告,因執行顯無必要,得以罰金代替短期自由刑之執行,如刑法第四十一條之規定是。

2.沒　收

沒收,是指以強制的方式,將與犯罪有關之物歸入國庫的一種處分。沒收有一般沒收與特別沒收之分,前者是將犯罪行為人的全部財產沒收而歸屬於國庫;後者是將與犯罪有關的特定財物沒收而歸屬於國庫,現今各國刑法所採用者多屬後者一類。沒收,自刑法再修正後,已成為獨立之財物處分。其可得沒收之物,依刑法的規定有下列幾種:

(1)違禁物　違禁物,即刑法上禁止私人製造、販賣、運輸、持有或使用之物,如爆裂物、軍用槍砲子彈、鴉片、嗎啡、安非他命、走私之大麻、偽造之鈔票等。違禁物,不論屬於犯罪行為人與否,均沒收之。

(2)供犯罪所用或供犯罪預備之物　供犯罪所用之物,是指犯罪行為人在實施犯罪行為時,所使用的犯罪工具,如殺人的兇刀、毀容的鹽酸等即是。供犯罪預備之物,是指行為人在實施犯罪行為之前,所預先備置之犯罪物品或工具,如印製偽鈔所備置的電腦、列印機、紙張、防偽線壓模器、浮水印壓模器、鋼板固定器、製作偽鈔鋼板等;製造安非他命,所備置的化合質料等即是。供犯罪所用或犯罪預備之物,屬於犯罪行為人者,得沒收之。

(3)因犯罪所得之物　因犯罪所得之物,是指犯罪行為人在實施犯罪行為時,所獲得的不法財物,如竊盜所竊得的鈔票、項鍊、鑽石戒指等即是。因犯罪所得之物,不限於犯罪行為人者,得沒收之。

㈣資格刑

資格刑，是在剝奪犯罪行為人享有公法上一定權利的資格，所以，在刑法上稱為：「褫奪公權」，是從刑的一種，常附隨於主刑而宣告。依刑法第三十六條的規定，所謂褫奪公權，是褫奪下列的公權資格：

1.為公務員的資格

即被褫奪公權者，在一定的期間內，失去為公務員的資格，不能被任用為公務員。

2.為公職候選人的資格

即被褫奪公權者，在一定的期間內，失去公職候選人的資格，不能為中央或地方民選官吏或民意代表之競選，如直轄市、縣（市）長、立法委員、直轄市、縣（市）議會議員等之競選。

褫奪公權，依刑法的規定，分為終身褫奪及定期褫奪兩種，凡宣告死刑或無期徒刑者，宣告褫奪公權終身，是屬於「終身褫奪」。凡宣告一年以上有期徒刑，依犯罪的性質，認為有褫奪公權的必要者，宣告褫奪公權一年以上十年以下，是屬於「定期褫奪」❸。

二、保安處分

保安處分，是刑罰以外，用以代替或補充刑罰的一種特別處分，適用於無責任能力或限制責任能力或具有犯罪危險性的特殊犯罪行為人，以教育、矯正、治療、監護等方式以改善其行狀，消滅其犯罪危險性，使其能重適社會的正常生活，不致再犯罪。保安處分，常與刑罰一併宣告，且常與刑罰配合運用，故亦為刑事制裁之一種。保安處分，依刑法的規定，有下列幾種類型：

㈠感化教育

感化教育，是對於不適宜科處刑罰，而行為、人格、家庭有偏差的犯罪少年，為革除其不良習性，培養其重適社會正常生活的能力，將其收容於特定的處所，施以有助改善其行狀的教育措施。依刑法的規定，未滿十

❸　參考自鄭玉波著　法學緒論（81.8 三民書局印行）第九三頁至第九六頁。

八歲的少年犯罪者，有兩種情形得令入感化教育處所，施以感化教育：一、是因未滿十四歲而不罰者。二、是因未滿十八歲而減輕其刑者。感化教育的處所，刑法雖無明文規定，但現今收容少年接受感化教育的處所，是少年矯正學校。感化教育的期間在三年以下。因未滿十八歲而減輕其刑者，得於刑之執行完畢或赦免後，令入感化教育處所，施以感化教育。但宣告三年以下有期徒刑、拘役或罰金者，得於刑之執行前為之。感化教育執行後，已逾六月，如認為無執行之必要者，得免其處分之執行。

(二)監　護

監護，是對於精神障礙、心智缺陷或瘖啞的犯罪行為人，除刑罰以外，所為的治療、保護、監禁的特殊性處分，以防止其再犯罪的措施。監護處分，依刑法第八十七條的規定，因精神障礙、心智缺陷之原因而不罰，但足認其情狀有再犯或有危害公共安全之虞者，令入相當處所，施以監護。因較輕之精神障礙或其他心智缺陷或瘖啞之原因而減輕其刑，但足認其情狀有再犯或有危害公共安全之虞者，於刑之執行完畢或赦免後，令入相當處所，施以監護。但必要時，得於刑之執行前為之。監護處分的期間在五年以下。監護處分的處所，依保安處分執行法第四十六條的規定，是檢察官指定的精神病院、醫院、慈善團體及其最近親屬等。

(三)禁　戒

禁戒，是禁止其不良嗜好，戒絕其毒癮酒癖的意思。依刑法第八十八條的規定，施用毒品成癮的犯罪行為人，應令入相當處所，施以禁戒。並於刑之執行前為之，其期間為一年以下。但在執行中，法院如認為無繼續執行之必要者，得免其處分之執行。又刑法第八十九條的規定，因酗酒而犯罪，足認其已酗酒成癮，並有再犯之虞者，於刑之執行前，令入相當處所，施以禁戒。其期間為一年以下。但執行中認無繼續執行之必要者，法院得免其處分之執行。而少年事件處理法第四十二條第二項第一款亦有「少年染有煙毒或吸用麻醉、迷幻物品成癮，或有酗酒習慣者，令入相當處所實施禁戒」之規定，其期間以戒絕治癒或至滿二十歲為止。

㈣強制工作

強制工作，是對於某種特定的犯罪行為人，所施行的強制性勞動之處置措施。依刑法第九十條的規定，有犯罪之習慣或因遊蕩或懶惰成習而犯罪者，於刑之執行前，令入勞動場所，強制工作。其處分之期間為三年。但執行滿一年六個月後，認無繼續執行之必要者，法院得免其處分之執行。

㈤強制治療

強制治療，是對於染有特定傳染性疾病的犯罪行為人，以心理、物理、藥物之方法與技術，強制施以醫治處理的措施。又刑法第九十一條之一亦規定，觸犯特定之妨害性自主罪、妨害風化罪、強制性交罪，於徒刑執行期滿前，或依其他法律規定，經輔導或治療，認有再犯之危險者，得令入相當處所，施以強制治療。而少年事件處理法第四十二條第二項第二款亦有「少年身體或精神狀態顯有缺陷者，令入相當處所實施治療」之規定，並以治癒或至滿二十歲為止。

㈥保護管束

保護管束，是對於可期望其改善行狀的特定犯罪行為人，將之交付特定的個人、機關或團體，保護其前途，管束其行動，監督其品行，所為的非監禁性處分。依刑法的規定，一、受緩刑宣告之人，在緩刑期內付保護管束。二、假釋出獄之人，在假釋中付保護管束。三、受感化教育、監護、禁戒、強制工作處分之人，按其情形得以保護管束代之。保護管束，依保安處分執行法第六十四條的規定，係交由受保護管束人所在地或所在地以外之警察機關、自治團體、慈善團體、本人之最近親屬或其他適當之人執行之。唯少年事件處理法規定的應付或得付保護管束的對象，包括一、諭知交付保護管束的少年。二、受停止感化教育執行之少年。三、受免除其刑宣告的少年。四、受緩刑宣告的少年。五、假釋出校的少年。且少年的保護管束，明定由少年保護官掌理之；或依少年保護官之意見，將少年交付適當之福利或教養機構、慈善團體、少年之最近親屬或其他適當之人保護管束，受少年保護官之指導。保護管束，其執行的期間不得逾三年，並至多執行至滿二十一歲為止。

(七)驅逐出境

驅逐出境，是不容許犯罪之外國人居留於我國的領域內，而將之遣回國籍地或其他經入境許可的地區的一種強制性處分。依刑法第九十五條的規定，外國人受有期徒刑以上刑之宣告者，得於刑之執行完畢或赦免後，驅逐出境❹。而少年事件處理法第八十三條之三，則規定：凡外國少年受轉介處分、保護處分或緩刑期內交付保護管束者，得以驅逐出境代之。

第三節　民事制裁

民事制裁，是由司法機關的普通法院——即地方法院、高等法院、最高法院，或者權利受損害之特定人，對於民法上的侵權行為與不履行義務者，所為的制裁行為。此項民事上的制裁，包括權利上的制裁與財產上的制裁等兩類。

一、權利上的制裁

權利上的制裁，是對於違法行為或不履行義務者，所為的剝奪權利的制裁。權利上的制裁，約有下列幾種：

(一)人格權的剝奪

人格權的剝奪，是專對法人而行，例如依民法第三十六條的規定，「法人之目的或其行為，有違反法律、公共秩序或善良風俗者，法院得因主管機關、檢察官或利害關係人之請求，宣告解散。」法人既被宣告解散，則人格已不存在，此為法人人格權的剝奪。

(二)親職權的剝奪

親職權的剝奪，是剝奪因親屬關係所得享有的權利，例如民法第一千零九十條的規定，「父母之一方濫用其對於子女之權利時，法院得依他方、未成年子女、主管機關或其他利害關係人之請求或依職權……宣告停止其權利之全部或一部」。父母對於子女的過錯，雖然有權責罰，但不得逾越必

---

❹　參考自拙著　保安處分執行法（72.10 黎明文化事業公司出版）第二八頁至第三三頁。

要的程度，更不得動輒拳打腳踢、鞭笞虐待，濫用親職權。父母對於子女如濫用其權利，子女、主管機關得請求法院宣告停止其權利，以維護子女的人格與幸福。此為親職權的剝奪。

(三)契約的解除

契約的解除，是訂定契約的一方當事人，若遲遲不履行給付的義務，他方當事人得依法行使解除權，解除其所訂的契約，例如民法第二百五十四條「契約當事人之一方遲延給付者，他方當事人得定相當期限催告其履行，如於期限內不履行時，得解除其契約」之規定，及第二百五十五條「依契約之性質或當事人之意思表示，非於一定時期為給付不能達其契約之目的，而契約當事人之一方不按照時期給付者，他方當事人得不為前條之催告，解除其契約」之規定是。

(四)無效及撤銷

法律行為，在何種情形下無效，在何種情形下得撤銷，民法均有明文規定，且常須經由法院制裁，或表意人之意思表示。所謂無效，是指行為不發生法律效果的現象，例如民法第七十二條的規定，「法律行為，有背於公共秩序或善良風俗者，無效」是。所謂撤銷，是指行為經裁決無效或表意取消後，即失其法律上的效力，例如民法第九十二條第一項的規定，「因被詐欺或被脅迫，而為意思表示者，表意人得撤銷其意思表示……」。

二、財產上的制裁

財產上的制裁，是對於侵權行為或不履行義務者，給予財產上損失的懲罰，其制裁的態樣有下列幾項：

(一)返還利益

返還利益，是對於不當得利者，所為的歸還利益的制裁，例如民法第一百七十九條規定：「無法律上之原因而受利益，致他人受損害者，應返還其利益。」又民法第一百八十一條規定，「不當得利之受領人，除返還其所受之利益外，如本於該利益更有所取得者，並應返還。」

(二)回復權利

回復權利，是對於無權占有或侵奪他人所有物者，所為的返還所有權的制裁。例如民法第七百六十七條第一項規定：「所有人對於無權占有或侵奪其所有物者，得請求返還之。對於妨害其所有權者，得請求除去之。有妨害其所有權之虞者，得請求防止之。」❺而現今法院的所謂「拆屋還地」的民事判決，便是屬於回復權利的制裁。

(三)損害賠償

損害賠償，是對於侵權行為或不履行義務者，所為的財產賠償的懲罰，其制裁的方法，約有下列三項：

1.回復原狀

回復原狀，是對於負有賠償義務的侵權者，強制其以財產向被害對方，賠償或回復其損害發生前的原狀。例如民法第二百十三條第一項「負損害賠償責任者，除法律另有規定或契約另有訂定外，應回復他方損害發生前之原狀。」所謂回復他方損害發生前之原狀，譬如重新裝配打破之玻璃櫥，重建汽車撞倒之圍牆是。唯民法第二百十五條又有「不能回復原狀或回復顯有重大困難者，應以金錢賠償其損害」之規定，故賠償損害，如不能回復原狀，應以金錢賠償代替之。

2.金錢賠償

金錢賠償，是對於負有賠償義務的特定人，強制其以財物賠償受害對方，以補償其精神上或財產上所受的損害。例如民法第二百十四條「應回復原狀者，如經債權人定相當期限催告後，逾期不為回復時，債權人得請求以金錢賠償其損害」及第二百十五條「不能回復原狀或回復顯有重大困難者，應以金錢賠償其損害」，以及第九百七十九條「……雖非財產上之損害，受害人亦得請求賠償相當之金額。但以受害人無過失者為限」是❻。

---

❺　參考自❸鄭玉波著　法學緒論　第九七頁至第九九頁。

❻　參考自❶林紀東著　法學緒論　第一二〇頁，以及❶林榮耀著　法學緒論　第三二頁。

3.強制執行

　　強制執行，是對於違反給付義務的債務人，以強制的方式所為的制裁，例如債務人不為給付或不為完全之給付者，債權人得聲請法院發支付命令，強制執行，並得請求損害賠償。強制執行，依債權人的聲請為之。但假扣押、假處分及假執行之裁定，其執行得由法院依職權為之。關於動產的強制執行，依法應以查封、拍賣或變賣的方式行之；關於不動產的強制執行，依法應以查封、拍賣、強制管理的方法行之。至於其他財產權之執行、物之交付請求權之執行、關於行為及不行為請求權之執行、以及假扣押、假處分之執行等等，強制執行法皆有詳盡之明文規定 ❼。

第四節　國際制裁

　　國際間之邦交，本應以平等、互惠為原則，並相互尊重條約及聯合國憲章，以促進國際合作，確保世界和平。唯少數國家當其國力日漸壯大之後，則雄心勃勃，或則胸懷領導世界的野心，不斷的窮兵黷武，侵略他國的疆域，或則挑起民族的優越感，欺凌弱小民族，或則貪瀆鄰國的富庶，趁其不備以武力侵占之等不勝枚舉。譬如第一次的世界大戰，即導因於英 (England)、德 (Germany) 兩國的爭霸海權，第二次的世界大戰，即導因於德、日 (Japan) 等國的政治野心，而晚近伊拉克 (Iraq) 之入侵科威特 (Kuwait)，即導因於伊拉克之覬覦鄰國的富庶。

　　戰爭是淒慘的、恐怖的，每一次戰爭總是傷亡枕藉，慘不忍睹，於是第一次世界大戰後，國際間深感和平之需要乃組織了國際聯盟，以期藉國際聯盟的力量，制裁侵略國，伸張國際之正義。而第二次世界大戰後，又組織了聯合國，制定了聯合國憲章，以維持國際和平與安全為目的，並發展國際間的友好關係，促進國際合作，迄今參與聯合國組織的會員國已達二百多個國家，而聯合國也逐漸能發揮其制裁的功能。唯國際之間的摩擦、

---

❼　參考自❸鄭玉波著　法學緒論　第九九頁至第一〇四頁，及❶林紀東著　法學緒論　第一二〇頁，及❶林榮耀著　法學緒論　第三二頁及第三三頁，以及管歐著　法學緒論（82.2 著作者發行）第二〇六頁至第二〇八頁。

衝突與敵視仍難避免，即使同一國家亦常因黨派以及政治理念的不同，而大打出手、相互殘殺，因此國際制裁顯得格外迫切需要。國際制裁的方法很多，常用的有干涉，包括政治干涉與軍事干涉，另外當事國亦可採用戰爭、絕交、報復、封鎖等方法，以自力救濟。

一、國際制裁──干涉

國際制裁所採用的干涉，即以國際團體──聯合國的力量，促使違反國際法的國家，自行約束其舉動，糾正其錯誤，以維持國際法的尊嚴，確保世界人類之和平。其採用的方法，不外政治干涉與軍事干涉等兩種類型。

(一)政治干涉

政治干涉是運用和平的外交手段，干預當事國的內政與外交等政治問題。例如聯合國憲章第三十三條之規定，「任何爭端之當事國，於爭端之繼續存在足以危及國際和平與安全之維持時，應儘先以談判、調查、調停、和解、公斷、司法解決……或各該國自行選擇之其他和平方法，求得解決」，「安全理事會認為必要時，應促請各當事國以此項方法，解決其爭端」，此項促請的手段，可說是政治干涉。又第三十九條之規定，「安全理事會應斷定任何和平之威脅、和平之破壞、或侵略行為之是否存在，並應作成建議或抉擇依第四十一條……規定之辦法，以維持或恢復國際和平及安全」。所謂第四十一條，即「安全理事會得決定所應採武力以外之辦法，以實施其決議，並得促請聯合國會員國執行此項辦法。此項辦法得包括經濟關係、鐵路、海運、航空、郵、電、無線電及其他交通工具之局部或全部停止，以及外交關係之斷絕」，此項促請當事國執行聯合國安全理事會所決議的事項，即政治上的干預活動。

(二)軍事干涉

軍事干涉是運用軍事的力量，由聯合國發動會員國的陸、海、空軍，以風馳電掣的威勢，制裁破壞國際和平與正義的當事國，例如伊拉克侵占科威特之後，聯合國發動強大的陸、海、空軍以制服伊拉克是。故聯合國憲章第四十二條「安全理事會如認第四十一條所規定之辦法為不足或已經

證明為不足時，得採取必要之空、海、陸軍行動，以維持或恢復國際和平及安全。此項行動得包括聯合國會員國之空、海、陸軍示威、封鎖，及其他軍事舉動」的規定，即是軍事干涉。可見軍事干涉是在政治干涉不能見效之時，所採取的強烈制裁手段。

二、自力救濟——自決

國際間之糾紛、衝突、殘殺、以及爭霸，雖然可以申訴於聯合國，並請求聯合國主持公道，對於加害國為必要的干涉與制裁，唯在國權遭受他國侵犯的受害國，常有如下的自力救濟方法，即獨自抵禦加害國，以維護國家的獨立與完整。

㈠戰　爭

戰爭是國家間使用武力的爭鬥，以求解決爭端的最強烈手段。由於科技的突飛猛進，武器的不斷創新，一旦戰爭爆發，不論是攻擊國，或者是抵禦國，都同樣的會遭受傷亡枕藉，慘不忍睹的局面，其結果打勝國與打敗國都同樣遭受砲火的摧毀，骨肉分離，妻離子散，建築物被毀，文明喪失，一切建設都須從頭做起，故世界上愛好和平的國家都厭惡戰爭。唯為抵禦或制裁他國的無理侵犯與欺凌，戰爭有時是不得已的手段。

㈡斷絕邦交

國家間的邦交，原是建立在平等、互惠的原則上，除了應相互尊重所簽訂的條約外，還須尊重締約國的獨立與自主精神，不可任意干涉締約國的內政，以敦睦邦交，促進締約國的友誼與合作。唯假若締約國背信、負義，自違所簽訂的條約，毀謗締約國的信譽，則可以斷絕邦交之手段，作為制裁之利器。斷絕邦交之後，彼此常召回使館人員，並封閉使館。

㈢封鎖海灣

封鎖海灣，有平時封鎖與戰時封鎖之分，平時封鎖是十九世紀以後新發展的自力救濟手段，例如西元一八三一年法國因葡萄牙 (Portugal) 損害法僑利益，於是封鎖葡國港口，阻止葡國船隻之通航，並對強行通過之船隻緝捕之，迄至葡國同意賠償，始解除封鎖。而戰時封鎖，沿用甚久，例

如伊拉克侵占科威特之領土後，聯合國即發動威力強大的艦艇，封鎖其港灣，使其外援斷絕，經濟發生恐慌，致不得不屈服。可見封鎖海灣，為凍結他國經濟活動的有效制裁方法。同時可以令頑強的敵國心志動搖，致不得不宣布降服。

㈣報　復

報復是一種類似「以牙還牙，以眼還眼」的不友善回報行為，用以回報他國對於本國所為的欺凌、壓迫、汙辱與不友善的種種行為，例如從政治方面而言，他國既然排斥本國的僑民，並禁止本國的人民入境，本國也可以採取同樣的手段對付之。從經濟方面而言，他國既然禁止本國貨物入關，本國亦可仿效為之。從軍事方面而言，他國既然以武力向本國示威，本國亦可回報之。所以，報復行為是一種消極的回報行動，也是國家間最常用的抵制他國的手段。

㈤經濟的不合作

經濟的不合作，是指封鎖他國的貿易活動，使他國的貨物不能入關，不能流入本國消費市場；而他國所需要的物資，本國不供給，用此方法以制裁他國對本國的不友善。經濟的不合作，原由印度 (India) 的甘地所倡導，用以抵制殖民國──英國的壓迫，此法的旨意是，英國人所供給的物資，印度人不購買；英國人所需要的物資，印度人不供給。由於經濟的不合作，確能發生抵制的功效，所以現今敵對的國家，亦常採用此法以相互對抗❽。

---

❽　同❼所附註，並參閱強制執行法條文。

研究問題

一、公務員的懲戒處分有那幾種類別？試列舉之。

二、人民違反社會秩序維護法的處罰，有那幾種類別？請列舉之。

三、刑罰可分主刑與從刑，請就主刑與從刑的種類，列舉說明之。

四、罰金與罰鍰是否相同？請說明之。

五、刑法上的保安處分有那些種類？請列舉之。

六、何謂褫奪公權？褫奪公權指剝奪何項的公權資格？請說明之。

七、何謂沒收？刑法上的沒收是指沒收那些物？請說明之。

八、民事上關於權利的制裁有那幾種類別？又財產的制裁有那幾種類別？請列
　　舉之。

第三編　我國現行的司法制度

第一章　偵查犯罪的機關

第一節　檢察機關

　　檢察機關為偵查犯罪的指揮機關，以檢察官為偵查犯罪的先驅。檢察機關在過去稱為檢察處，現在改稱為檢察署。依據法院組織法的規定，各級法院及分院各配置檢察署。各級檢察署及檢察分署，置檢察官、候補檢察官、檢察事務官等若干人；最高檢察署以一人為檢察總長，其他檢察署及檢察分署，各以一人為檢察長，分別綜理各該署行政事務。各級檢察署及檢察分署，其檢察官員額在六人以上者，得分組辦事，每組以一人為主任檢察官，監督各該組事務。檢察官之職權包括：實施偵查、提起公訴、實行公訴、協助自訴、擔當自訴及指揮刑事裁判之執行，以及其他法令所定職務之執行。

　　犯罪案件的偵查，既為檢察官的職責之一，假定某人遭受歹徒甲的傷害，致向地方檢察署提起告訴，或某人向地方檢察署告發乙有私藏毒品、販賣毒品的嫌疑，或者丙縱火洩恨，致燒死了前同居女友，因而深覺不安，自動向地方檢察署自首等，檢察官於接案後，應即開始偵查，唯實施偵查時非有必要，不得先行傳訊被告。倘案情複雜，非檢察官一人所能偵辦，檢察官得依法聲請縣（市）長，或警政署長、警察局長，或憲兵隊長官為必要之協助，並得指揮警察官長、警察，或憲兵官長、士官、憲兵為偵查犯罪，調查犯罪嫌疑人之犯罪情形及蒐集證據之舉動，並將其調查結果向檢察官為報告。檢察官實施偵查遇有急迫情形，得命在場或附近之人為相當之輔助，必要時並得請附近軍事官長派遣部隊輔助。檢察官之偵查犯罪，

採密行主義，原則上不公開，唯被告或犯罪嫌疑人之辯護人，得於檢察官訊問被告或犯罪嫌疑人時在場。但有事實足認其在場有妨害國家機密，或有湮滅、偽造、變造證據，或有勾串共犯或證人或有妨害他人名譽之虞，或其行為不當足以影響偵查秩序者，得限制或禁止之。檢察官依偵查所得之證據，足認被告有犯罪嫌疑者，應提起公訴，即使被告之所在不明者，亦應提起公訴。

第二節　警察機關

　　警察機關為協助檢察官偵查犯罪的輔助機關，以警政署長、警察局長、警察官長、警察等人員，為協助的主體。警察機關在中央為隸屬於內政部的警政署，在直轄市為隸屬於直轄市政府的警察局，在縣（市）為隸屬於縣（市）政府的警察局，掌理各該管區之警察行政及業務。

　　警察為警察機關的骨幹，警察依法行使下列職權：

一、發布警察命令。

二、妨害社會秩序之處分。

三、協助偵查犯罪。

四、執行搜索、扣押、拘提及逮捕。

五、行政執行。

六、使用警械。

七、有關警察業務之保安、正俗、交通、衛生、消防、救災、營業建築、市容整理、戶口查察、外事處理等事項。

八、其他應執行法令事項。

　　警察機關之警政署長或警察局長，於其管轄區域內為司法警察官，有協助檢察官偵查犯罪之職權。並應將偵查之結果，移送該管檢察官。如接受被拘提或逮捕之犯罪嫌疑人，認其有羈押之必要時，應於二十四小時內，移送該管法院。但檢察官命其移送者，應即時移送。警察機關之警察官長，亦為司法警察官，應聽從檢察官之指揮，偵查犯罪。如知有犯罪嫌疑者，應報告該管檢察官或警察機關之首長。但得不待其指揮，逕行調查犯罪嫌

疑人之犯罪情形及蒐集證據。警察機關之警察，為司法警察，應受檢察官及司法警察官之命令，偵查犯罪。如知有犯罪嫌疑者，應報告該管檢察官或司法警察官。但得不待其命令，逕行調查犯罪嫌疑人之犯罪情形及蒐集證據。

第三節　調查機關

調查機關是指隸屬於法務部的調查局，以及各直轄市、縣（市）及重要地區，所設立之調查機構，亦為協助檢察官偵查犯罪的輔助機關。

調查局局長、副局長及主管業務單位薦任職以上人員，於執行犯罪調查職務時，分別視同刑事訴訟法第二百二十九條之司法警察官，故應將協助檢察官偵查犯罪之結果，移送該管檢察署。

調查局所屬直轄市、縣（市）調查機構、保防機構主管及主辦業務之薦任級以上人員，於執行犯罪調查職務時，分別視同刑事訴訟法第二百二十九條、第二百三十條之司法警察官。故應受檢察官之指揮，偵查犯罪。

至於調查局委任職人員，負有特定調查、保防任務者，於執行犯罪調查職務時，視同刑事訴訟法第二百三十一條之司法警察。故應受檢察官及司法警察官之命令，偵查犯罪。

第四節　憲兵機關

憲兵隊長官，依刑事訴訟法第二百二十九條之規定，於其管轄區域內為司法警察官，有協助檢察官偵查犯罪之職權，且應將偵查之結果，移送該管檢察官；如接受被拘提或逮捕之犯罪嫌疑人，認其有羈押之必要時，應於二十四小時內，移送該管法院。但檢察官命其移送者，應即時移送。

憲兵官長、士官，依刑事訴訟法第二百三十條之規定，為司法警察官，應受檢察官之指揮，偵查犯罪。如於執行勤務時，知有犯罪嫌疑者，應報告該管檢察官，或其憲兵長官。但得不待其指揮，逕行調查犯罪嫌疑人之犯罪情形，並蒐集證據。

憲兵，依刑事訴訟法第二百三十一條之規定，為司法警察，應受檢察

官及司法警察官（包括警察官長、憲兵隊官長及士官）之命令，偵查犯罪。
如於執行任務時，知有犯罪嫌疑者，應報告該管檢察官，或司法警察官；
但得不待其命令，逕行調查犯罪嫌疑人之犯罪情形，及蒐集證據。

研究問題

一、何種機關，具有偵查犯罪之職權？試列舉之。

二、檢察官具有何項職權？試列舉之。

三、偵查犯罪時，檢察官得請司法警察官為協助，此處所稱之司法警察官，包
　　括那些長官？

四、依警察法的規定，警察具有何項職權？

五、調查局是否亦為偵查犯罪之機關？偵查犯罪時，何人得依法充當司法警察
　　官？何人得依法充當司法警察？

六、警政署長、警察局長、警察官長、警察等警政人員，於偵查犯罪時，各自
　　擔任何項角色？與檢察官之關係如何？

七、憲兵部隊是否亦為偵查犯罪之機構？其憲兵隊長官、憲兵官長、士官、憲
　　兵等，於偵查犯罪時，與檢察官之關係如何？

第二章　檢察機關的體系

第一節　地方檢察署

直轄市或縣（市）各設地方法院。但得視其地理環境及其案件之多寡，增設地方法院分院；或合設地方法院；或將其轄區之一部劃歸其他地方法院或其分院，不受行政區劃之限制。

地方法院及其分院各配置檢察署，並置檢察官、候補檢察官、檢察事務官等若干人，以一人為檢察長，綜理該署行政事務。檢察署及其檢察分署之檢察官，其員額在六人以上者，得分組辦事，每組以一人為主任檢察官，監督各該組事務。檢察官對於法院，獨立行使職權，不受指揮，不受干涉，且於其所屬檢察署配置之法院管轄區域內執行職務。

地方檢察署檢察長，依法指揮監督該署檢察官，並得親自處理其所指揮監督之檢察官之事務，如有檢察分署，亦得派本署檢察官兼行其檢察分署檢察官之職務❶。

第二節　高等檢察署

省、直轄市或特別區域各設高等法院。但得視其地理環境及其案件之多寡，增設高等法院分院；或合設高等法院；或將其轄區之一部劃歸其他高等法院或其分院，不受行政區劃之限制。

高等法院及其分院各配置檢察署，並置檢察官、候補檢察官、檢察事務官若干人，以一人為檢察長，綜理該署行政事務。高等檢察署及其檢察分署之檢察官，其員額在六人以上者，得分組辦事，每組以一人為主任檢察官，監督各該組事務。檢察官對於高等法院及其分院，獨立行使職權，

---

❶　檢察署及其檢察分署，置檢察事務官若干人，受檢察官之指揮，處理：一、實施搜索、扣押、勘驗或執行拘提。二、詢問告訴人、告發人、被告、證人或鑑定人。三、襄助檢察官執行法定之職權。

並於其所屬檢察署配置之法院管轄區域內執行職務。

高等檢察署及其檢察分署檢察長，依法院組織法及其他法律之規定，指揮監督該署檢察官，及其所屬地方檢察署及其檢察分署檢察官。並得親自處理其所指揮監督之檢察官之事務，或將該事務移轉於其所指揮監督之其他檢察官處理之❷。

第三節　最高檢察署

最高法院設於中央政府所在地。最高法院置檢察署，檢察署置檢察官若干人，以一人為檢察總長，綜理該署行政事務。並依法院組織法及其他法律之規定，指揮監督該署檢察官，及高等檢察署以下各級檢察署及其檢察分署之檢察官。必要時，得親自處理其所指揮監督之檢察官之事務，並得將該事務移轉於其所指揮監督之其他檢察官處理之。

最高檢察署檢察官，其員額在六人以上者，得分組辦事，每組以一人為主任檢察官，監督各該組事務。檢察官對於最高法院，獨立行使職權；並於其所屬檢察署配置之法院管轄區域內執行職務。但遇有緊急情形時，不在此限。

研究問題

一、何謂審檢分隸？審檢分隸的情形如何？請說明之。

二、地方檢察署是否可以主動偵查少年犯罪案件？倘有少年犯罪之報告事件，應如何處理？

三、地方檢察署檢察官，對於起訴之犯罪嫌疑人，如不服法院之不確定判決，應如何提起上訴？

---

❷ 高等檢察署及其檢察分署，置檢察事務官若干人，受檢察官之指揮處理下列事務：一、實施搜索、扣押、勘驗或執行拘提。二、詢問告訴人、告發人、被告、證人或鑑定人。三、襄助檢察官執行法定職權。

第三章　司法機關的體系

第一節　司法院

司法院為國家最高司法機關，行使憲法所賦與之職權，此項職權包括一、民事訴訟之審判。二、刑事訴訟之審判。三、行政訴訟之審判。四、公務員之懲戒。五、解釋憲法。六、統一解釋法律及命令。七、政黨違憲解散事件之審理等等。

司法院設大法官十五人，以其中一人為院長，一人為副院長，由總統提名，經立法院同意任命之。

司法院為行使解釋憲法，並統一解釋法律及命令，設有大法官會議，以大法官組織之。

司法院為行使民事及刑事訴訟之審判，設有最高法院、高等法院及其分院、地方法院及其分院等各級法院。

司法院為行使行政訴訟之審判，設有最高行政法院及高等行政法院。

司法院為行使公務員之懲戒，設有公務員懲戒委員會。

司法院為行使政黨違憲解散事件之審理，及總統、副總統之彈劾案，得由大法官組成憲法法庭。

第二節　各級法院

法院，通常分為地方法院、高等法院、最高法院等三級。法院之職權，在審判民事、刑事，及其他法律規定的訴訟案件，並依法管轄非訟事件。地方法院之審判案件，以法官一人獨任或三人合議行之。高等法院之審判案件，以法官三人合議行之。最高法院之審判案件，以法官五人合議行之。合議審判，以庭長充任審判長；無庭長或庭長有事故時，以庭員中資深者充之，資同則以年長者充之。

一、地方法院

直轄市或縣（市）各設地方法院。但得視其地理環境及案件之多寡，增設地方法院分院；或合設地方法院；或將其轄區之一部劃歸其他地方法院或其分院，不受行政區劃限制。

地方法院置院長一人，由法官兼任，綜理全院行政事務。地方法院分院置院長一人，由法官兼任，綜理該分院行政事務。

地方法院之管轄事件，包括一、民事、刑事之第一審訴訟案件。二、其他法律規定之訴訟案件。三、法律規定之非訟事件。

地方法院得設簡易庭，其管轄事件依法律之規定。

地方法院分設民事庭、刑事庭，其庭數視事務之繁簡定之；必要時得設專業法庭。民事庭、刑事庭、專業法庭及簡易庭之庭長，除由兼任院長之法官兼任者外，餘由其他法官兼任，監督各該庭事務。

二、高等法院

省、直轄市或特別區域各設高等法院。但得視其地理環境及案件多寡，增設高等法院分院；或合設高等法院；或將其轄區之一部劃歸其他高等法院或其分院，不受行政區劃之限制。

高等法院置院長一人，由法官兼任，綜理全院行政事務。高等法院分院置院長一人，由法官兼任，綜理分院行政事務。高等法院院長得派本院法官兼行分院法官職務。

高等法院管轄之事件，包括一、關於內亂、外患及妨害國交之刑事第一審訴訟案件。二、不服地方法院及其分院第一審判決而上訴之民事、刑事訴訟案件。三、不服地方法院及其分院裁定而抗告之案件。四、其他法律規定之訴訟案件。

高等法院分設民事庭、刑事庭，其庭數視事務之繁簡定之；必要時得設專業法庭。各庭庭長，除由兼任院長之法官兼任者外，餘由其他法官兼任，監督各該庭事務。

三、最高法院

最高法院設於中央政府所在地。其管轄之案件，包括：一、不服高等法院及其分院第一審判決而上訴之刑事訴訟案件。二、不服高等法院及其分院第二審判決而上訴之民事、刑事訴訟案件。三、不服高等法院及其分院裁定而抗告之案件。四、非常上訴案件。五、其他法律規定之訴訟案件。

最高法院置院長一人，特任，綜理全院行政事務，並兼任法官。

最高法院置法官若干人，並分設民事庭、刑事庭，其庭數視事務之繁簡定之；各庭置庭長一人，除由院長兼任者外，餘由法官兼任，監督各該庭事務。

四、大法庭

大法庭為最高法院、最高行政法院內的功能性任務編制。司法院為了強化終審法院統一法律見解的功能，推動建立大法庭制度，大法庭僅裁判法律爭議，不包含提交案件的本案終局裁判。大法庭的裁判活動為終審訴訟程序之一部分，亦採合議審判。

最高法院民事大法庭、刑事大法庭成員各為十一人，由審判長一人、提案庭指定庭員一人及票選庭員九人共同組成。由院長及其指定之庭長分別擔任民事大法庭或刑事大法庭審判長。

大法庭程序為終審程序之一部分，其審理程序分別依民事、刑事及行政訴訟終審程序之規定。大法庭統一法律見解，影響深遠，故大法庭辯論終結後，應以書面裁定之方式，將所採之法律見解完整明確記載於主文，及敘明其決定採用該法律見解與不採納其他法律見解之理由。

第三節　行政法院

行政法院直屬於司法院，掌理全國行政訴訟之審判事務。置院長一人，綜理全院行政事務，兼任法官並得充當庭長。

行政法院分庭審理行政訴訟案件，其庭數視事務之繁簡定之。各庭置

庭長一人，除由院長兼任外，就法官中遴兼之，監督各該庭事務，並定其分配。行政法院每庭置法官三至五人，掌理審判事務，同時每庭法官至少應有曾充任法官者二人。其審判之執行，以法官三至五人合議行之。合議審判以庭長為審判長，庭長有事故時，以法官之資深者充之。

行政法院已由一審一級制，衍生為二審二級制，除在臺北、高雄、臺中等地各設立高等行政法院外，原行政法院，已更名為最高行政法院，且地方法院亦得設行政訴訟庭，形成三級二審之新制。

一、高等行政法院

省、直轄市及特別區域各設高等行政法院。但其轄區狹小或事務較簡者，得合數省、市或特別區域設一高等行政法院，其轄區遼闊或事務較繁者，得增設之。

高等行政法院置院長一人，由法官兼任，綜理全院行政事務。其配置之庭數，視事務繁簡定之，各庭置庭長一人，除由兼任院長之法官兼任者外，餘就法官中遴兼之，監督各該庭事務。高等行政法院每庭置法官三人，其審判事務，以法官三人合議行之，由庭長充任審判長，無庭長或庭長有事故時，以同庭法官中資深者充之，資同以年長者充之。

高等行政法院管轄之事件，其一是不服訴願決定或法律規定視同訴願決定，提起之訴訟事件。其二是不服地方法院行政訴訟庭第一審判決而上訴之事件。其三是不服地方法院行政訴訟庭裁定而抗告之事件。其四是其他依法律規定由高等行政法院管轄之事件。

二、最高行政法院

最高行政法院設於中央政府所在地。其管轄事件包括：一、不服高等行政法院裁判而上訴或抗告之事件。二、其他依法律規定由最高行政法院管轄之事件。

最高行政法院置院長一人，綜理全院行政事務，並兼任庭長、充任法官。其配置之庭數，視事務之繁簡定之，各庭置庭長一人，除由院長兼任

者外，餘就法官中遴兼之，監督各該庭事務。最高行政法院，每庭置法官五人，以法官五人合議審判，並分庭審判，其審判長，依法由庭長充任。

三、大法庭

最高行政法院大法庭成員為九人，由審判長一人、提案庭指定庭員一人及票選庭員七人共同組成。由院長擔任大法庭審判長。票選庭員之人選、遞補人選，由法官會議以無記名投票，自全體法官中依得票數較高，且符合每庭至少應有一人、兼任庭長者不得逾總人數二分之一之方式選舉產生。

其他請參考前節關於大法庭之敘述。

第四節　懲戒法院

懲戒法院之前身為公務員懲戒委員會，於中華民國一百零九年修正更名，將公務員懲戒委員會更名為懲戒法院，懲戒程序也由一級一審制改為一級二審制。乃因外界對公務員懲戒委員會是否為法院的體制仍有誤解，為求名實一致，及遵照司法院釋字第 396 號解釋「有關機關應就公務員懲戒機關之名稱，併予檢討修正」的意旨，公務員懲戒委員會確實有更名為懲戒法院的必要。茲將新修正的之條文內容，略述如下：

懲戒法院掌理全國公務員之懲戒，及法官不服撤銷任用資格、免職、停止職務、解職、轉任法官以外職務或調動、職務監督影響法官審判獨立等之事項。該法院置院長一人，特任，綜理全院行政事務，並任法官。法官九人至十五人。

懲戒法院對於公務員之懲戒案件，應分庭審判，其庭數視事務之繁簡定之。懲戒法庭第一審案件之審理及裁判，以法官三人合議行之，並由資深法官充審判長；第二審案件之審理及裁判，以法官五人合議行之，並由院長充審判長，院長有事故時，以庭員中資深者充之，若是資同以則以年長者充之。

懲戒法院依法審理公務員之懲戒案件，不受任何干涉。其法官組成之合議庭審判長，對於法庭之開閉及審理訴訟，有指揮之權，且對於有妨害

法庭秩序或其他不當行為者，得禁止其進入法庭或命其退出法庭，必要時得令看管至閉庭時。又律師在法庭代理懲戒案件之訴訟或辯護時，其言語行動如有不當，審判長得加以警告或禁止其開庭當日之代理或辯護；非律師而為代理人或辯護人者，其言語行動有不當之情形，亦得加以警告或禁止其開庭當日之代理或辯護。

違反合議庭審判長、受命法官或受託法官所發維持法庭秩序之命令，致妨害執行職務，經制止不聽者，處三月以下有期徒刑、拘役或科新臺幣三萬元以下罰金。

懲戒法院行政之監督，依下列之規定：一、司法院院長監督懲戒法院。二、懲戒法院院長監督該法院。上述有監督權者，對於被監督人員得為下列處分：一、關於職務上之事項，得發命令使之注意。二、有廢弛職務、逾越權限或行為不檢者，加以警告。

研究問題

一、試述司法院的地位以及職權。

二、試述司法院大法官的任用程序，以及所負的職責。

三、何謂獨任審判制？何謂合議審判制？法律對於各級法院的審判有何規定？

四、公務員有何行為應受懲戒？其懲戒處分依其輕重可分幾種？

第四章　辯護制度與訴訟輔導

第一節　辯護制度

辯護制度是刑事訴訟法上，容許特定之辯護人，以豐富之法律素養與學驗，協助被告或犯罪嫌疑人，就法律與事實為適當之辯解，以保護當事人之私人法益之訴訟制度也。蓋刑事訴訟必須維護公平、公正，法律之前人人平等，故原告與被告兩造之當事人，應立於同等地位。唯刑事訴訟之原告為檢察官，有關法律之學識、經驗與素養，均較一般人為豐富，而被告容或有不諳法律常識者，為保護其法益，自有選任辯護人協助其辯護之必要，故現今各國通例，均設有辯護制度。

一、辯護人的意義

辯護人是刑事訴訟法上，對於選任人所選任、委任之律師的一種職稱。律師一旦為選任人所委任，則有義務到庭協助被告為辯護之行為，以抵禦他造之言詞攻擊、維護其被告之利益。刑事訴訟之當事人，通常一方為代表國家提起公訴之檢察官，一方為有犯罪嫌疑之被告。檢察官大多為學有專長的權威者，深具法律經驗與素養，辯才無礙。而有犯罪嫌疑之被告大多欠缺法律素養，即使稍諳法律，亦易情緒不穩，無法為充分有利於自己之合理辯解。故有辯護人之選任，即能強化被告之防禦力量，協助被告於法律與事實方面，遭受檢察官之言詞攻擊時能為合理的辯解，以保護被告的法益。此外，刑事訴訟上因辯護人之介入，能促使法官於審判案件時注意對被告之有利證據，防止判決上之偏差，對於法院審判之公正有其影響。

二、辯護人的資格

辯護人，依刑事訴訟法第二十九條之規定，應選任律師充任之。故取得辯護人之資格，必先其人已取得充任律師之資格，並已執行其業務者為

限。但亦有例外，即審判中經審判長許可者，亦得選任非律師為辯護人。

三、辯護人的分類

辯護人本無種類之分，但依其委任方式、或委任資格之不同，得歸類為以下數種類型：

㈠選任辯護人與指定辯護人

依辯護人委任方式之不同，辯護人得分為選任辯護人與指定辯護人二種：

1.選任辯護人

選任辯護人是由被告或犯罪嫌疑人之法定代理人、配偶、直系或三親等內旁系血親或家長、家屬……等有辯護人選任權之特定人，基於被告或犯罪嫌疑人之利益，所選任之辯護人。依刑事訴訟法的規定，辯護人應選任律師充任之。但審判中經審判長許可者，亦得選任非律師為辯護人。

2.指定辯護人

指定辯護人是由審判長基於實務上之必要，所指定之公設辯護人，例如刑事訴訟法第三十一條「最輕本刑為三年以上有期徒刑、高等法院管轄第一審案件、被告因精神障礙或其他心智缺陷無法為完全之陳述、被告具原住民身分，經依通常程序起訴或審判者或被告為低收入戶或中低收入戶而聲請指定者……等等，於審判中未經選任辯護人者，審判長應指定公設辯護人或律師為其辯護；其他審判案件……認有必要者，亦同」，及「選任辯護人於審判期日無正當理由而不到庭者，審判長得指定公設辯護人」的規定是。又「被告有數人者，得指定一人辯護。但各被告之利害相反者，不在此限」，「指定辯護人後，經選任律師為辯護人者，得將指定之辯護人撤銷」。

㈡一般辯護人與特別辯護人

依辯護人委任資格之不同，辯護人得分為一般辯護人與特別辯護人二種：

1.一般辯護人

一般辯護人，是指已取得律師證書，並已依法登錄、加入律師公會，正式執行其業務，而為有辯護人選任權之特定人所委任之辯護人。至於外

國人經許可在我國執行律師業務者，亦得被選任為一般辯護人。

2.特別辯護人

特別辯護人，是指審判中經審判長之許可，以選任之非律師為辯護人；或審判中未經選任辯護人，而由審判長指定公設辯護人為其辯護人；或選任之辯護人，於審判期日無故不到庭，而由審判長指定公設辯護人為其辯護人……，此等不具律師身分之辯護人，即為特別辯護人。特別辯護人，既經審判長之指定或許可，則其法律之學驗與素養，應可信賴，令其充當辯護人，應可信任；唯依刑事訴訟法之規定，非律師充當辯護人，僅限於一、二兩審為限。

四、辯護人的選任

辯護人之選任，採法定主義，故必須依刑事訴訟法的規定行之：

㈠得選任辯護人之人

得選任辯護人之人，依刑事訴訟法的規定，除被告外，被告或犯罪嫌疑人之法定代理人、配偶、直系或三親等內旁系血親或家長、家屬等特定人，均有選任權，得獨立為被告或犯罪嫌疑人選任辯護人。所謂獨立選任辯護人，即不問被告或犯罪嫌疑人是否已選任辯護人，逕自為其選任辯護人的意思。蓋有辯護人選任權之人，大致與被告或犯罪嫌疑人，有親屬之身分關係，由其獨立為被告或犯罪嫌疑人選任辯護人，應較妥適。即使被告或犯罪嫌疑人已選任辯護人，亦無大礙。

㈡選任辯護人的期間

依刑事訴訟法的規定，「被告得隨時選任辯護人。犯罪嫌疑人受司法警察官或司法警察調查者，亦同」。故被告於起訴後，固然可以選任辯護人，為其擔當法庭之辯護任務。即使於起訴前，亦得選任辯護人，為其協助辯護之使命。至於犯罪嫌疑人，在未移送有管轄權之地方法院檢察署偵辦之前，亦得選任辯護人，就法律與事實向調查犯罪之司法警察官或司法警察，為有利於犯罪嫌疑人之陳述。

㈢選任辯護人的法定程序

選任辯護人，應提出委任書狀。但選任辯護人之委任書狀，於起訴前應提出於檢察官或司法警察官；起訴後應於每審級提出於法院。換言之，犯罪嫌疑人，於司法警察官或司法警察為犯罪之調查時，得選任辯護人，並將委任辯護人之書狀，提出於司法警察官；被告或犯罪嫌疑人，於檢察官為犯罪之偵查時，亦得選任辯護人，並將委任書狀提出於檢察官；檢察官於管轄區之地方法院為公訴後，被告亦得選任辯護人，並將委任書狀提出於地方法院；被告對於管轄區之地方法院所為之判決，如有不服時，得上訴於高等法院或其分院，並得重新選任辯護人，並將委任書狀提出於高等法院或其分院；被判刑人如不服高等法院或其分院之判決，仍得上訴於最高法院，並得重新選任辯護人，並提出委任書狀於最高法院。可見每一審選任之辯護人，祇存續於該審判決終結後。

第二節　訴訟輔導

訴訟輔導，是運用輔導學上的談話 (Interview) 與諮商 (Counseling) 的臨床方法與技術，指引訴訟當事人如何進行訴訟的誘導過程。訴訟輔導，雖然包含刑事訴訟、民事訴訟、行政訴訟與選舉訴訟等四方面的輔導，但目前青少年因涉及刑事問題者較多，因此本節偏重刑事訴訟方面的輔導。

一、自首的輔導

自首是指行為人於犯罪後，在未被偵查機關發覺之前，主動向檢察官或司法警察官，告知自己之犯罪事實，並願意接受法律之制裁者也。自首，依刑事訴訟法的規定，應以言詞或書狀向檢察官或司法警察官為之；以言詞自首者，應制作筆錄。以書狀自首者，應載明自首人之姓名、性別、年齡（出生年月日）、職業、籍貫、住居所、身分證統一編號及自首之犯罪行為……等資料。由於刑法第六十二條有「對於未發覺之罪自首而受裁判者，得減輕其刑……」之規定，故任何人於犯罪後，在尚未被偵查機關發覺之前，有關之親屬、朋友應輔導其主動向檢察官或司法警察官自首。

二、告訴的輔導

　　告訴是指犯罪受害者或其有關之親屬，在犯罪受害後，向偵查機關告知犯罪被害之事實，並請求追訴犯罪人之犯罪行為者也。依刑事訴訟法的規定，「犯罪之被害人，得為告訴」，「被害人之法定代理人或配偶，得獨立告訴」，「被害人已死亡者，得由其配偶、直系血親、三親等內之旁系血親、二親等內之姻親或家長、家屬告訴。但告訴乃論之罪，不得與被害人明示之意思相反」。告訴，應以言詞或書狀向檢察官或司法警察官為之。以言詞為之者，應制作筆錄；以書狀為之者，應載明告訴人之姓名、身分證統一編號、性別、年齡（出生年月日）、職業、籍貫、住居所、電話號碼、告訴之犯罪受害事實及證據等資料。告訴，在使犯罪之加害者能繩之以法，接受法律的制裁，以慰撫受害者不平、不滿的心理狀態，維護受害者生命、身體與財產的法益。故因犯罪而受害者，應輔導其向檢察官或司法警察官提起告訴，不必礙於情面、不必擔心損害名譽。

三、選任辯護人的輔導

　　辯護人是協助、輔導被告或犯罪嫌疑人，如何就法律與事實方面，為有利於自己之辯解之「得力助手」。依刑事訴訟法的規定，「被告得隨時選任辯護人。犯罪嫌疑人受司法警察官或司法警察調查者，亦同」，「被告或犯罪嫌疑人之法定代理人、配偶、直系或三親等內旁系血親或家長、家屬，得獨立為被告或犯罪嫌疑人選任辯護人」，「每一被告選任辯護人，不得逾三人」。由於辯護人應選任律師充當，故選任時應注意律師的品德、操守、信譽、資歷、法律素養、辯才等條件。

四、再議聲請的輔導

　　再議是指告訴人不服檢察官所為之不起訴或緩起訴處分，以書狀聲請再為偵查的程序。依刑事訴訟法的規定，「告訴人接受不起訴或緩起訴處分書後，得於七日內以書狀敘述不服之理由，經原檢察官向直接上級法院檢

察署檢察長或檢察總長聲請再議。……」，故告訴人所告訴之被害事實，及追訴之意思表示，經檢察官為不起訴或緩起訴處分後，告訴人如有不服，應指導其書寫書狀，敘述不服之理由，於法定之七日內，向原為不起訴或緩起訴處分之檢察官之直接上級法院檢察署檢察長或檢察總長聲請再議。但被告已向被害人道歉、或立悔過書、或支付相當數額之慰撫金並經告訴人同意者，告訴人不得聲請再議。

五、自訴的輔導

自訴是犯罪被害人在律師陪同下，主動向該管地方法院按鈴申告，告知自己被害之事實，請求法院制裁犯罪行為人的訴訟程序。依刑事訴訟法的規定，「犯罪之被害人得提起自訴。但無行為能力或限制行為能力或死亡者，得由其法定代理人、直系血親或配偶為之」，「自訴，應向管轄法院提出自訴狀為之。……」，故犯罪被害人提出自訴時，應指導其記載被告人之姓名、性別、年齡、籍貫、職業、住所或居所，或其他足資辨別之特徵，及犯罪事實與證據，向有管轄權之地方法院自訴之。自訴狀應按被告之人數，提出繕本。如自訴人不能提出自訴狀者，得以言詞為之，唯應由書記官制作筆錄。

自訴與公訴不同，公訴是檢察官偵查犯罪案件後，代表國家向有管轄權的地方法院，告訴犯罪人的犯行，聲請法官予以法律制裁所提起的追訴；而自訴是犯罪被害人，不經偵查之程序，向檢察官提起告訴，而逕向該管地方法院告知自己因犯罪而被害的事實，請求法院制裁犯罪行為人所提起的私人追訴程序。我國的刑事訴訟制度，除採用國家追訴主義外，兼採私人追訴主義，故容許犯罪被害人直接向該管地方法院提起自訴，但犯罪被害人死亡者，得由其法定代理人、直系血親或配偶為之。唯提起自訴，仍有限制，譬如對於直系尊親屬或配偶，不得提起自訴；告訴或請求乃論之罪，已不得為告訴或請求者，不得再行自訴；同一案件經檢察官終結偵查者，不得再行自訴；同一案件經提起自訴者，不得再行告訴等，因自訴之制度仍有限制，故對於有意提起自訴之犯罪被害人或有關之親屬得加以指

導。例如對於未滿十八歲之犯罪人，不得提起自訴是。

六、上訴的輔導

上訴是指訴訟當事人，對於法院之判決不服，請求上級法院撤銷或變更原判決的訴訟救濟程序。依刑事訴訟法的規定「當事人對於下級法院之判決有不服者，得上訴於上級法院，如自訴人於辯論終結後，喪失行為能力或死亡者，得由其法定代理人、直系血親或配偶代為上訴之提起」，「告訴人或被害人對於下級法院之判決有不服者，亦得具備理由，請求檢察官上訴……」，「檢察官為被告之利益，亦得上訴」，「被告之法定代理人或配偶，得為被告之利益獨立上訴」，「原審之代理人或辯護人得為被告之利益而上訴」，「檢察官對於自訴案件之判決，得獨立上訴」等，由於提起上訴為要式行為，且須於判決書送達後十日內為之，故應指導上訴之當事人、告訴人、被害人以及得提起上訴之法定關係人，於法院判決書送達後十日內，書寫上訴書狀，向原審法院提出之。唯上訴書狀，應按他造當事人之人數，提出繕本。

目前各級法院為輔導訴訟當事人，如何進行訴訟程序，如何撰寫訴訟書狀，皆於書記處設有訴訟輔導諮詢部門。另臺北、桃園、新竹、臺中、彰化、雲林、嘉義、臺南、高雄、屏東等律師公會，亦設有平民法律扶助，以電話、書信、面談解說的方式，為民眾解答疑義、輔導訴訟、並備法律諮詢。又臺灣大學、政治大學、中興大學、東吳大學、輔仁大學、東海大學等法律服務社，亦設有大學法律服務，以電話、書信、面談解說的方式，為大學生提供法律諮詢及解答疑義的服務。而各縣（市）政府，亦相繼聘有法律顧問，為民眾提供法律諮詢之服務。

研究問題

一、何謂辯護人？如何選任辯護人？

二、何謂辯護制度？何謂訴訟輔導？

三、何謂自首？何謂自訴？

四、起訴與自訴有何不同？

第五章　解決紛爭的法律途徑

第一節　解決紛爭的訴訟程序

訴訟之程序，依其性質之不同，可分民事訴訟、刑事訴訟、行政訴訟與選舉訴訟等四種，茲依序分述之：

一、民事訴訟

民事上的私權爭執，得依民事訴訟法的規定，由原告向被告之住所地有管轄權的法院，提起民事訴訟解決之。

(一)民事訴訟的意義

民事訴訟是指當事人為保護其既有之私權，當私權遭受侵害或有遭受侵害之虞時，訴請法院以公權力排除其侵害，所踐行的訴訟程序。

(二)民事訴訟的當事人

民事訴訟的當事人，稱為兩造當事人，一為原告，一為被告。原告是指向法院提起訴訟，請求保護其私權之人；被告是指被起訴之他造，侵害權利之特定人。民事訴訟的當事人，不限於自然人、法人（公法人或私法人）或團體，亦得為訴訟當事人。且二人以上亦得為共同訴訟人，一同起訴或一同被訴。對於兩造之訴訟有法律上利害關係之第三人，為輔助一造起見，於該訴訟繫屬中亦得為參加。

(三)民事訴訟的第一審程序

民事訴訟的第一審程序，除調解程序外，茲就通常訴訟程序與簡易訴訟程序和小額訴訟程序三項，分述之：

1.通常訴訟程序

通常訴訟程序，由當事人向被告住所地之法院為起訴而開始。起訴，應以書狀載明當事人之姓名、住所或居所（當事人為法人或其他團體者，其名稱及事務所或營業所），法定代理人、訴訟代理人之姓名、住所或居

所，訴訟之事件或標的，應為之聲明或陳述，供證明或釋明用之證據，附屬文件等，提出於法院為之。法院於受理民事訴訟案件後，應即為言詞辯論之準備，並擇定期日，開庭審判，一方面為兩造當事人間之言詞辯論，一方面調查證據，如有成立和解之望者，得試行和解；如訴訟達於可為裁判之程度者，應即為終局判決；如各種獨立之攻擊、防禦方法或中間之爭點，達於可為裁判之程度者，得為中間判決。言詞辯論期日，當事人之一造不到場者，得依到場當事人之聲請，由其一造辯論而為判決；當事人於言詞辯論時，為訴訟標的之捨棄或認諾者，應本於其捨棄或認諾為該當事人敗訴之判決。

2.簡易訴訟程序

關於財產權之訴訟，其標的之金額或價額在新臺幣五十萬元以下者，適用簡易程序。但下列各款訴訟，不問其標的金額或價額一律適用簡易程序：

⑴因建築物或其他工作物定期租賃或定期借貸關係所生之爭執涉訟者。

⑵僱用人與受僱人間，因僱傭契約涉訟，其僱傭期間在一年以下者。

⑶旅客與旅館主人、飲食店主人或運送人間，因食宿、運送費或因寄存行李、財物涉訟者。

⑷因請求保護占有涉訟者。

⑸因定不動產之界線或設置界標涉訟者。

⑹本於票據有所請求而涉訟者。

⑺本於合會有所請求而涉訟者。

⑻因請求利息、紅利、租金、退職金及其他定期給付涉訟者。

⑼因動產租賃或使用借貸關係所生之爭執涉訟者。

⑽因第一款至第三款、第六款至第九款所定請求之保證關係涉訟者。

但如有不合於適用簡易程序之訴訟案件，經當事人之同意，亦得適用之。

3.小額訴訟程序

關於請求給付金錢或其他代替物或有價證券之訴訟，其標的金額或價額在新臺幣十萬元以下者，適用小額程序。但法院認適用小額程序為不適當者，得依職權以裁定改用簡易程序，並由原法官繼續審理，當事人不得聲明不服。

若訴訟標的金額或價額在新臺幣五十萬元以下者，得以當事人之合意適用小額程序，其合意應以文書證之。

(四)民事訴訟的上訴審程序

對於第一審之終局判決，得上訴於管轄第二審之法院。提起上訴，應以上訴書狀表明：當事人及法定代理人，對於第一審判決不服之程度及應如何廢棄或變更之聲明。上訴狀內，宜記載新事實及證據，或其他準備言詞辯論之事項等，提出於原第一審法院為之。對於第二審之終局判決，除別有規定外，得上訴於管轄第三審之法院。提起上訴，應於上訴狀內，表明上訴之理由，並添具關於上訴理由之必要證據，記載因上訴所得受之利益，向原判決法院為之。

(五)民事訴訟的抗告程序

對於法院之裁定，得為抗告。故當事人或訴訟關係人對於法院未確定之裁定，得向為裁定之原法院或原審判長所屬之法院，提出抗告狀為之。唯訴訟程序進行中所為之裁定，除別有規定外，不得抗告；不得上訴於第三審法院之事件，其第二審法院所為之裁定，不得抗告；受命法官或受託法官之裁定，不得抗告。抗告，除別有規定外，由直接上級法院裁定。

(六)民事訴訟的再審程序

法院所為之確定判決，當事人之私權爭執問題原已獲得解決，不應再推翻或請求其再審。但如有民事訴訟法第四百九十六條、第四百九十七條及第四百九十八條規定之法定原因者，得提起再審之訴。

(七)民事爭執的督促程序

民事爭執之督促程序，是指債權人聲請法院發支付命令，督促債務人給付一定數量之金錢或其他代替物或有價證券。而法院不訊問債務人，就

支付命令之聲請為裁定之程序。此項督促程序，債務人得不附理由於二十日之不變期間內向法院提出支付命令全部或一部之異議。

㈧民事爭執的保全程序

民事爭執的保全程序，是指債權人聲請法院對於特定的債務人實施假扣押以及假處分，以保全強制執行的程序。保全程序與督促程序同樣是非訟事件。

㈨公示催告程序

公示催告程序，是指法院依聲請人之聲請，以公示催告之方式，將申報權利之期間及在期間內應為申報之催告等事項，黏貼於法院之公告處，並登載於公報、新聞紙或其他相類之傳播工具，使不明之利害關係人於法定之期限內，依法申報權利之非訟程序。

二、刑事訴訟

刑事上的犯罪案件，得依刑事訴訟法的規定，向偵查機關告發或提起告訴；亦得逕向有管轄權之地方法院自訴之。

㈠刑事訴訟的意義

刑事訴訟是指國家對於刑事被告，為確定是否有犯罪事實，以便行使刑罰權所為的審判程序。

㈡刑事訴訟的當事人

刑事訴訟的當事人，包括檢察官、自訴人與被告。檢察官是代表國家偵查、起訴犯罪的公務員，其任務是：當犯罪被害人向檢察機關提起告訴；或知有犯罪嫌疑之人，向檢察機關所為之告發，檢察官均應主動實施偵查，並將足認有犯罪嫌疑之人向該管地方法院起訴。而自訴人是因犯罪而受害之人，主動向該管法院起訴，告知自己被害之事實，請求法院行使刑罰權以懲戒其不法之加害人。至於被告，即有犯罪嫌疑之他造當事人。

㈢刑事訴訟的程序

刑事訴訟的程序，大致有偵查程序、起訴程序、審判程序、執行程序等，茲分述之：

1.偵查程序

偵查程序是刑事訴訟的最初階段，由代表國家行使追訴權的檢察官，就告訴、告發、自首等的犯罪案件，實施追訴前之偵查。偵查時，採不公開主義，但得傳訊被告或犯罪嫌疑人，以確定是否有犯罪之嫌疑。

2.起訴程序

檢察官依偵查所獲得之證據，足認為被告有犯罪嫌疑者，應向該管地方法院提起公訴。被告之所在不明者，亦應提起公訴。檢察官之提起公訴，無異以國家之名義，代替被害人為訴訟行為。至於有行為能力之犯罪被害人，逕向有管轄權之法院所為之自訴，亦屬於起訴程序。

3.審判程序

犯罪案件經提起公訴或自訴後，代表國家之法院法官，應即依法踐行審判程序，傳喚原告、被告之兩造當事人，以及得以參加訴訟之關係人，就法律與事實方面，為攻擊及防禦之言詞辯論，並就證據之調查結果，為被告是否犯罪之判決，並作為刑罰權行使之依據。

4.執行程序

法院法官對於刑事被告為判決確定後，應即執行其所科處之刑罰，以實現其國家刑罰權之目的。通常刑事訴訟之執行程序，除依其性質應由法院、審判長、受命法官、受託法官指揮者外，由檢察官指揮之。

5.上訴程序

訴訟當事人對於下級法院之判決有不服者，得上訴於上級法院。告訴人或被害人對於下級法院之判決有不服者，亦得具備理由，請求檢察官上訴。檢察官為被告之利益，亦得上訴。故上訴程序是不服下級法院之判決，向上級法院所為之訴訟救濟程序❶。

6.抗告程序

訴訟當事人對於法院之裁定有不服者，除有特別規定不得抗告之裁定外，得以抗告書狀，敘述抗告之理由，向直接上級法院為抗告。唯此項抗

---

❶　我國司法制度，自履行審檢分隸後，地方法院、高等法院、最高法院等各級法院，均直隸於司法院。

告書狀，應提出於原審法院為之。

7.再審程序

判決確定後，為受判決人之利益或不利益，如確有再審之法定原因，有聲請權人得依法以再審聲請書狀，敘述理由，附具原判決之繕本及證據，提出於再審管轄法院為之。

8.非常上訴程序

刑事案件經判決確定後，檢察官如發見該案件之審判，係違背法令者，應具意見書將該案卷宗及證物送交最高法院檢察署之檢察總長，聲請提起非常上訴。最高法院檢察署之檢察總長，經審查後認為該案件之審判確有違背法令之事證者，得向最高法院提起非常上訴。

9.簡易程序

輕微之罪情，第一審法院依被告在偵查中之自白，或其他現存之證據，已足認定其犯罪者，得因檢察官之聲請，逕以簡易判決處刑，不必踐行通常之審判程序。

10.協商程序

輕微的罪情，經檢察官提起公訴或聲請簡易判決，而在第一審言詞辯論終結前或簡易判決處刑前，檢察官得徵詢被害人之意見，經同意後聲請法院准於審判外進行協商，促請被告向被害人道歉或支付賠償金等，以迅速終結審判程序。

11.附帶民事訴訟

在刑事訴訟程序中（第二審辯論終結前），得附帶提起民事訴訟，即因犯罪而受有損害之人，得對於被告及依民法負賠償責任之人，請求賠償其損害。

㈣刑事訴訟與民事訴訟的不同

刑事訴訟與民事訴訟，同樣採取三級三審制，同樣採取言詞辯論主義、直接審理主義，但也有其不同之處：

1.目的不同

刑事訴訟以實施國家刑罰權，制裁犯罪人為目的。民事訴訟以保護私

人權利，解決民事上之爭執為目的。

2.適用法律不同

　　刑事訴訟在實體法上，係適用刑法、刑法之特別法、以及其他定有刑罰規定之法律。在程序法上，則以刑事訴訟法為訴訟程序的準繩，民事訴訟在實體法上，係適用民法、民法之特別法、以及其他私法。在程序法上，則以民事訴訟法為訴訟程序的準繩。

3.程序不同

　　⑴起訴程序不同　刑事訴訟採國家追訴主義，犯罪案件先由檢察官實施偵查，倘若有事證足認為有犯罪嫌疑者，才依職權提起公訴，而自訴程序為例外。民事訴訟採處分權主義，訴訟開始與終結由當事人決定。

　　⑵審理程序不同　刑事訴訟採改良式當事人進行主義，以當事人進行主義為原則，職權調查主義為例外。民事訴訟採當事人進行主義及辯論主義。

　　⑶救濟程序不同　刑事訴訟，設有非常上訴之程序，以匡正違背法令之確定判決。民事訴訟，則僅設有再審之程序，以救濟適用法規與認定事實錯誤之確定判決，無非常上訴之制度。

三、行政訴訟

　　人民遭受中央或地方機關的違法行政處分，認為損害其權利或法律上利益，經依訴願法的規定提起訴願，而不服其決定者，得提起行政訴訟以謀救濟。

㈠行政訴訟的意義

　　行政訴訟是指人民因中央或地方機關的違法行政處分，致認為有損害其權利或法律上之利益，經依訴願法的規定，提起訴願而不服其決定，或提起訴願逾三個月不為決定，或延長訴願決定期間逾二個月不為決定，而向高等行政法院提起撤銷的訴訟行為。

㈡提起行政訴訟的要件

　　人民提起行政訴訟，必須具備下列之要件之一，並以書狀向高等行政法院為之。

1.公法上之爭議。

2.選舉罷免事件之爭議。

3.人民因中央或地方機關之違法行政處分，認為損害其權利或法律上之利益，經依訴願法提起訴願而不服其決定，或提起訴願逾三個月不為決定，或延長訴願決定期間逾二個月不為決定者。

4.人民因中央或地方機關對其依法申請之案件，於法令所定期間內應作為而不作為，認為其權利或法律上利益受損害，經依訴願程序者。

5.人民因中央或地方機關對其依法申請之案件，予以駁回，認為其權利或法律上利益受違法損害，經依訴願程序者。

6.人民與中央或地方機關間，因公法上原因發生財產上之給付或請求作成行政處分以外之其他非財產上之給付者。

7.人民為維護公益，就無關自己權利及法律上利益之事項，對於行政機關之違法行為，得提起行政訴訟。但以法律有特別規定者為限。

㈢行政訴訟的當事人

行政訴訟的當事人，依修正行政訴訟法第二十三條的規定，包括原告、被告及參加訴訟之人，唯當事人得委任代理人代理訴訟。

⑴原告　即因中央或地方機關的違法行政處分，致權利或法律上利益受有損害之特定人，所提起之行政訴訟的一造當事人。

⑵被告　即指駁回訴願時之原處分機關，或撤銷或變更原處分或決定時，為最後撤銷或變更之機關。

⑶參加訴訟之人　即高等行政法院命有利害關係之第三人參加訴訟之特定人，或因第三人之聲請，允許其參加訴訟之特定人。

㈣行政訴訟的起訴期間

行政訴訟的提起，應於訴願決定書送達後二個月之不變期間內為之。但因天災或其他不應歸責於己之事由，致遲誤不變期間者，於其原因消滅後一個月內，得向高等行政法院聲請回復原狀，許可其起訴。

㈤行政訴訟的判決

高等行政法院經審查書狀，或為言詞辯論，或為調查證據後，如認為

原告之起訴有理由者，應以判決撤銷或變更原處分或決定。其附帶請求被告機關損害賠償者，並應為判決。如認為起訴無理由者，應以判決駁回之。其附帶請求被告機關損害賠償者，亦同。高等行政法院之判決，就其事件有拘束各關係機關之效力。同時行政訴訟的當事人，對於高等行政法院的裁判不服，得上訴於最高行政法院。

四、選舉訴訟

　　民主的政治制度，人民有參與政治活動的機會。人民不但在憲法上享有選舉權，同時也享有被選舉權。人民的選舉權不容許他人任意剝奪、支配，或以強暴、脅迫或其他非法之方法，妨害其自由行使的權利。人民的被選舉權也應該在法律的保障下，公平合理的去從事爭取票源的競選活動，絕不容許以賄賂、期約、利誘等非法手段，使選舉發生不公正的結果。故人民的選舉權與被選舉權的行使有違反法律的規定者，得以選舉訴訟的程序，使其接受法律的制裁與懲罰。

㈠選舉訴訟的意義

　　選舉訴訟是指檢察官代表國家，對於違法的選舉人或被選舉人，向有管轄權的法院所提起的訴訟行為。一般而言，選舉人或被選舉人在選舉期日前的競選活動，如有確切的違法事證，任何人均得向檢察官告發，有利害關係之被選舉人（候選人）除得向檢察官告發外，亦得向有管轄權之法院提起自訴。檢察官偵查經告發之案情後，如認為選舉人或被選舉人，在選舉前之競選活動期間，確有違法之事證者，應向該管法院提起公訴，追訴制裁之。

㈡提起選舉訴訟的案件

　　提起選舉訴訟，必須選舉人（投票人）或被選舉人（候選人）有下列之違法行為：

　　1.以強暴、脅迫或其他非法之方法，妨害他人自由行使法定之政治上選舉權或其投票權者。

　　2.有投票權之人，要求期約或收受賄賂或其他不正當利益，而許以不

行使其投票權或為一定行使之承諾者。

　　3.對於有投票權之人，行求期約或交付賄賂或其他不正利益，而約其不行使投票權或為一定行使之承諾者。

　　4.以生計上之利害，誘迫投票人不行使其投票權或為一定行使之承諾者。

　　5.以詐術或其他非法之方法，使投票發生不正確之結果或變造投票之結果者。

　　6.妨害或擾亂投票者。

　　7.選舉委員會辦理選舉違法，足以影響其選舉結果者。

　　8.當選人當選票數不實，足以影響其選舉結果者。

　　9.當選人違反自辦政見發表會之規定，經監察人員書面制止不聽者。

　　10.當選人資格不符規定或經檢覈合格之候選人資格被撤銷者。

(三)選舉訴訟的當事人

　　選舉訴訟的當事人，包括公訴人、起訴人與被告。公訴人是指檢察官就舉發、告發之選舉無效之訴、當選無效之訴、以及選舉人或被選舉人之選舉爭訟事件，經偵查後，所提起之公訴；由於檢察官係代表國家，追訴不法之犯罪行為，故亦稱公訴人。起訴人是指有利害關係人，如被選舉人（候選人），向有管轄權之法院，就他造當事人之違法競選，所為之起訴。被告，雖指有違法嫌疑之他造當事人，但在提起選舉無效之訴中，係以各該選舉委員會為被告；在提起當選無效之訴中，係以當選人為被告。

(四)選舉訴訟的判決

　　選舉訴訟之判決，得就刑罰之科處、選舉之無效與當選之無效等分述之：

　　1.刑罰之科處

　　選舉人或被選舉人，於選舉期間如有觸犯刑法之規定，經由法院審判認定罪證確鑿者，應為刑罰之科處；但被判決人如有不服，得依法上訴於直接上級法院。

2.選舉之無效

選舉委員會辦理選舉違法，經檢察官或候選人於投票結果，當選人名單公告之日起十五日內，向管轄法院提起選舉無效之訴。其選舉無效之訴，經法院判決無效確定者，其選舉無效，應即定期重行選舉。如其違法屬選舉之局部者，局部之選舉無效，應就該局部無效部分定期重行投票。但局部無效部分顯不足以影響選舉之結果者，不在此限。

3.當選之無效

當選人如有當選票數不實之情況，或在競選時違反自辦政見發表會之規定，經監察人員以書面制止不聽之事實，或當選後發見資格不符規定或經檢覈合格之候選人資格被撤銷者，選舉委員會、檢察官或同一選舉區之候選人，得於法定之期限內，向該管轄法院提起當選無效之訴。其當選無效之訴，經判決無效確定者，其當選無效。

第二節　解決紛爭的非訟程序

解決紛爭之非訟程序，通常有和解、調解與仲裁等三種，茲略述之。

一、和　解

和解是當事人雙方，約定互相讓步，和平解決了爭端，終止了糾紛的非訟程序。就刑事案件而言，法院對於告訴乃論的罪情，並不主動參與當事人雙方的調停，並試行和解。

就民事爭執事件而言，法院對於訴訟當事人間，不問訴訟程度如何，如認為有成立和解之望者，得於言詞辯論時，使受命法官或受託法官，試行和解。故和解是由法院或受命法官或受託法官的調停，而和平解決民事案件的爭執，中止了訴訟程序。依民事訴訟法的規定，因試行和解，得命當事人或法定代理人本人到場。經試行和解而成立者，應制作和解筆錄，並於十日內以正本送達於當事人。和解成立者，與確定判決有同一效力。

二、調　解

調解是協調兩方意見、解決爭議的非訟程序。

依「勞資爭議處理法」的規定，勞資爭議當事人申請調解時，應向直轄市或縣（市）主管機關提出調解申請書，並由主管機關指派一人或三人，當事人雙方各選定一人，組成勞資爭議調解委員會，而由直轄市、縣（市）主管機關代表中一人為主席，召開會議，指派委員調查事實，提出調查結果及解決方案，經出席委員過半數之同意，作成調解方案調解之。

依「鄉鎮市調解條例」的規定，人民的民事事件或告訴乃論的刑事事件的爭執，得由當事人向鄉鎮市調解委員會，以書面或言詞聲請調解。調解委員會由委員七人至十五人組織之，並互選一人為主席（鄉鎮市行政區域遼闊、人口眾多或事務較繁者，其委員名額得由縣政府酌增之。但最多不得超過二十五人），其委員由鄉鎮市長就鄉鎮市內具有法律知識或其他專業知識及信望素孚之公正人士，提出加倍人數後，並將其姓名、學歷、經歷等資料，分別函請管轄地方法院或其分院及地方法院或其分院檢察署共同審查，遴選符合資格之規定名額，報縣政府備查後聘任之，任期四年。連任續聘時亦同。調解委員會應有調解委員三人以上出席，始得調解，但經兩造當事人之同意，得由調解委員一人逕行調解，調解成立時，應作成調解書。調解程序，由調解委員於當地鄉鎮市公所或其他適當之處所行之，得不公開，唯調解時應審究事實真相及兩造爭議之所在，必要時得調查證據，並得通知有利害關係之第三人參加調解。調解委員應本和平、懇切之態度，對兩造當事人為適當之勸導，並徵詢列席協同調解人之意見，就調解事件酌擬公正合理辦法，力謀雙方之協和。調解成立後，調解委員會應作成調解書，由鄉鎮市公所於調解成立之日起十日內，將調解書及卷證送請移付或管轄之法院審核，調解經法院核定後，當事人就該事件不得再行起訴、告訴或自訴。

關於民事事件的調解，民事訴訟法亦有周詳的規定，舉凡財產權的爭執，其標的之金額或價額在訴訟利益新臺幣五十萬元以下；或者兩造當事

人之爭執，係因增加或減免不動產之租金或地租所發生之爭執；或僱用人
與受僱人間，因僱傭契約所發生之爭執；或因道路交通事故或醫療糾紛所
發生之爭執；或因定不動產之界線或設置界標所發生之爭執；或因不動產
共有人間，因共有物之管理、處分或分割所發生之爭執等民事事件，於起
訴前應經法院調解。但當事人亦得於起訴前，向管轄法院聲請調解。唯應
表明為調解標的之法律關係及爭議之情形。法院之調解程序由調解法官於
法院或其他適當之處所行之，不用開庭之形式，並得不公開，當事人兩造
各得推舉一人至三人為調解人（應同數），於期日到場，協同調解。法院於
必要時，得命當事人或法定代理人本人於調解期日到場，並得命有利害關
係之第三人於調解期日參加調解。調解法官行調解時，應審究事件關係，
兩造爭議之所在，必要時得調查證據。同時應本和平懇切之態度，對兩造
當事人為適當之勸導，徵詢調解人之意見，就調解事件，酌擬平允辦法，
力謀雙方之協和。調解經兩造當事人之合意而成立；調解一經成立，與訴
訟上和解有同一效力。

三、仲　裁

　　仲裁是指對於兩造當事人間之爭議，居中予以裁奪、調停與解決，使
雙方平息其爭議、糾紛的非訟程序。

　　依勞資爭議處理法的規定，凡權利事項的勞資爭議，勞方當事人得向
法院提起訴訟；而調整事項的勞資爭議得依法調解仲裁之，故凡調整事項
的勞資爭議，調解不成立者，經爭議當事人雙方之申請，應交付勞資爭議
仲裁委員會仲裁；而調解事項之勞資爭議，經當事人雙方同意，得不經調
解，逕付仲裁。申請仲裁，應向直轄市、縣（市）主管機關提出仲裁申請
書；並檢附調解紀錄或不經調解之同意書；直轄市、縣（市）主管機關，
應於接到仲裁申請書後，組成勞資爭議仲裁委員會處理之。勞資爭議仲裁
委員會以委員三人至五人組成之，其中勞資爭議當事人雙方，各選定公正
並富學識經驗之仲裁委員一人，並由雙方當事人所選定之仲裁委員於仲裁
委員名冊中，共同選定一人或三人（共推一人為主任仲裁委員，並為會議

主席）。同時於執行勞資爭議之仲裁時，應有三分之二以上委員之出席，並經出席委員四分之三以上之同意，始得作成仲裁判斷。勞資爭議仲裁委員會作成仲裁後，應於十日內作成仲裁判斷書，報由直轄市、縣（市）主管機關送達勞資爭議雙方當事人。勞資爭議當事人對於勞資爭議仲裁委員會之仲裁判斷，不得聲明不服，但於仲裁程序進行中得自行和解。

　　至於民事爭議之仲裁，依仲裁法之規定，凡有關現在或將來之爭議，依法得和解者，當事人得訂立仲裁協議，約定由仲裁人一人或單數之數人成立仲裁庭仲裁之。仲裁人應選任具有法律或各業專門知識、經驗，且信望素孚之公正人士充當之；仲裁協議，如未約定仲裁進行程序，仲裁庭應於接獲為仲裁人之通知日起十日內，決定仲裁處所及詢問期日，通知雙方當事人，並於仲裁期日，詢問雙方當事人，使雙方當事人為充分陳述機會，必要時並就當事人所提主張為事證之調查，亦得通知證人或鑑定人到場應詢。仲裁庭之仲裁，應於六個月內作成判斷書，如仲裁已達於可為判斷之程度者，應宣告詢問終結，於十日內作成判斷書，並將判斷書之正本，送達於當事人；同時另備正本，連同送達證書，送請仲裁地法院備查。仲裁人之判斷，於當事人間，與法院之確定判決，有同一效力，故凡以給付金錢或其他代替物或有價證券之一定數量為標的者，或者以給付特定動產為標的者，如當事人雙方曾以書面約定仲裁判斷無須法院裁定，即得逕為強制執行者，得逕為強制執行。

研究問題

一、試述民事訴訟與刑事訴訟的異同。

二、何謂行政訴訟？行政訴訟的要件如何？

三、何謂賄選？何謂期約？公職候選人之選舉，其候選人如有交付賄賂或行求期約之行為，當選是否有效？

第四編　我國主要法律的內容

第一章　中華民國憲法

第一節　中華民國憲法的序言及總綱

一、中華民國憲法的意義

憲法一詞，英文稱為 Constitutional Law，而 Constitution 字源於拉丁文 Constitutio，原本是建築房屋之意，其後竟引申為糾紛解決與組織之意，最後再用以表示命令。而中華民國採用憲法一詞，似由日文傳譯而來，其實往昔古代已有憲法之說，例如尚書：「監於先王成憲。」國語：「賞善罰姦，國之憲法。」管子立政篇：「正月之朔，百官在朝，君乃出令布憲。憲已布，有不行憲者，罪在不赦。」韓非子非命上篇：「先王立國，所以出國布施百姓者憲也。」唯我國古時稱憲為公布法令之行為，與現代所稱憲法之涵義不同❶。中華民國國父孫中山先生，曾為憲法定義為：「憲法者，國家之構成法，人民權利之保障書也」，與現代多數憲法學者對憲法所下的定義大致相同，故中華民國憲法是規定國家的基本組織及國家與人民相互間權利與義務關係的根本法❷。

二、中華民國憲法的性質

㈠中華民國憲法是成文憲法

憲法從其制定的形式而言，有成文憲法與不成文憲法之別。成文憲法

---

❶ 摘錄自朱元懋著　中華民國憲法精義（49.5 著作者發行）第一頁。

❷ 引自❶朱元懋著　中華民國憲法精義　第一頁。

是將國家的基本組織、人民的權利與義務等有關的事項，以通行的文字有系統的制作成文書，並經完成立法程序，而由總統公布施行的國家法典，例如美國的憲法、法國的憲法等均是成文憲法。而不成文憲法是關於國家的基本組織、人民的權利與義務等事項，未曾以通行的文字有系統的制作成文書，而是散見於習慣法以及多種單行法律之中，例如英國的憲法便是不成文憲法。中華民國憲法，是由國民大會受全體國民之付託，以國家通行的文字制定而成，故為成文憲法❸。

㈡中華民國憲法是剛性憲法

憲法從其修改的程序而言，有剛性憲法與柔性憲法之分。剛性憲法是指憲法的修改，必須依一定的程序，不能以普通的立法程序變更憲法。例如美國的聯邦憲法，便是剛性憲法。柔性憲法是指憲法的修改，與普通的立法程序相同，例如英國的憲法，便是柔性憲法。中華民國憲法的修改，有一定的程序，例如一、由國民大會代表總額五分之一之提議，三分之二之出席，及出席代表四分之三之決議，得修改之（國民大會虛級化之後，此項憲法的修改權，已凍結、不適用）。二、由立法院立法委員四分之一之提議，四分之三之出席，及出席委員四分之三之決議，擬定憲法修正案提請中華民國自由地區選舉人投票複決。而不能以普通的立法程序變更憲法，故中華民國憲法是剛性憲法❹。

㈢中華民國憲法是民定憲法

憲法從其制定的程序而言，有欽定憲法、協定憲法與民定憲法之分。凡憲法是由君主制定的，稱為欽定憲法，例如西元一八一九年的日本憲法是。凡憲法是由君主與人民協同制定的，稱為協定憲法，例如西元一二一五年的英國大憲章是。凡憲法是由全體人民制定的，稱為民定憲法，例如西元一九四七年的中華民國憲法是。中華民國憲法，雖然是由國民大會代

---

❸　參考自❶朱元懋著　中華民國憲法精義　第一頁及第二頁，以及管歐著　憲法新論（65.5 五南圖書出版公司印行）第七頁。

❹　參考自❶朱元懋著　中華民國憲法精義　第二頁，及❸管歐著　憲法新論　第八頁及第九頁。

表，受全體國民之付託所制定，但國民大會代表，係由全體國民所選出，能代表全體人民之意思，故中華民國憲法是民定憲法❺。

㈣中華民國憲法是五權憲法

中華民國憲法，是依據孫中山先生創立中華民國之遺教所制定。而孫中山先生的遺教，可從三民主義、建國方略、建國大綱等遺著中窺其梗概。孫中山先生在三民主義的民權思想中，曾創立「權能區分」以及「五權憲法」的政治理論。所謂五權憲法，是將歐美慣行的立法、司法、行政等三權分立制，加上考試、監察等二權，而形成五權保持均衡發展的政治制度，中華民國憲法是將五權憲法的政治制度，以通行的文字有系統的制作成文書，規定五權的運作模式，供政府作為施政的依據，故中華民國憲法是五權憲法。

三、中華民國憲法的內容

中華民國憲法的內容，共十四章一百七十五條，於中華民國三十六年一月一日公布，同年十二月二十五日開始施行；唯政府遷臺後，因社會環境之變遷，民主政治之推展，致原有憲法的規定，已有多次之修正。

四、中華民國憲法的序文

中華民國憲法，在第一章總綱之前有一段序言，說明制憲的機關、制憲的權源、制憲的依據、制憲的目的等，例如「中華民國國民大會受全體國民之付託，依據孫中山先生創立中華民國之遺教，為鞏固國權，保障民權，奠定社會安寧，增進人民福利，制定本憲法，頒行全國，永矢咸遵」。

五、中華民國憲法的總綱

中華民國憲法在第一章總綱中，特就主義與國體、主權與歸屬、國籍與國民、領土與變更、民族與平等、國旗與式樣等事項，具體的加以規定，

---

❺　參考自❶朱元懋著　中華民國憲法精義　第二頁，及❸管歐著　憲法新論　第八頁。

茲分別舉述之。

㈠主義與國體

國體，是國家建立的根本體制。中華民國憲法對於國體有「中華民國基於三民主義，為民有、民治、民享之民主共和國」的規定，故中華民國是民主共和國。而中華民國的立國精神，是以實現民有、民治、民享之三民主義民主共和國為目的。

㈡主權與歸屬

主權，是自主自決的最高權力，不容許任何國家或任何人的侵犯與汙衊，對外有其獨立性、自主性，不受任何國家的干涉；對內有其最高性、絕對性，不受任何黨派的分割。主權是國家的構成要素之一，中華民國憲法有「中華民國之主權屬於國民全體」之規定。

㈢國籍與國民

國籍，是確定人民與國家間權利義務關係的身分取得、認定與記載。此處所稱的身分，當然是指國民的身分，包括國別、籍貫（出生地）及國民的人別資料。國籍的取得與認定，我國一向採屬人（血統）主義為原則，而以屬地（出生地）主義為輔助，「國籍法」已有極具體的規定。關於國籍和國民的認定，我中華民國憲法有「具有中華民國國籍者為中華民國國民」的規定。

㈣領土與變更

領土，是國家統治權所能及的領域，包括領陸、領海、領空等三方面，領陸是國家統治權範圍內的陸地；領海是領陸的沿海至公海之間的海面，普通以三浬為限，現已擴充至十二浬；領空是領陸與領海之上的空間。領土是國家構成的要素之一，國家在領土範圍內得行使統治權，並得排除他國的侵犯；有關領土之入憲，原中華民國憲法僅有「中華民國領土，依其固有之疆域，非經國民大會之決議，不得變更之」之規定。唯國民大會廢除之後，中華民國領土之變更，已改由立法院提議及決議，經中華民國自由地區選舉人投票複決（有效同意票過選舉人總額之半數）同意後變更之。

㈤民族與平等

中華民國雖然是屹立於亞洲，與日本、韓國等國家，同為黃種人，但是國內尚有漢、滿、蒙、回、藏、苗等不同習俗的民族，在過去文化尚未交融的閉塞時代，民族之間常有相互傾軋、殘殺之情事，中華民國誕生之後，一向主張民族之平等，同時對於國內之弱小民族，盡力扶植其發展，使之能自治自決。現今世界各國，將民族平等規定於憲法中者並不多，而中華民國憲法卻有「中華民國各民族一律平等」之規定。

㈥國旗與式樣

國旗是國家的標誌，世界各國均以國旗代表國家的靈魂、精神與存在。凡國旗飄揚之處，即為國力所到之處，國旗有至上的尊嚴，不容許任何國家、任何暴民的侮辱。損壞他國的國旗，小則須循外交途徑賠罪、道歉，大則引起戰爭，相互殺戮，所以無論對自己國家或他國之國旗，均應同樣尊重。關於中華民國的國旗與式樣，憲法有「中華民國國旗定為紅地，左上角青天白日」之規定。

研究問題

一、試解釋憲法的意義。

二、中華民國憲法的性質如何？請說明之。

三、中華民國憲法由何種機關所制定？其制憲的目的何在？

四、何謂國體？何謂主權？何謂國籍？何謂領土？請分別解釋之。

五、中華民國憲法關於國體、主權、國籍及領土有何規定？

第二節　人民的權利與義務

一、人民的權利

權利是法律所規定特定人得享有之法益，中華民國憲法所規定的人民的權利，得歸納為平等權、自由權、受益權及參政權等四大類，茲分述之。

㈠平等權

中華民國憲法有「中華民國人民，無分男女、宗教、種族、階級、黨派，在法律上一律平等」的規定，憲法上的所謂平等，其實是在取消往昔男女、宗教、種族、階級、黨派等各方面人為的不平等，使各人都立在同一水平線上，各自依憑天賦的聰明才智去求生存、求發展，並爭取政治上、教育上、法律上、社會上的同等待遇。

㈡**自由權**

自由是人類除生命以外，不可缺少的權利，故向有「不自由，毋寧死」的諺語。所謂自由，孫中山先生曾說：「自由的解釋，簡單言之，就是每個小單位在一個大團體中，能夠活動，來往自如，便是自由。」而英國的學者彌勒氏 (John Stuart Mill) 曾說：「一個人的自由以不侵犯他人的自由為範圍，才是真自由。」關於自由權的保障與享有，中華民國憲法規定的包括以下幾項：

⑴人民身體之自由　即人民除現行犯外，不容許他人非法逮捕、拘禁；非在法院不接受審問、處罰。

⑵居住及遷徙之自由　即人民的居住處所，不容許他人非法進入、侵占、搜索、封錮。人民的遷居、出境、居留外國，不容許他人非法干涉、剝奪與侵犯。

⑶言論、講學、著作及出版之自由　即人民有思想、意見表達之自由，以及著作人格權、財產權的保護，不容許他人非法剝奪、抄襲與侵犯。

⑷祕密通訊之自由　即人民以書信、電話、電報、傳真……等方式所為的通訊，不容許他人非法公開、竊聽、剝奪與侵犯。

⑸信仰宗教之自由　即人民的宗教信仰，信徒的聚會，不容許他人非法干涉與剝奪。

⑹集會及結社之自由　即人民的集會及結社，不容許國家或人民非法剝奪與侵犯。

㈢**受益權**

受益權是指人民得從國家的法律保障，享有特定利益的權利。此與自

由權不同，自由權是排除國家或人民的侵犯，並要求其不行為的權利；受益權是享有國家保障的利益，並要求其行為的權利；前者是消極的保護人民不受國家或他人的侵犯，後者是積極的謀取人民的福祉。關於受益權的保障與享有，中華民國憲法規定的可歸納為下列幾項：

⑴行政上的受益權　即人民有請願及訴願之權。

⑵司法上的受益權　即人民有民事、刑事以及行政之訴訟權。

⑶經濟上的受益權　即人民有生存權、工作權、財產權，以及中華民國憲法第十三章第四節暨增修條文第十條所規定有關社會福利事項之受益權。

⑷教育上的受益權　即人民有受國民教育之權利。

㈣參政權

參政權是人民參與國家的政治活動的權利。依據中華民國憲法的規定，人民享有的參政權，包括下列兩項：

⑴參與政權活動之權　即人民依法享有選舉、罷免、創制、複決之權。

⑵參與治權活動之權　即人民依法享有應考試及服公職之權。

二、人民的義務

人民的義務之規定於憲法，始於西元一七九五年之法蘭西 (France) 憲法，其後各國均相沿仿效，中華民國亦於西元一九四七年正式將人民的義務規定於憲法之中；所謂義務是指法律對於特定人所規定的應作為，或不應作為的限制，例如經營餐飲業，必須依法律規定繳納營業稅，這便是義務行為。關於人民的義務，中華民國憲法規定的有下列幾項：

㈠納　稅

人民必須依法律的規定，履行納稅的義務，例如土地所有權人，必須繳納土地稅；房屋所有權人，必須繳納房屋稅；機車所有權人，必須繳納牌照稅等。納稅必須依法律規定，法律無規定者，不必納稅，此稱為租稅法定原則（亦稱租稅法律主義）。

㈡服兵役

人民必須依法律的規定，履行服兵役的義務。唯此處的人民，是指具

有中華民國國籍的男子而言，且依兵役法的規定，男子年滿十八歲之翌年一月一日起，為役齡男子。

㈢受國民教育

受國民教育是一種權利，也是一種義務，所有年滿六歲的國民，必須接受國民教育；凡失學的國民，必須接受補習教育。

三、自由權利的保障及限制

人民之自由及權利，中華民國憲法雖一一加以列舉規定，唯難免有遺漏之處，故中華民國憲法乃有「凡人民之其他自由及權利，不妨害社會秩序公共利益者，均受憲法之保障」的補充規定。又為確切保障人民的自由權利，排除不法的限制，中華民國憲法又有「以上各條列舉之自由權利，除為防止妨礙他人自由、避免緊急危難、維持社會秩序或增進公共利益所必要者外，不得以法律限制之」的規定。故上述的「必要」，乃憲法上所延伸的比例原則（比例原則是指限制人民的自由權利，其必要性的目的與其執行的手段，必須寬嚴適中，合情合理，不得侵犯人民的自由權利，不得逾越必要的限制手段）。而限制人民的自由權利，必須有法律的規定可依據，此又稱為法律保留原則。

研究問題

一、何謂權利？中華民國憲法規定的人民的權利，包括那幾項？試舉述之。

二、何謂自由？中華民國憲法規定的人民自由權有那幾項？試列舉之。

三、何謂受益權？中華民國憲法規定的人民受益權有那幾項？試列舉之。

四、何謂參政權？中華民國憲法規定的人民參政權有那幾項？試列舉之。

五、何謂義務？人民應盡的義務有那幾項？請說明之。

第三節　國家的基本組織

一、總　統

　　五權憲法制度下的總統，是國家的元首，而非行政首長，與美國三權分立制度下的總統，性質不大相同，茲就我國總統的地位、職權、任期與選舉等分述之：

㈠**總統的地位**

　　總統為國家元首，對外代表中華民國。

㈡**總統的職權**

　　總統的地位崇高，在憲法上所享有的職權，有下列各項：

　　1.統率全國陸海空軍。

　　2.公布法律、發布命令。但須經行政院院長之副署，或行政院院長及有關部會首長之副署。

　　3.行使締結條約及宣戰媾和。但須經行政院會議之議決，並提請立法院決議通過。

　　4.宣布戒嚴及解嚴。但須經行政院會議之議決，並經立法院之通過或追認。

　　5.行使大赦、特赦、減刑及復權。但須經行政院會議之議決，並提請立法院決議通過。

　　6.任免文武官員。

　　7.授與榮典。

　　8.發布緊急命令。但須經行政院會議之議決，並於發布緊急命令後十日內提交立法院追認。

　　9.解決院與院間之爭執。

　　10.其他憲法所賦與的職權。

㈢**總統的任期與選舉**

　　依中華民國憲法增修條文的規定，總統、副總統之任期四年，連選得

連任一次，不適用憲法第四十七條之規定。總統、副總統由中華民國自由地區全體人民選舉之，自中華民國八十五年第九任總統、副總統選舉時實施。中華民國國民年滿四十歲者，得被選為總統、副總統。

二、行政院

行政院為國家最高行政機關，其組織、會議與政治責任分述如下：

(一)行政院的組織

行政院設院長、副院長各一人，各部會首長若干人，及不管部會之政務委員若干人。行政院院長由總統提名任命。行政院副院長、各部會首長及不管部會之政務委員，由行政院院長提請總統任命之。

(二)行政院的會議

行政院設行政院會議，由行政院院長、副院長、各部會首長及不管部會之政務委員組織之，以院長為主席。行政院院長、各部會首長，須將應行提出於立法院之法律案、預算案、戒嚴案、大赦案、宣戰案、媾和案、條約案及其他重要事項，或涉及各部會共同關係之事項，提出於行政院會議議決之。行政院於會計年度開始三個月前，應將下年度預算案提出於立法院，並於會計年度結束後四個月內，提出決算於監察院。

(三)行政院的政治責任

行政院依下列規定，對立法院負責：

1.行政院有向立法院提出施政方針及施政報告之責。立法委員在開會時，有向行政院院長及行政院各部會首長質詢之權。

2.行政院對於立法院決議之法律案、預算案、條約案，如認為有窒礙難行時，得經總統之核可，於該決議案送達行政院十日內，移請立法院覆議。立法院對於行政院移請覆議案，應於送達十五日內作成決議。如為休會期間，立法院應於七日內自行集會，並於開議十五日內作成決議。覆議案逾期未議決者，原決議失效。覆議時，如經全體立法委員二分之一以上決議維持原案，行政院院長應即接受該決議。

3.立法院得經全體立法委員三分之一以上連署，對行政院院長提出不

信任案。不信任案提出七十二小時後，應於四十八小時內以記名投票表決之。如經全體立法委員二分之一以上贊成，行政院院長應於十日內提出辭職，並得同時呈請總統解散立法院；不信任案如未獲通過，一年內不得對同一行政院院長再提不信任案。

三、立法院

立法院為國家最高立法機關，由人民選舉之立法委員組織之，代表人民行使立法權。茲就其組織、職權等分述之。

㈠立法院的組織

立法院設院長、副院長各一人，由立法委員互選之。立法院得設各種委員會，各種委員會得邀請政府人員及社會上有關人員到會備詢。立法委員之任期為四年，連選得連任。依據修正公布之中華民國憲法增修條文的規定，立法院立法委員自第七屆起一百一十三人，依下列規定選出之，不受憲法第六十四條及第六十五條之限制。

　1.自由地區直轄市、縣市七十三人。每縣市至少一人。

　2.自由地區平地原住民及山地原住民各三人。

　3.全國不分區及僑居國外國民共三十四人。

上述第一款依各直轄市、縣市人口比例分配，並按應選名額劃分同額選舉區選出之。第三款依政黨名單投票選舉之，由獲得百分之五以上政黨選舉票之政黨依得票比率選出之，各政黨當選名單中，婦女不得低於二分之一。（第四屆至第六屆立法委員之名額及選出方式，請參閱附註一）。

㈡立法院的職權

立法院的職權，大致有下列各項：

　1.議決法律案、預算案、戒嚴案、大赦案、宣戰案、媾和案、條約案及國家其他重要事項。

　2.聽取總統國情報告。

　3.聽取行政院施政方針及施政報告。

　4.聽取審計長之決算審核報告。

5.對行政院院長提不信任案。

6.提出領土變更案。

7.解決中央與地方事權之爭議。

8.擬定憲法修正案。

9.提出總統、副總統罷免案。

10.提出總統、副總統彈劾案。

11.接受人民請願。

12.對於總統提名任命人員行使同意權。

13.補選副總統。

14.其他憲法賦與之職權。

四、司法院

司法院為國家最高司法機關，其組織、職權等分述如下：

㈠司法院的組織

司法院設大法官十五人（任期八年，不分屆次，個別計算，並不得連任），並以其中一人為院長，一人為副院長，由總統提名，經立法院同意任命之，自中華民國九十二年起實施，不適用憲法第七十九條之有關規定。司法院大法官，除依憲法第七十八條之規定外，並組成憲法法庭審理總統、副總統之彈劾及政黨違憲之解散事項。司法院另設最高法院、行政法院、公務員懲戒委員會等機構，各司憲法所賦與的職權。

㈡司法院的職權

司法院的職權，依憲法的規定大約有下列各項：

1.掌理民事、刑事訴訟之審判。

2.掌理行政訴訟之審判。

3.掌理公務員之懲戒。

4.解釋憲法，並統一解釋法律及命令。

5.總統、副總統之彈劾及政黨違憲解散事件之審理。

6.其他憲法賦與之職權。

五、考試院

考試院為國家最高考試機關，其組織、職權等分述如下：

㈠考試院的組織

考試院設院長、副院長各一人，考試委員若干人，由總統提名，經立法院同意任命之，不適用憲法第八十四條之規定。考試院依其職權之不同，分設考選部與銓敘部，各司憲法所賦與的職權。

㈡考試院的職權

考試院掌理下列事項，不適用憲法第八十三條之規定：

　1.考試。

　2.公務人員之銓敘、保障、撫卹、退休。

　3.公務人員之任免、考績、級俸、陞遷、褒獎之法制事項。

考試院關於所掌事項，得向立法院提出法律案。

六、監察院

監察院為國家最高監察機關，其組織、職權等分述如下：

㈠監察院的組織

監察院設監察委員二十九人，並以其中一人為院長、一人為副院長，任期為六年，由總統提名，經立法院同意任命之。憲法第九十一條至第九十三條之規定停止適用。監察院另設審計長一人，由總統提名，經立法院同意任命之。

㈡監察院的職權

監察院的職權，依增修條文的規定，有行使彈劾、糾舉、及審計權。監察院對於中央、地方公務人員及司法院、考試院人員之彈劾案，須經監察委員二人以上之提議，九人以上之審查及決定，始得提出，不受憲法第九十八條之限制。監察院對於監察院人員失職或違法之彈劾，適用憲法第九十五條、第九十七條第二項及前項之規定。監察院得按行政院及其各部會之工作，分設若干委員會，調查一切設施，注意其是否違法或失職。監

察院為行使監察權，得向行政院及其各部會調閱其所發布之命令及各種有關文件。監察院經各該委員會之審查及決議，得提出糾正案，移送行政院及其有關部會，促其注意改善。對於中央及地方公務人員，認為有失職或違法情事，得提出糾舉案或彈劾案，如涉及刑事，應移送法院辦理。審計長應於行政院提出決算後三個月內，依法完成其審核，並提出審核報告於立法院。監察委員須超出黨派以外，依據法律獨立行使職權。

七、中央與地方之權限

晚近世界各國對於中央與地方之權限，其所採的制度不盡相同，有採中央集權制的，有採地方分權制的，我國則折衷於兩種制度之間，採均權制，何謂均權制？孫中山先生曾說：「權之分配，不當以中央或地方為對象，而當以性質為對象，權之宜屬於中央者，屬於中央可也，權之宜屬於地方者，屬於地方可也。……」，又說：「凡事務有全國一致之性質者，劃歸中央；有因地制宜之性質者，劃歸地方，不偏於中央集權或地方分權」，這便是均權制。中華民國憲法對於中央與地方權限之劃分，有由中央立法並執行之事項；有由中央立法並執行或交由省縣執行之事項；有由省立法並執行，或交由縣執行之事項；有由縣立法並執行之事項，均一一具體的規定於憲法中，唯如有未列舉之事項發生時，其事務有全國一致之性質者屬於中央，有全省一致之性質者屬於省，有一縣之性質者屬於縣。遇有爭議時，由立法院解決之。

八、地方制度

中華民國憲法規定的地方制度，僅分省與縣兩級，且省與縣的地方自治措施，則詳盡的規定於條文中，作為實施民主政治的依據。唯增修條文對於地方制度的實施，有更嶄新的規定，茲列舉其條文如下：

省、縣地方制度，應包括下列各款，以法律定之，不受憲法第一百零八條第一項第一款、第一百零九條、第一百十二條至第一百十五條及第一百二十二條之限制：

　　1.省設省政府，置委員九人，其中一人為主席，均由行政院院長提請總統任命之。

　　2.省設省諮議會，置省諮議會議員若干人，由行政院院長提請總統任命之。

　　3.縣設縣議會，縣議會議員由縣民選舉之。

　　4.屬於縣之立法權，由縣議會行之。

　　5.縣設縣政府，置縣長一人，由縣民選舉之。

　　6.中央與省、縣之關係。

　　7.省承行政院之命，監督縣自治事項。

　　臺灣省政府之功能、業務與組織之調整，得以法律為特別之規定。

附　註

一、第四屆起至第六屆立法院立法委員定額為二百二十五人，其中，包括
　　1.自由地區直轄市、縣市共一百六十八人（當選名額在五人以上十人
　　以下者應有婦女當選名額一人，超過十人者，每滿十人應增婦女當選
　　名額一人）。2.自由地區平地原住民及山地原住民各四人。3.僑居國外
　　國民共八人（採政黨比例方式選出）。4.全國不分區四十一人（採政黨
　　比例方式選出，其當選名額在五人以上十人以下者，應有婦女當選名
　　額一人，超過十人者，每滿十人應增婦女當選名額一人）。
　　至於自第七屆起，立法院立法委員之名額，已減半為一百一十三人，
　　其詳情可參閱本編第一章第三節之三記載。

研究問題

一、試舉述總統的職權。

二、試說明行政院如何對立法院負責？

三、依據中華民國憲法增修條文的規定，未來立法院立法委員如何選出？

四、試舉述立法院的職權。

五、試說明司法院大法官如何產生？司法院的職權如何？

六、試述考試院的地位以及掌理的事項。

七、監察院的院長、副院長、監察委員，依增修條文的規定如何產生？其職權如何？

八、何謂均權制？中華民國憲法對於中央、省與縣的事務劃分有何規定？

第四節　基本國策

基本國策是指國家的基本政策而言，現時各國憲法除規定國家的體制、政府的組織、以及人民的權利與義務之外，亦有將基本國策規定於憲法中的，我國亦不例外。且在中華民國憲法中，將國防、外交、國民經濟、社會安全、教育文化、邊疆地區等事項，併入基本國策中，這是中華民國憲法的最大特色。

一、國　防

國防是國家為求獨立、自主、生存與發展，所實施的必要性建設與防禦。國家必須有國防，才能厚植國力，進而防禦他國的侵犯，鞏固國家的自由、民主、安全與獨立。關於國防方面，中華民國憲法有以下的規定，即一、中華民國之國防，以保衛國家安全，維護世界和平為目的。二、全國陸、海、空軍，須超出個人、地域及黨派關係以外，效忠國家，愛護人民。三、任何黨派及個人，不得以武裝力量為政爭之工具。四、現役軍人不得兼任文官。可見我國的國防，強調軍隊國家化，以及文武分治的精神。

二、外　交

外交是指國家間的邦交，或是國家間的來往與交涉。依中華民國憲法的規定，中華民國之外交應本獨立自主之精神，平等互惠之原則，敦睦邦交，尊重條約及聯合國憲章，以保護僑民權益，促進國際合作，提倡國際正義，確保世界和平。

三、國民經濟

　　國民經濟是以保障私人財產，創造社會財源，發展國家經濟，實現福利國家的理想為目的，故中華民國憲法對於國民經濟有下列之規定：

　　㈠國民經濟，應以民生主義為基本原則，實施平均地權，節制資本，以謀國計民生之均足。

　　㈡中華民國領土內之土地屬於國民全體，人民依法取得之土地所有權，應受法律之保障與限制。私有土地應照價納稅，政府並得照價收買。

　　附著於土地之礦，及經濟上可供公眾利用之天然力，屬於國家所有，不因人民取得土地所有權而受影響。土地價值非因施以勞力資本而增加者，應由國家徵收土地增值稅，歸人民共享之。

　　國家對於土地之分配與整理，應以扶植自耕農及自行使用土地人為原則，並規定其適當經營之面積。

　　㈢公用事業及其他有獨占性之企業，以公營為原則，其經法律許可者，得由國民經營之。

　　㈣國家對於私人財富及私營事業，認為有妨害國計民生之平衡發展者，應以法律限制之，合作事業應受國家之獎勵與扶助。國民生產事業及對外貿易，應受國家之獎勵、指導及保護。

　　㈤國家應運用科學技術，以興修水利、增進地力、改善農業環境、規劃土地利用、開發農業資源、促成農業之工業化。

　　㈥中央為謀省與省間之經濟平衡發展，對於貧瘠之省應酌予補助。省為謀縣與縣間之經濟平衡發展，對於貧瘠之縣，應酌予補助。

　　㈦中華民國領域內，一切貨物應許自由流通。

　　㈧金融機構，應依法受國家之管理。

　　㈨國家應普設平民金融機構，以救濟失業。

　　㈩國家對於僑居國外之國民，應扶助並保護其經濟事業之發展。

　　另外，中華民國憲法增修條文又有「國家應獎勵科學技術發展及投資，促進產業升級，推動農漁業現代化，重視水資源之開發利用，加強國際經

濟合作」及「經濟及科學技術發展，應與環境及生態保護兼籌並顧」等之規定。

四、社會安全

社會安全是以推展社會福利政策，造福人民為目的，故中華民國憲法有下列規定：

㈠人民具有工作能力者，國家應予以適當之工作機會。

㈡國家為改良勞工及農民之生活，增進其生產技能，應制定保護勞工及農民之法律，實施保護勞工及農民之政策。婦女、兒童從事勞動者，應按其年齡及身體狀態，予以特別保護。

㈢勞資雙方應本協調合作原則，發展生產事業。勞資糾紛之調解與仲裁，以法律定之。

㈣國家為謀社會福利，應實施社會保險制度，人民之老弱殘廢，無力生活，及受非常災害者，國家應予以適當之扶助與救濟。

㈤國家為奠定民族生存發展之基礎，應保護母性，並實施婦女兒童福利政策。

㈥國家為增進民族健康，應普遍推行衛生保健事業及公醫制度。

另外，中華民國憲法增修條文，亦有下列之規定：

㈠國家應推行全民健康保險，並促進現代和傳統醫藥之研究發展。

㈡國家應維護婦女之人格尊嚴，保障婦女之人身安全，消除性別歧視，促進兩性地位之實質平等。

㈢國家對於身心障礙者之保險與就醫、無障礙環境之建構、教育訓練與就業輔導及生活維護與救助，應予保障，並扶助其自立與發展。

㈣國家應重視社會救助、福利服務、國民就業、社會保險及醫療保健等社會福利工作，對於社會救助和國民就業等救濟性支出應優先編列。

五、教育文化

教育文化事業，為提高國民品質與素養，增強人力資源、厚植國力的

基礎。有關教育文化方面，中華民國憲法有下列的規定：

㈠教育文化，應發展國民之民族精神、自治精神、國民道德、健全體格、科學及生活智能。

㈡國民受教育之機會一律平等。

㈢國民應受基本教育，免納學費。未受基本教育之國民，一律受補習教育，免納學費，其書籍亦由政府供給。

㈣各級政府應廣設獎學金名額，以扶助學行俱優無力升學之學生。

㈤全國公私立之教育文化機關，依法律受國家之監督。

㈥國家應注重各地區教育之均衡發展，並推行社會教育，以提高一般國民之文化水準，邊遠及貧瘠地區之教育文化經費，由國庫補助之。其重要之教育文化事業，得由中央辦理或補助之。

㈦教育、科學、文化之經費，尤其國民教育之經費，應優先編列。

㈧國家應保障教育、科學、藝術工作者之生活，並依國民經濟之進展，隨時提高其待遇。

㈨國家應獎勵科學之發明與創造，並保護有關歷史、文化、藝術之古蹟、古物。

㈩國家對於下列事業或個人，應予以獎勵或補助：國內私人經營之教育事業成績優良者、僑居國外國民之教育事業成績優良者、於學術或技術有發明者、從事教育久於其職而成績優良者。

六、邊疆地區

有關邊疆地區的扶植與發展，中華民國憲法第一百六十八條、第一百六十九條對於邊疆民族之保障，自治事業之扶植，以及教育、文化、交通等各項事業之舉辦與發展，均有明確的規定。

研究問題

一、關於國防，中華民國憲法有何規定？

二、試述中華民國的外交精神、外交原則、以及外交的目標。

三、中華民國憲法對於教育文化之扶植與發展有何規定？試列舉之。

四、中華民國憲法對於土地有何規定？

第二章　民法及商事法規

第一節　民法的概念

一、民法的意義

　　未出生的胎兒，是否有權利能力？是否可以繼承父母一方之遺產？指腹為婚，在法律上是否有效？將來兩方的子女長大，是否應該結婚？登報聲明脫離父子關係，在法律上是否能發生效力？父子是否從此就失去血緣關係與親屬關係？拋棄繼承，是否可以避免償還父母的債務？

　　以上這些案例上的問題，必須參考民法的規定，才能獲得正確的解答。那麼，什麼是民法呢？簡單的說，民法是私人間權利與義務關係的法律。下面茲就民法的實質意義與形式意義，分述之：

㈠民法的實質意義

　　民法的實質意義，可從廣義方面與狹義方面加以界說。廣義方面的民法，是指規定人民相互間權利義務的生活關係的所有法規而言，除了民法外，尚包括公司法、票據法、保險法、海商法等民法特別法。狹義方面的民法，是指商事法規以外的民法而言。由於我國尚無商事法典，故民法的實質意義，採廣義說。

㈡民法的形式意義

　　民法的形式意義，是指以通用的文字，制作成條文，並定名為民法，且完成立法程序的有形式、有條文的成文法，即民法法典是也。

二、民法的性質

　　民法是規範私人間權利義務的生活關係的一種法律，其在法律體系中的性質，如下列所述：

㈠民法是國內法

舉凡適用於國際間的法律，例如國際公法，即稱為國際法。而適用於國家統治領域內的法律，即稱為國內法。我民法係適用於中華民國領域內之法律，故為國內法。

㈡民法是成文法

舉凡法律是以本國（或外國）通用的文字，有系統、有組織的規定，並經立法程序制定完成的法律，稱之為成文法。反之，凡未曾以通用的文字，有系統、有組織的規定，並經制定程序的法律，稱之為不成文法。我民法的內容係以中華民國通用的文字，有系統、有組織的規定，並經立法程序制定的，故為成文法。

㈢民法是私法

舉凡法律是規定國家生活關係者，為公法；規定私人生活關係者，為私法。民法所規定者，為私人間權利義務關係的實體法，故為私法。

㈣民法是普通法

法律就其適用之對象而言，可分為普通法與特別法。舉凡法律是適用於一般人或一般事項的法律，稱之為普通法。適用於特定的人或特定的事項的法律，稱之為特別法。民法因適用於國內一般人民、一般事項，故為普通法。

㈤民法是實體法

舉凡以權利義務的發生、變更或消滅為規定內容的法律，稱之為實體法。而以實現權利義務的程序為規定內容的法律，稱之為程序法。民法是規定人民間權利義務關係的法律，故為實體法。

三、民法的原則

民法的適用，以權利人的人格權平等為主要原則，由此，引伸出過失責任原則、契約訂定自由原則與所有權絕對原則等數種，茲分述如下：

㈠人格權平等原則

不論何人（包括自然人或法人），亦不問權利主體——人之貧富、性

別、宗教、種族、階級、黨派等不同之背景如何，其人格權在法律上一律平等，因此當權利人的人格權（即指生命、身體、自由、名譽、貞操等而言）遭受侵害時，得請求國家以公權力排除其侵害；有受侵害之虞時，得請求國家以公權力防止之。同樣的，權利人倘若侵害他人的人格權，不論故意或過失，亦應負民事上的賠償責任，此為人格權平等原則的精神所在。

(二)過失責任原則

權利人的人格權，既然在法律之前人人平等，則權利人的故意侵權行為，固然應負法律上的民事責任，即使是過失的侵權行為，亦同樣應負法律上的民事責任，不能因過失而免負責任。例如民法有「因故意或過失，不法侵害他人之權利者，負損害賠償責任」及「債務人就其故意或過失之行為，應負責任」等之明文規定，顯見過失的侵權行為，行為人（亦稱權利人）亦應負民事責任，不能因過失而免負責任。譬如因過失致損害他人財物者，應負賠償損失責任是。

(三)契約訂定自由原則

在社會生活上，權利人與義務人之間的約束，常仰賴契約的訂定，我國民法對於契約的訂定，向採自由原則，即容許契約訂定的雙方關係人，基於自己的意願，採自由的方式，在法律範圍內，訂定雙方互惠的契約，原則上國家不以公權力干涉，任何人亦不得侵害其契約行為，例如貨物買賣契約的訂定、房屋租賃契約的訂定、貨幣借貸契約的訂定等，無不採取自由訂定原則。

(四)所有權絕對原則

所有權人，對於自己因努力經營生計或投資企業所累積的財物（包括動產與不動產），民法上容許其擁有絕對的支配權，即容許其有自由使用、收益或處分之權。因此國家不以公權力，任意剝奪所有權人對於物之絕對支配權，而所有權人所支配之物，在遭受任何人之不法侵害時，亦得請求國家以公權力排除之。

四、民法的效力

民法的效力，得就人、地、時三方面分述之：

㈠關於人之效力

民法關於人的效力，依屬人主義原則，凡中華民國人民，不問其居住地在本國或外國，均有民法之適用效力，得依民法的規定，享受權利負擔義務。

㈡關於地之效力

民法關於地的效力，依屬地主義原則，凡居住於中華民國領域內的人民，不問其國籍何屬，即不問是否為本國人，均適用民法的規定。惟外國人有治外法權，及涉外民事法律適用法特別規定者，則為例外。

㈢關於時之效力

法律，原則上始於施行，終於廢止。故施行之日，即發生效力，施行前所發生的事實，不適用之，民法亦然，此即法律不溯既往之原則，惟施行法中，亦有規定得發生溯及之效力者，是為例外。

五、民法上的權利與義務

權利與義務，是兩個相互對立的名詞，權利的反面，即係義務，有權利即有義務，故享有法律所保護的權利，即必須履行義務。晚近的法律思想，雖已由權利本位主義，趨向義務本位主義，但權利與義務，仍是不可分割的一體兩面。

㈠民法上的權利

權利有公權與私權之分，民法上的權利，乃指私權而言。何謂權利？權利是法律賦與特定人享有特定利益之力也。例如債權人有催討債務人清償債務的權利，繼承人有繼承父母遺產的權利等。茲就民法上的私權，分類如下：

1.人身權與財產權

權利，依其標的為標準，可分為人身權（又稱非財產權）與財產權：

⑴人身權　人身權，即指與權利主體一人，不可分離之權利也，亦稱為非財產權。人身權，尚可分為下列二種權利：

①人格權：舉凡私人之生命、身體、自由、名譽、資格、貞操、信用等，存於權利人自身之權利者，即為人格權。人格權既不能與權利人分離，自不得讓與他人或由他人繼承。

②身分權：凡與權利人之特定身分不可分離的權利，稱之為身分權。例如須有一定身分，始得享有家長權、親權、監護權與繼承權是。

⑵財產權　財產權，是指人身權（非財產權）以外的權利，亦即可與權利主體之人格、身分相分離的權利。茲就債權、物權、準物權、無體財產權等四項分述之：

①債權：債權者，是指得以請求特定人為特定行為的權利，例如甲向乙借款新臺幣壹佰萬元，乙於清償期日，自然有請求甲償還債務之權。

②物權：物權者，是指得以支配物的權利，例如土地所有權人，對其土地有自由使用、收益、支配與處分的權利。

③準物權：準物權者，是指民法物權編以外的物權，而準用物權之規定的特定權利，例如漁業權、礦業權等即是。

④無體財產權：無體財產權，是指以智慧、精神的運用，所創造、發明的無體物上之權利也。例如著作人的著作權，發明人的專利權等是。

2.支配權、請求權、形成權、抗辯權

權利，依其作用為標準，得分為下列四種權利：

⑴支配權　支配權者，是指權利人得以支配權利客體一物的權利也，例如著作權人，得就其著作物為直接之支配；房屋所有權人，得就其私有之房屋，為直接之支配是。惟倘若支配權遭受他人侵害時，得請求法院排除其侵害。

⑵請求權　請求權者，是指權利人得要求他人為一定行為的權利。例如債權人得請求債務人於一定期間償清債務；土地所有權人得請求租地人於租地期滿之日，無條件拆屋還地等即是。

⑶形成權　形成權，是指因權利人一方之行為，使他種權利發生、變

更或消滅之權利也。例如因法定代理人之同意,使限制行為能力人訂立之契約為有效,乃促使他種權利發生之例子;而具有選擇權之債務人,於數宗給付中,經選擇其一者,即使他種權利變更的例子;又撤銷權之行使、解除權之行使等,則可使他種權利歸於消滅。

　　(4)抗辯權　抗辯權,是指於他方請求給付時,得為拒絕的權利。假如對於他方的請求給付,永久拒絕履行者,為永久的抗辯,例如時效消滅的抗辯是。若是對於他方的請求給付,僅得暫時拒絕履行者,為暫時的抗辯,例如同時履行之抗辯。

㈡民法上的義務

　　義務,有公法上的義務與私法上的義務二種。公法上的義務,例如納稅義務與服兵役義務等,私法上的義務,例如債務人之給付義務、監護人之扶養義務等,我民法上的義務,係指私法上的義務。什麼是義務?義務可以說是法律上規範的應作為或不應作為的拘束。法律上既然規範何種事項應作為,何種事項不應作為,則行為人自有履行作為或不作為的義務,茲就義務的類型,分述如下:

　　1.主義務與從義務

　　主義務是指得以獨立存在的義務,例如債務人之清償債務義務,監護人之監護子女義務等即是。從義務是指以主義務存在為前提而存在之義務,例如借款之債務為主義務,其保證義務為從義務;又如拆屋還地之歸還租地為主義務,拆屋即為從義務等即是。

　　2.積極義務與消極義務

　　積極義務是指應為一定行為之義務,例如債務之償還、監護之行使、子女之教養等即是。消極義務是指不應為一定行為之義務,例如不妨害他人名譽、不遺棄肢體殘缺之子女、不侵占不當得利之物等即是❶。

---

❶　本節內容,係摘錄自拙著　法律與人生 (93.3 三版二刷　五南圖書出版公司印行) 第一八七頁至第一九三頁。

研究問題

一、民法的性質如何？請列舉說明之。

二、民法的效力如何？請就人、地、時三方面分述之。

三、何謂人格權？何謂身分權？

四、何謂財產權？何謂無體財產權？兩者有何不同？

五、何謂支配權？何謂請求權？何謂形成權？舉例說明之。

六、「民事，法律所未規定者，依習慣，……」，何謂習慣？並請舉例說明何種法律未規定的事項，得依習慣。

第二節　民法總則

　　民法為法律之一種，從廣義的民法來說，是指規定私人的社會生活關係的法規而言，其範圍包括私法的全部，亦即包括所有民事特別法在內。從狹義的民法來說，是指國家所制定的有關民事方面的成文法規，即定名為民法的法典。民法總則是一切民事法規的準繩，不獨適用於民法其餘各編，即使其他民事法規，除有特別規定外，亦適用之。茲就法例、人、物、法律行為、權利之行使等項，擇要概述之。

一、法　例

　　法例是指關於全部民法的法則，以通例概括的予以規定之謂。法例，不僅民法法典所規定者有其適用，即使各種民事特別法規，除有特別規定者外，亦得適用之。

㈠民事法規之適用順序

　　民事，法律所未規定者，依習慣；無習慣者，依法理。故民事適用法規之順序，應為一、法律。二、習慣。三、法理。

㈡民事適用習慣之限制

　　民事所適用之習慣，以不背於公共秩序或善良風俗者為限。故有背於公共秩序或善良風俗之習慣，即不能適用於民事。

㈢使用文字之準則

依法律之規定，有使用文字之必要者，得不由本人自寫，但必須親自簽名。如有用印章代簽名者，其蓋章與簽名生同等之效力。如以指印、十字或其他符號代簽名者，在文件上，經二人簽名證明，亦與簽名生同等之效力。法律行為之成立，有時須使用文字以表達其意思，故使用文字表達其意思時，宜遵守此項規定。

㈣確定數量之準則

民事上的生活關係，總離不開數量的記載，故關於一定的數量，同時以文字及號碼表示者，其文字與號碼有不符合時，如法院不能決定何者為當事人之原意，應以文字為準。又關於一定之數量，以文字或號碼為數次之表示者，其表示有不符合時，如法院不能決定何者為當事人之原意，應以最低額為準。

二、人

民法上所稱之人，是指權利義務的主體，即在法律上享有權利，負有義務的人格者，包括自然人與法人；茲分述之：

㈠自然人

自然人是指出生後即具備人類的形體，而得為權利義務的主體而言，故不問其血統、種族、性別等有何差別，均屬於民法上的自然人。

1.自然人的權利能力

權利能力，是指能享有權利負擔義務的資格，關於自然人的權利能力，民法有「人之權利能力，始於出生，終於死亡」之規定。故自然人的權利能力以出生為開始之時，唯未出生的胎兒是否享有權利能力，民法則有「胎兒以將來非死產者為限，關於其個人利益之保護，視為既已出生」之規定。自然人的權利能力終於死亡，唯人的死亡除了呼吸的斷絕，以及心臟的跳動停止的所謂事實死亡外，尚有法院的宣告死亡。例如民法有「失蹤人失蹤滿七年後，法院得因利害關係人或檢察官之聲請，為死亡之宣告。失蹤人為八十歲以上者，得於失蹤滿三年後，為死亡之宣告。失蹤人為遭遇特

別災難者，得於特別災難終了滿一年後，為死亡之宣告」，「失蹤人失蹤後，未受死亡宣告前，其財產之管理，依非訟事件法之規定」等的規定。

　2.自然人的行為能力

　　行為能力，是指人的行為能發生法律上效果的能力，亦即能以自己的法律行為，取得權利並負擔義務的資格。民法上所規定的人的行為能力，包括下列三種狀態：

　　(1)完全行為能力人　滿二十歲者為成年，既已成年則為完全行為能力人，能為完全而有效的法律行為，並能以其法律行為，享有權利、負擔義務。而未成年人已結婚者，亦視同有完全行為能力。民國一百零九年十二月二十五日立法院三讀通過民法部分條文等修正草案，滿十八歲即為成年人，而男女結婚年齡亦定為十八歲，故已無未成年人已結婚之情形。修正條文於民國一百十二年一月一日施行之。

　　(2)限制行為能力人　滿七歲以上之未成年人，有限制行為能力，此乃因其年齡尚輕，意思能力尚不健全，故其所為的法律行為應受限制。而受輔助宣告人，其精神障礙程度，較受監護宣告人為輕，故在法令限制為輕，並非限制其行為均為無效，其行為能力類似於限制行為能力人。

　　(3)全無行為能力人　未滿七歲之未成年人，無行為能力，此乃因其年幼無知，且缺乏識別能力，故其所為的行為在法律上絕對無效。而受監護宣告人，因其精神狀態不健全，不能處理自己之事務，故亦視同為無行為能力人。

(二)法　人

　　法人是指自然人以外，得為權利義務主體的社會組織體，關於法人之設立、權利能力等事項，依民法之規定概述之：

　1.法人之設立

　　法人之設立，有採放任主義，有採特許主義，有採許可主義，有採準則主義，有採強制主義，我民法有「法人非依本法或其他法律之規定，不得成立」之規定，故採準則主義與許可主義。法人依其設立性質之不同，得分為財團法人與社團法人等兩種。

2.法人之權利能力

法人既為權利義務的主體,有其獨立的人格,則在法令之限制內,有享受權利、負擔義務之能力。但專屬於自然人之權利義務,如親權、家長權等,法人不得享有。

三、物

物是權利義務的客體,亦即人體以外,人力得以支配的自然力與有體物。所謂自然力,即存在於自然界,為人所能知覺者,如聲、光、電、熱等是。所謂有體物,即占有一定空間,為人所能知覺之有形物質,如固體、液體等均是。物,依民法的規定,有下列之分類:

㈠不動產與動產

不動產是指土地及其定著物而言。所謂土地是指一定範圍的地面,及其地面的上下。所謂定著物是指固定附著於土地,而無法分離者,例如土地上的房屋是。至於不動產的出產物,如稻穀、果樹的果實等,在尚未分離時仍屬於不動產。其次不動產以外之物,如飛機、輪船、汽車、鈔票、項鍊等,即為動產。

㈡主物與從物

主物是指具有獨立效用的物,如電燈、照相機等即是。從物是指輔助主物之物,即民法的「非主物之成分,常助主物之效用,而同屬於一人者,為從物」,故如電燈的燈罩,照相機的皮套等,如果同屬於一人者,即是從物。但亦有例外,即「交易上有特別習慣者,依其習慣」。而衣架之與衣服、糙米之與麻袋,不認為是從物,因其兩者之間並無主從關係。

㈢原物與孳息

原物是指能產生效益之物,或者能生產孳息之物,如乳牛、母雞;孳息是指由原物所生的收益,如乳牛的乳汁、母雞生的卵。孳息,又分為天然孳息與法定孳息。天然孳息是指果實、動物之產物,及其他依物之用法所收穫之出產物。例如摘下的瓜果為果實,母雞所生的卵為動物的產物,耕作田地所收穫的稻穀是依物的用法所收穫的出產物。而法定孳息是指利

息、租金及其他法律關係所得之收益。例如存款於銀行所得的收益為利息，出租房屋所得的收益為租金。

㈣融通物與不融通物

融通物是指得為交易、移轉之物，如土地、房屋、汽車等即是。不融通物是指不得為交易、移轉之物，如橋樑、公園、道路等公有物，以及偽鈔、毒品、槍械等禁止物。

㈤可分物與不可分物

可分物是指可分割，且分割之後不變更其性質或減少其價值之物，例如土地、油、鹽等即是。不可分物是指不可分割，分割之後即毀損其品質或價值之物，例如汽車、牛、馬等即是。

㈥消費物與非消費物

消費物是指依物的通常使用方法，一經使用即歸於消滅的物，如油、鹽等即是。非消費物是指使用多次並不消滅的物，例如房屋、土地等即是。

㈦代替物與不代替物

代替物是指得以同一種類、品質、數量之物代替者，例如米、麥、油、鹽等即是。不代替物是指不得以同一種類、品質、數量之物代替者，例如名人之遺像、書畫等即是。

㈧特定物與不特定物

特定物是指依當事人的意思具體指定的物，例如某工廠出品之某品牌服飾等即是。不特定物是指僅以種類、品質、數量抽象的指定之物，例如若干輛汽車、若干件衣服等即是。

㈨單一物、合成物與集合物

單一物是指單獨成為一有體形之物，例如一匹馬、一棵樹等即是。合成物是指由多個單一物結合而成一體的物，例如一棟房屋、一架民航客機等即是。集合物是指多個單一物與合成物聚集而成，例如圖書館內的壁鐘、電風扇、冷氣機、日光燈、桌椅、書庫等即是。

四、法律行為

法律行為是以意思表示為內容，並發生私法上法律效果之行為，例如買賣、租賃、借貸、訂約等都是法律行為。

㈠法律行為之種類

1.單獨行為、契約行為與共同行為

單獨行為是指由當事人一方之意思表示所成立之法律行為，例如遺囑、撤銷等即是。契約行為是指由當事人雙方的意思表示趨於一致所成立的法律行為，例如買賣、租賃等即是。共同行為是指由二個以上的當事人，共同的意思表示之趨於一致所成立的法律行為，例如法人章程的訂立、社團之設立等即是。

2.要式行為與不要式行為

要式行為是指須依特定的法定方式始能成立的法律行為，例如結婚、訴訟行為等即是。不要式行為是指不須依特定的法定方式，即能成立的法律行為，例如購物、付款等即是。

3.債權行為與物權行為

債權行為是指發生債權債務關係之法律行為，例如借貸、租賃等即是。物權行為是指發生物權變動效果的法律行為，例如所有權的移轉，抵押權的設定等即是。

4.有償行為與無償行為

有償行為是指當事人一方為財產之給付，因而取得對待利益的行為，例如買賣、租賃等即是。無償行為是指當事人一方為財產之給付，而未取得對待利益的行為，例如贈與是。

5.要物行為與諾成行為

要物行為是指除了意思表示之外，尚須有物的交付始能成立之法律行為，例如借貸、寄託等即是。諾成行為是指僅須意思表示即能成立之法律行為，例如買賣是。

6.要因行為與無因行為

要因行為是指以合法的原因存在為成立要件的法律行為，例如買賣、借貸等即是。無因行為是指不以合法的原因存在為成立要件的法律行為，例如票據行為是。

7.主行為與從行為

主行為是指得以單獨成立的法律行為，例如男女結婚成為夫妻是。從行為是指以他種法律關係的存在為前提，始得成立之法律行為，例如男女結婚後所訂立的夫妻財產契約是。

8.生前行為與死後行為

生前行為是指行為人生存時即可發生法律效力的行為，例如買賣、借貸等即是。死後行為是指行為人死亡後始發生法律效力的行為，例如遺囑、遺贈等是。

㈡**法律行為之標的**

法律行為之標的，即法律行為的內容。有效的法律行為之標的，須具備下列三個要件：

1.標的之可能

法律行為之標的，須有可能實現，如以不能實現的事項為法律行為的標的，應屬無效。

2.標的之確定

法律行為之內容，必須於行為時已確定，或可得而確定，否則應屬無效。

3.標的之合法

法律行為之內容，必須不違背法律的規定，如有違反強制或禁止之規定；或有背於公共秩序或善良風俗；或不依法定方式行使，均為不合法之行為，應屬無效。

五、權利之行使

權利之行使，是指權利人行使法律上得以享有的權利行為。權利之行

使，在個人主義盛行的時期，注重個人利益的保障，唯社會本位主義取代個人主義之後，權利的行使，固然講求個人的利益，但不應侵害社會的利益，有關權利的行使，民法上有下列的規定：

㈠權利濫用之禁止

權利之行使，不得違反公共利益，或以損害他人為目的。行使權利，應依誠實及信用方法。

㈡正當防衛之免責

對於現時不法之侵害，為防衛自己或他人之權利所為之行為，不負損害賠償之責。但已逾越必要程度者，仍應負相當賠償之責。

㈢緊急避難行為之免責

因避免自己或他人生命、身體、自由或財產上急迫之危險，所為之行為，不負損害賠償之責。

㈣自助行為之免責

為保護自己之權利，對於他人之自由或財產施以拘束、押收或毀損者，不負賠償之責。

研究問題

一、依法律有使用文字之必要者，是否必須由本人自寫？又數量之多寡，如文字與數字號碼不同時，應採用何者？

二、何謂權利能力？人的權利能力民法上有何規定？

三、民法上的人可分幾種？試說明其意義。

四、何謂行為能力？民法上規定的行為能力人有幾種類型？試說明之。

五、住所與居所有何區別？民法上的住所有幾種？試說明之。

六、何謂法人？何謂社團法人？何謂財團法人？試說明之。

七、何謂天然孳息？何謂法定孳息？何人有收取孳息之權利？

八、何謂動產？何謂不動產？試舉例說明之。

九、何謂防衛行為？何謂避難行為？兩者在民法上得免何種責任？

十、何謂要式行為？試舉一例說明之。

第三節　民法債編

　　民法債編，原分為通則及各種之債等兩大部分，為了說明上的方便，有關債編的內容，本節擬就債之發生、債之標的、多數債務人及債權人、各種之債等方面的規定擇要加以概述。

一、債之發生

　　債者，是特定人請求特定人履行特定作為或不作為之法律關係。得請求他方履行特定作為或不作為的一方，稱為債權人；應依約向他方履行特定作為或不作為的一方，稱為債務人。

　　債之發生，通常是由於特定人相互間發生債權債務的關係開始，依民法的規定，債之發生，有下列幾種較普遍之情形：

㈠契約之訂定

　　契約是指當事人相互間，表示之意思一致，因而發生債的權利義務關係的法律行為，例如租賃契約，當事人相互間對於租金問題所表示之意思一致，出租人與承租人才有可能訂立契約，因而發生債權債務的關係。

　　契約，祇要當事人間互相表示之意思一致，無論其為明示或默示，均可成立。且當事人對於必要之點，意思一致；而對於非必要之點，未經表示意思者，推定其契約為成立。

㈡代理權之授與

　　代理權之授與是指本人以意思表示，授與代理人行使代理權之法律行為。代理權係以法律行為授與者，其授與應向代理人或向代理人對之為代理行為之第三人，以意思表示為之。

㈢侵權行為

　　侵權行為是指因故意或過失，不法侵害他人之權利行為。例如殺人是侵害他人的生命權，性侵害是侵犯他人的身體權及性自主權，破壞他人門窗是侵害他人的財產權。依民法的規定，不法侵害他人之權利者，負損害賠償之責。

(四)不當得利

不當得利是指無法律上之原因而受利益，致他人受損害之行為。不當得利者，既因無法律上之原因而受利益，致他人受損害，則應返還其利益。且不當得利之受領人，除返還其所受之利益外，如本於該利益更有所取得者，並應返還。但依其利益之性質或其他情形不能返還者，應償還其價額。不當得利之受領人，不知無法律上之原因，而其所受之利益，已不存在者，免負返還或償還價額之責任。

二、債之標的

債之標的，是指債權人基於債之關係，得向債務人請求給付之行為。債之給付，不以有財產價格者為限。且不作為亦得為給付。債之標的，依民法之規定，有下列各種性質不同之債：

(一)種類之債

種類之債，是指以種類指示之物，為給付標的之債務行為，例如出賣人應交付高粱二千公斤是。種類之債之給付物，雖僅以種類為指示，唯依法律行為之性質或當事人之意思，不能定其品質時，債務人應給以中等品質之物。

(二)貨幣之債

貨幣之債，是指以一定數額貨幣之給付，為債之標的行為。貨幣有本國貨幣與他國貨幣之分，故凡以特種通用貨幣之給付為債之標的者，如其貨幣至給付期失去通用效力時，應給以他種通用貨幣。但以外國通用貨幣定給付額者，債務人得按給付時給付地之市價，以中華民國通用貨幣給付之。

(三)利息之債

利息之債，是指以利息之給付，為標的之債。應付利息之債務，應按約定之利率計算，倘利率未經約定，亦無法律可據者，週年利率為百分之五。而約定利率逾週年百分之十二者，經一年後，債務人得隨時清償原本。但須於一個月前預告債權人。且此項清償之權利，不得以契約除去或限制

之。凡約定利率，超過週年百分之二十者，債權人對於超過部分之利息，無請求權。同時債權人除限定之利息外，不得以折扣或其他方法，巧取利息。又利息不得滾入原本，再生利息。但當事人以書面約定利息遲付逾一年後，經催告而不償還時，債權人得將遲付之利息滾入原本者，依其約定。

㈣選擇之債

選擇之債，是指於數宗給付中，得選定其一，為給付之債。選擇之債之選擇權，原則上屬於債務人。但法律另有規定或契約另有訂定者，不在此限。選擇權定有行使期間者，如於該期間內不行使時，其選擇權，移屬於他方當事人。選擇權未定有行使期間者，債權至清償期時，無選擇權之當事人，得定相當期限，催告他方當事人，行使其選擇權。如他方當事人不於所定期限內，行使選擇權者，其選擇權移屬於為催告之當事人。由第三人為選擇者，如第三人不能或不欲選擇時，選擇權屬於債務人。債權人或債務人有選擇權者，應向他方當事人以意思表示為之。由第三人為選擇者，應向債權人及債務人以意思表示為之。

㈤損害賠償之債

損害賠償之債者，是指以賠償他方之損害，為標的之債務行為。損害賠償以回復原狀為原則，如不能回復原狀或回復原狀顯有重大困難，或經債權人定相當期限催告後，逾期不能回復者，應以金錢賠償其損害。損害賠償，除法律另有規定或契約另有訂定外，應以填補債權人所受損害及所失利益為限。

三、多數債務人及債權人

多數債務人及債權人，是指債的主體之一方或雙方，有多數的債權債務關係而言，依民法的規定，有可分之債、連帶之債及不可分之債等三種情形，茲概述之：

㈠可分之債

可分之債，是指以可分之給付為債之標的。如數人負同一債務或同一債權，而其給付可分者，除法律另有規定或契約另有訂定外，應各平均分

擔或分受之。其給付本不可分，而變為可分者，亦應平均分擔之。

㈡連帶之債

數人負同一債務，依法對於債權人各負全部給付之責任者，為連帶之債。連帶債務之債權人，得對於債務人中之一人、或數人、或其全體，同時或先後請求全部或一部之給付。但連帶債務未全部履行前，全體債務人仍負連帶責任。

㈢不可分之債

數人負同一債務，或有同一債權，而其給付不可分者，稱為不可分之債。給付不可分者，各債權人僅得為債權人之全體請求債務人履行給付；而債務人亦僅得向債權人之全體為給付之行為。但債權人中之一人與債務人間所生之事項，其利益或不利益，對他債權人不生效力。

四、各種之債

民法債編中，各種之債，計有買賣、互易、交互計算、贈與、租賃、借貸、僱傭、承攬、旅遊、出版、委任、經理人及代辦商、居間、行紀、寄託、倉庫、運送、承攬運送、合夥、隱名合夥、合會、指示證券、無記名證券、終身定期金、和解、保證、人事保證等二十七種，茲擇要舉述之：

㈠買賣、互易與交互計算

買賣者，謂當事人約定，一方移轉財產權於他方，他方支付價金之契約。例如賣方交付汽車一輛，買方即支付價金是。互易者，謂當事人雙方約定，互相移轉金錢以外之財產權，並交付價金之契約。例如甲方交付乙方蘋果一批、乙方交付甲方香蕉一批，雙方並交付價金是。交互計算者，謂當事人約定，以其相互間之交易所生之債權債務為定期計算，互相抵銷，而僅支付其差額之契約。例如甲方須交付乙方新臺幣一千萬元，乙方須交付甲方新臺幣一千二百萬元，相互抵銷之結果，乙方尚須交付甲方新臺幣二百萬元。

㈡租賃、借貸與贈與

租賃者，謂當事人約定，一方以物租與他方使用、收益，而他方支付

租金之契約。例如甲出租房屋給與乙使用，乙按月繳付租金是。借貸者，謂當事人約定，一方以物（金錢或其他代替物）貸與他方使用，他方於使用後，返還其物之契約。例如甲貸與乙新臺幣一百萬元，乙依約定於期滿之日返還其價金是。贈與者，謂當事人一方，以自己之財產，無償給與他方，經意思表示後，他方允受之契約。例如甲贈與乙慈善基金新臺幣一百萬元是。

(三)僱傭、承攬與寄託

僱傭者，謂當事人約定，一方於一定或不定之期限內，為他方服勞務，他方給付報酬之契約。例如甲僱用乙為傭人，協助照料家事、看顧幼兒，甲按月給付乙約定之酬金是。承攬者，謂當事人約定，一方為他方完成一定之工作，他方俟工作完成，給付報酬之契約。例如甲方為乙方搬運貨物至指定地，工作完成後，乙方給付甲方約定之報酬是。寄託者，謂當事人一方，以物交付他方，他方允為保管之契約。例如甲寄託機車一輛於乙，乙答應保管是。

(四)委任、保證與和解

委任者，謂當事人約定，一方委託他方處理事務，他方允為處理之契約。例如委任律師擔任辯護人是。保證者，謂當事人約定，一方於他方之債務人不履行債務時，由其代負履行責任之契約。例如甲向銀行貸款，乙替甲作保證人是。和解者，謂當事人約定，互相讓步，以終止爭執或防止爭執發生之契約。例如甲與乙互毆，各有傷痕多處，經人調解，終於不提告訴是。

研究問題

一、何謂契約？何種行為必須訂立契約？舉例說明之。

二、何謂不當得利？不當得利之財物應如何處理？

三、何謂侵權行為？能否舉例說明侵權行為的態樣？

第四節　民法物權

民法物權編之內容，計有通則、所有權、地上權、農育權（永佃權）、不動產役權（地役權）、抵押權、質權、典權、留置權、占有等之規定，茲依民法之規定扼要概述之。

一、通　則

物權之通則，民法上有下列的規定：

㈠物權之法定主義

物權是指得以直接支配特定物，並享有法律上保障的利益之權利。物權，除依法律或習慣外，不得創設。

㈡物權之變動

物權之變動，是指物權之取得、喪失與變更之情形。關於物權之變動，民法上有不動產物權之變動、動產物權之變動，以及物權之消滅等的規定。茲就不動產及動產物權之變動扼要介紹如下：

　1.不動產物權之變動

不動產物權，依法律行為而取得、設定、喪失及變更者，非經登記不生效力。因繼承、強制執行、徵收、法院之判決或其他非因法律行為，於登記前已取得不動產物權者，非經登記，不得處分其物權。不動產物權之取得、設定、喪失及變更，應以書面為之。

　2.動產物權之變動

動產物權之讓與，非將動產交付，不生效力。但受讓人已占有動產者，於讓與合意時，即生效力。讓與動產物權，而讓與人仍繼續占有動產者，讓與人與受讓人間，得訂立契約，使受讓人，因此取得間接占有，以代交付。讓與動產物權，如其動產由第三人占有時，讓與人得以對於第三人之返還請求權，讓與於受讓人，以代交付。

二、所有權

　　所有權是指所有人在法令限制的範圍內，得自由使用、收益及處分其所有物的權利。

㈠不動產所有權

　　不動產是指土地及其定著物而言。土地所有權，除法令有限制外，於其行使有利益之範圍內，及於土地之上下。如他人之干涉，無礙其所有權之行使者，不得排除之。土地所有人經營事業或行使其他之權利，應注意防免鄰地之損害，並得排除他人侵入其地內。

㈡動產所有權

　　動產是指土地及其定著物以外之物。動產所有權的取得，有繼受取得與原始取得等二種，繼受取得是因繼承、強制執行、買賣、互易、贈與等事由，所取得之動產所有權；而原始取得是因即時取得、先占、或遺失物、漂流物、沉沒品之拾得、或埋藏物之發見等原因，所取得之動產所有權。

㈢共　　有

　　共有是指數人對於一物，享有同一之所有權。依民法的規定，共有得分為分別共有與公同共有等二種。

1.分別共有

　　數人對於一物，按其應有部分，共同享有一所有權之情形，稱之為分別共有（例如兄弟三人分別共有一土地所有權）。其共同之所有權人，稱之為共有人。而各共有人，按其應有部分，對於共有物之全部，有使用收益之權。同時各共有人，得自由處分其應有部分。共有物，除契約另有訂定外，由共有人共同管理之（但須共有人過半數及其應有部分合計過半數之同意行使之）；且共有物之處分、變更、及設定負擔，應得共有人全體之同意。

2.公同共有

　　數人基於其公同關係，而共有一物並共同享有一所有權，稱之為公同共有（例如甲、乙、丙三人公同共有一棟大廈之所有權）。其共有一物之權

利人,稱之為公同共有人。各公同共有人之權利,及於公同共有物之全部。公同共有人之權利義務,依其公同關係所由成立之法律、法律行為或習慣定之。除法律另有規定外,公同共有物之處分,及其他之權利行使,應得公同共有人全體之同意。又公同關係存續中,各公同共有人,不得請求分割其公同共有物。

三、地上權

地上權是指以在他人土地上下有建築物,或其他工作物為目的,而使用其土地之權利,例如承租他人之土地,並於土地上興建工廠是。依此,使用他人土地之權利人,稱之為地上權人;有土地所有權之人,稱之為土地所有人。地上權人,在使用他人土地之前,必須與土地所有人約定期限,並按期支付地租。地上權設定後,因土地價值之升降,依原定地租給付顯失公平者,當事人得請求法院增減之。地上權消滅時,地上權人得取回其工作物,並回復土地原狀,但工作物為建築物者,得請求土地所有人按時價補償。

四、農育權

農育權,係由永佃權演變而來。所謂農育權,即指在他人土地為農作、森林、養殖、畜牧、種植竹木或保育之權。農育權之獲得,須農育權人與土地所有人雙方訂定農育權期限及是否支付地租之約定。農育權之期限,不得逾二十年。但以造林、保育為目的者,不在此限。

五、不動產役權

不動產役權,原稱地役權,即以他人之不動產供自己不動產通行、汲水、採光、眺望、電信或其他以特定便宜之用為目的之權,不動產役權,既為供自己不動產便宜之用,而使用他人之不動產,則享用便宜之用之不動產,稱為需役不動產,供應便宜之用之不動產,稱為供役不動產。需役不動產役權人為行使其權利得為必要之設置或附隨之行為,但應擇於供役

不動產損害最少之處所及方法為之。

六、抵押權

　　抵押權是指債權人對於債務人或第三人，不移轉占有而供擔保之不動產，得就其不動產賣得價金優先受清償之權。抵押權之設定，原在確保債權之清償，為擔保物權之一種；此種擔保物權，有由債務人設定者，有由第三人為債務人設定者；抵押權於設定後，抵押權人對於擔保之抵押物取得支配權，於債務人不清償債務時，得就抵押物賣得價金而優先受清償。例如甲向乙借款新臺幣三百萬元，並以自己之房屋一棟為抵押物，屆期甲如不依約清償其債務，乙得就其甲之抵押物——房屋一棟予以出售，而將其賣得之價金，優先受清償。

七、質　權

㈠動產質權

　　動產質權是指因擔保債權，占有由債務人或第三人移轉之動產（例如賓士汽車一輛），得就其賣得之價金，受清償之權。動產質權之設定目的，在確保債權之清償，故為擔保物權之一種，得占有債務人或第三人移交之動產，並得於債務人不履行清償時，將動產賣得之價金作為清償。

㈡權利質權

　　權利質權是指以可讓與之債權及其他權利為標的物的質權。權利質權，除民法另有規定外，準用關於動產質權的規定。

八、典　權

　　典權是指支付典價，而在他人之不動產，為使用及收益，並於他人不回贖時，取得該不動產所有權之權。典權為我國固有之制度，類似變相之買賣，出典人於急需現款應急時，得以典物換得現款，並於典期屆滿時，以原典價回贖典物。

九、留置權

留置權是指債權人占有屬於其債務人之動產，而其債權之發生與該動產有牽連關係，在債權未受清償前，得留置債務人之動產為擔保之權利。例如留置債務人之有價證券是。

十、占　有

占有乃對於物有事實上之管領力。例如拾得無主之遺失物，則拾得人對於該物即有事實上之管領力，此種情況稱之為占有。

研究問題

一、何謂物權？民法規定的物權有那幾項？

二、何謂所有權？所有權人對物享有何種權益？

三、何謂地上權？何謂不動產役權？能否舉例說明。

四、何謂農育權？

五、何謂抵押權？倘債權已屆清償期而未受清償，抵押權人得為何種法定行為？

六、何謂動產質權？何謂權利質權？能否舉例說明。

七、何謂典權？出典人出典之典物如何回贖？請依己意說明。

八、何謂占有？何謂留置權？能否舉例說明。

第五節　民法親屬

民法親屬編的內容，有通則、婚姻、父母子女、監護、扶養、家、親屬會議等方面的規定，茲擇要概述之：

一、通　則

民法親屬的通則，是指民法的血親與姻親關係，所採用的通常法則；民法上對於親屬的通則，有如下的規定：

㈠親屬的種類

親屬是指有血統關係與婚姻關係的家屬團體。親屬依固有的傳統，可分下列二種：

1.血　親

血親是指有血統關係的親屬，如父母與子女是。血親又可分為自然血親及擬制血親二種，前者是指出生後即自然取得之血親身分，如婚生子女是；後者是指基於法律之規定，而取得之血親身分，如領養之養子女是。

2.姻　親

姻親是指有婚姻關係的親屬，如血親之配偶（例如姊妹之夫）、配偶之血親（例如妻之兄弟）、配偶之血親之配偶（例如妻之兄弟之妻）是。

㈡親屬的親系

親屬的親系，可分血親親系與姻親親系：

1.血親親系

⑴直系血親　稱直系血親者，謂己身所從出，或從己身所出之血親。己身所從出者，乃指直系血親尊親屬而言，如父母、祖父母等即是。從己身所出者，乃指直系血親卑親屬而言，如子女、孫子女等即是。

⑵旁系血親　稱旁系血親者，謂非直系血親，而與己身出於同源之血親，如叔伯、堂兄弟是。而凡與父母以上同輩者，稱之為旁系血親尊親屬；與子女以下同輩者，稱之為旁系血親卑親屬。

2.姻親親系

稱姻親者，謂血親之配偶、配偶之血親、及配偶之血親之配偶。

㈢親屬之親等

親屬之親等，是表示親屬關係的遠近，親等的數字小，表示親屬關係近；親等的數字大，表示親屬關係遠。親等的計算方法，有羅馬法與寺院法二種，我民法係採用羅馬法計算：

1.血親之親等

⑴直系血親之親等　直系血親之親等，是從己身上下數，以一世為一親等，例如父母與子女為一親等，祖父母與孫子女為二親等是。

(2)旁系血親之親等　旁系血親之親等,是從己身數至同源之直系血親,再由同源之直系血親,數至與之計算親等之血親,以其總世數為親等之數,例如同父母之兄弟與姊妹間,為二親等,同祖父母之兄弟姊妹與堂兄弟姊妹之間,為四親等。

2.姻親之親等

姻親之親等,其計算方法如下:

(1)血親之配偶,從其配偶之親等。

(2)配偶之血親,從其與配偶之親等。

(3)配偶之血親之配偶,從其與配偶之親等。

二、婚　姻

(一)婚　約

婚約是指男女雙方約定未來結婚之身分契約。依我國的傳統習俗,男女雙方正式結婚之前,必須先依禮俗訂定婚約,且必須由男方向女方預先納聘,訂婚後男女雙方均不得悔約。現行民法之規定,男女雙方固然得以自行訂定婚約,亦得以依法解除。男未滿十七歲,女未滿十五歲,不得訂定婚約。同時未成年人訂定婚約,應得法定代理人之同意。

唯民國一百零九年十二月二十五日立法院三讀通過的民法修正草案規定,為保障婦女與兒少權利,男女未滿十七歲皆不得訂定婚約,並定於民國一百十二年一月一日施行之。

(二)結　婚

結婚是指男女雙方以永久共同生活為目的所締結之身分契約。結婚,依民法的規定,須具備形式要件及實質要件,凡形式要件不具備者,其結婚無效;而違反實質要件者,得撤銷其婚姻。茲分述之:

1.結婚之要件

(1)結婚之形式要件　結婚應以書面為之,有二人以上證人之簽名,並應由雙方當事人向戶政機關為結婚之登記。

(2)結婚之實質要件　結婚,應具備之實質要件,包含下列各項:一、

男女須達法定年齡，即男滿十八歲、女滿十六歲，始得結婚。二、未成年人之結婚，已獲法定代理人之同意。三、非與近親結婚。四、非在監護關係存續中結婚。但經受監護人父母之同意者，不在此限。五、非重婚。

民國一百零九年十二月二十五日立法院三讀通過民法修正草案規定後，男女須達法定年齡，即男、女皆須滿十八歲，始得結婚，且未成年人不得結婚。

2.結婚之無效

結婚之無效是指結婚之行為，自始絕對的不發生法律上之效力。結婚，依民法的規定，有下列情形之一者，無效：

⑴不具備法定形式要件　即結婚無文書可證明，或文書無二人以上之證人簽名，或未向戶政機關辦理結婚登記。

⑵與近親結婚，違反法定實質要件　即結婚人倘與下列之親屬結婚者，無效：一、直系血親及直系姻親。二、旁系血親在六親等以內者。三、旁系姻親在五親等以內，輩分不相同者。

⑶有配偶者，重婚　但重婚之雙方當事人，因善意且無過失，信賴一方前婚姻消滅之兩願離婚登記，或離婚確定判決而結婚者，不在此限。

㈢離　婚

離婚是指夫妻經雙方之協議，或經法院之判決，而消滅其婚姻關係。依民法之規定，離婚之方式，有兩願離婚與判決離婚等二種，茲分述之：

1.兩願離婚

夫妻兩願離婚者，得自行離婚。但未成年人之離婚，應得法定代理人之同意。兩願離婚，應以書面為之，並應有二人以上證人之簽名，向戶政機關為離婚之登記。兩願離婚後，關於子女之監護，得由離婚之夫妻商定之。

立法院三讀通過民法修正草案規定後，因需成年使得結婚，故離婚已不需要得法定代理人之同意。

2.判決離婚

夫妻之一方，有下列情形之一者，他方得向法院請求離婚：

⑴重婚。但有請求權之一方於事前同意，或事後宥恕或知悉後已逾

六個月，或自其情事發生後已逾二年者，不得請求離婚。

(2)與配偶以外之人合意性交。但有請求權之一方於事前同意，或事後宥恕或知悉後已逾六個月，或自其情事發生後已逾二年者，不得請求離婚。

(3)夫妻之一方對他方為不堪同居之虐待。

(4)夫妻之一方對他方之直系親屬為虐待，或夫妻一方之直系親屬對他方為虐待，致不堪為共同生活。

(5)夫妻之一方以惡意遺棄他方，在繼續狀態中。

(6)夫妻之一方意圖殺害他方。但有請求權之一方，自知悉後已逾一年，或自情事發生後已逾五年者，不得請求離婚。

(7)有不治之惡疾。

(8)有重大不治之精神病。

(9)生死不明已逾三年。

(10)因故意犯罪，經判處有期徒刑逾六個月確定。但有請求權之一方，自知悉後已逾一年，或自情事發生後已逾五年者，不得請求離婚。

有前項以外之重大事由，難以維持婚姻者，夫妻一方得請求離婚。但其事由應由夫妻一方負責者，僅他方得請求離婚。

判決離婚者，關於子女之監護，得由離婚夫妻商定之，但法院亦得為子女之利益，酌定監護人。

夫妻之一方，因判決離婚而受有損害者，得向有過失之他方，請求賠償。但非財產上之損害，受害人亦得請求賠償相當之金額，但以受害人無過失者為限。

夫妻無過失之一方，因判決離婚而陷於生活困難者，他方縱無過失，亦應給與相當之贍養費。

三、父母子女

父母子女是指家屬的成員；關於子女的姓氏及住所，子女身分的取得，以及父母的權利義務等事項，民法上有下列之規定：

㈠子女之姓及住所

子女之從父姓或從母姓，由父母於子女出生登記前以書面約定。並得於子女成年前或成年後，變更為從父姓或從母姓。未成年之子女，以其父母之住所為住所。

㈡子女身分之取得

子女身分之取得，有因婚姻關係受胎而出生之所謂婚生子女；有非婚生子女而經生父認領、撫育之所謂認領子女；有收養他人之子女為子女之所謂養子女；茲依民法所定概述之：

1.婚生子女

婚生子女是指由婚姻關係受胎而生之子女。而妻之受胎，係在婚姻關係存續中者，推定其所生之子女為婚生子女。非婚生子女，其生父與生母結婚者，視為婚生子女。

2.認領子女

非婚生子女經生父認領者，視為婚生子女，其經生父撫育者，視為認領。

3.收養子女

收養他人之子女為子女時，其收養者為養父或養母，被收養者為養子或養女。

㈢父母之權利義務

父母之權利義務，依民法的規定，有下列各項：

1.父母之懲戒權

父母得於必要範圍內懲戒其子女，但不得逾越必要之程度。

2.父母之法定代理權

父母為其未成年子女之法定代理人。

3.父母之保護教養權

父母對於未成年子女，有保護及教養之權利義務。

4.父母之特有財產管理權

未成年子女，因繼承、贈與或其他無償取得之特有財產，由父母共同

管理，並有使用、收益之權。但非為子女之利益，不得處分之。

5.父母親職權之行使及負擔

對於未成年子女之權利義務，除法律另有規定外，由父母共同行使或負擔之。父母之一方不能行使權利時，由他方行使之。父母不能共同負擔義務時，由有能力者負擔之。父母對於未成年子女重大事項權利之行使意思不一致時，得請求法院依子女之最佳利益酌定之。

6.父母權利濫用之禁止

父母之一方濫用其對於子女之權利時，其未成年子女、主管機關、社會福利機構或其他利害關係人，得請求法院宣告停止其權利之全部或一部。

四、監　護

監護者，謂特定人對於特定人履行保護義務的法律行為也。例如父母對於智能障礙子女的教養，子女對於心神喪失、精神障礙、中風、老人癡呆症等的父母所為的照料，皆稱之為監護。監護，依民法的規定，有未成年人之監護與受監護宣告人之監護二種，茲分述之：

㈠未成年人之監護

未成年人，大多為無行為能力人或限制行為能力人，故除由充任法定代理人之父母一方，善盡保護之責外，凡未成年人無父母，或父母均不能行使、負擔對於其未成年子女之權利義務時，應置監護人。但未成年人已結婚者，不在此限（民國一百零九年十二月二十五日立法院三讀通過的民法修正草案規定，配合成年年齡與結婚年齡均修正為十八歲，將本條但書規定刪除）。

1.監護人之設置

監護人為行使、負擔對於其未成年子女之權利義務之特定人，其設置，依民法的規定，有下列三類：

⑴委託之監護人　即父母對其未成年之子女，得因特定事項，於一定期限內，以書面委託他人行使監護之職務。

⑵指定之監護人　即最後行使、負擔對於未成年子女之權利、義務之

父或母得以遺囑指定監護人。

(3)法定之監護人　即父母均不能行使、負擔對於未成年子女之權利義務，或父母死亡而無遺囑指定監護人時，依民法的規定，得依下列順序指定其監護人：

①與未成年人同居之祖父母。

②與未成年人同居之兄姊。

③不與未成年人同居之祖父母。

④其他（三親等旁系血親尊親屬、主管機關、社會福利機構）。

2.監護人之職務

監護人之職務，依民法的規定，有下列數項：

(1)行使或負擔對於未成年人之權利義務　即除另有規定外，監護人於保護、增進受監護人利益之範圍內，行使、負擔父母對於未成年子女之權利義務。但由父母暫時委託者，以所委託之職務為限。

(2)充任受監護人之法定代理人　監護人於監護權限內，為受監護人之法定代理人，故對於未滿七歲之無行為能力人，應代為意思表示或受意思表示；對於滿七歲以上之未成年人，得限制其意思表示或受意思表示，其所為之單獨行為，應經法定代理人之允許。

(3)開具財產清冊　即監護開始時，監護人對於受監護人之財產，應會同遺囑指定、當地直轄市、縣（市）政府指派或法院指定之人，於二個月內開具財產清冊。

(4)管理財產　受監護人之財產，由監護人管理。其執行監護之費用，由受監護人之財產負擔。監護人管理受監護人之財產，應以善良管理人或與處理自己事務為同一之注意。監護人對於受監護人之財產，非為受監護人之利益，不得使用、代為或同意處分。倘為不動產之購置或處分，應得法院之允許。

㈡**受監護宣告人之監護**

受監護（禁治產）人，大致因心神喪失或精神障礙或罹患其他嚴重之精神疾病，不能處理自己之事務，而由親屬聲請法院宣告為無行為能力之

人。受監護宣告之人，依民法的規定，應置監護人。

1.監護人之選定

法院為監護之宣告時，應依職權就下列之特定親屬、主管機關或社會福利機構等，選定一人或數人為監護人：

(1)配偶。

(2)四親等內之親屬。

(3)最近一年有同居事實之其他親屬。

(4)主管機關。

(5)社會福利機構。

(6)其他適當之人。

法院於選定監護人時，得同時指定會同開具財產清冊之人。

2.監護人之職務

監護人之職務，民法有「監護人於執行有關受監護人之生活、護養療治及財產管理之職務時，應尊重受監護人之意思，並考量其身心狀態與生活狀況」之明文；故監護人之職務，包括：一、監護受監護人之生活。二、護養療治，並注意其身心狀態。三、財產之管理。

五、扶 養

扶養者，謂特定親屬之間於他方無謀生能力時，給予生活上之援助與贍養者也，例如父母之扶養子女、子女之扶養老邁父母、兄弟之扶養失怙弟妹等。扶養，以受扶養者不能維持生活而無謀生能力者為限，茲依民法的規定，略述扶養之範圍、順序等。

(一)扶養之範圍

扶養之範圍，依民法的規定，下列親屬互負扶養之義務：

1.直系血親相互間。

2.夫妻之一方，與他方之父母同居者，其相互間。

3.兄弟姊妹相互間。

4.家長家屬相互間。

㈡扶養之順序

扶養之順序，在使扶養之責任專一，無可推卸其權利義務，茲依扶養權利人之順序與扶養義務人之順序分述如下：

1.受扶養權利人之順序

受扶養權利者，假若有數人，而負扶養義務者之經濟能力，不足扶養其全體時，依下列順序，定其受扶養之人：

(1)直系血親尊親屬。

(2)直系血親卑親屬。

(3)家屬。

(4)兄弟姊妹。

(5)家長。

(6)夫妻之父母。

(7)子婦、女婿。

惟同係直系尊親屬或直系卑親屬者，以親等近者為先。又，受扶養權利人，假若有數人，而其親等同一時，應按其需要之狀況，酌為扶養。

2.扶養義務人之順序

負扶養義務者，假若有數人時，應依下列順序，定其履行義務之人：

(1)直系血親卑親屬。

(2)直系血親尊親屬。

(3)家長。

(4)兄弟姊妹。

(5)家屬。

(6)子婦、女婿。

(7)夫妻之父母。

惟同係直系尊親屬或直系卑親屬者，以親等近者為先。又，負扶養義務者，倘若有數人，而其親等同一時，應各依其經濟能力，分擔義務。

研究問題

一、何謂直系血親？何謂旁系血親？試舉例說明之。

二、直系血親與旁系血親之親等如何計算？兄弟姊妹為多少親等之旁系血親？

三、何謂姻親？姻親與血親有何不同？

四、依民法規定男女必須滿多少歲才得以結婚？結婚應具備何種形式要件才有效？

五、在何種情形下，夫妻之一方，得向法院請求離婚？試列舉之。

六、子女有過失，父母是否可以懲戒？

七、婚生子女與養子女有何不同？

八、夫妻婚後沒有生育子女，是否可以向法院請求離婚？有何補救辦法？

第六節　民法繼承

繼承是指特定親屬間，因一方死亡，而由生存之他方承受其遺產之權利義務。有關親屬間之繼承問題，民法有下列之規定：

一、遺產繼承人之順序

遺產繼承人，除配偶外，依下列順序定之：甲、直系血親卑親屬。以親等近者為先。如有於繼承開始前死亡或喪失繼承權者，由其直系血親卑親屬代位繼承其應繼分。乙、父母。丙、兄弟姊妹。丁、祖父母。

二、遺產繼承人之應繼分

遺產繼承人如按其法定之繼承順序承受遺產，其同一順序之繼承人有數人時，按人數平均繼承。但法律另有規定者，不在此限。至於配偶，有相互繼承遺產之權，其應繼分，依下列各款所定：甲、與被繼承人之直系血親卑親屬同為繼承時，其應繼分與他繼承人平均。乙、與被繼承人之父母或兄弟姊妹同為繼承時，其應繼分為遺產之二分之一。丙、與被繼承人之祖父母同為繼承時，其應繼分為遺產之三分之二。丁、被繼承人如無直

系血親卑親屬、父母、兄弟姊妹、祖父母等親屬繼承其財產時，其配偶之應繼分為遺產之全部。

三、指定繼承人之遺囑

遺囑者，謂遺囑人於死亡前所表意之要式行為也。遺囑人於死亡前所表意之遺囑，其內容除繼承人之指定外，尚包括監護人之指定、遺產分割方法之指定、遺贈、遺產執行人之指定等，其採用之方式，不外有自書遺囑、公證遺囑、密封遺囑、代筆遺囑、口授遺囑等任何一種；同時為遺囑時，不得違反關於特留分之規定，但得以遺囑自由處分遺產。遺囑，自遺囑人死亡時，發生效力。

四、被繼承人債務之清償

被繼承人死亡後，如有未清償之債務，原則上應由繼承人（不限一人）以因繼承所得遺產為限，負連帶責任，清償之。繼承人之相互間對於被繼承人之債務，除法律另有規定或另有約定外，應按其應繼分比例負擔之。

五、繼承人之拋棄繼承

被繼承人死亡後，繼承人得拋棄其繼承權。繼承人之拋棄繼承權，應於知悉其得繼承之時起三個月內，以書面向法院聲請之。並應於拋棄繼承後，以書面通知因其拋棄而應為繼承之人。

研究問題

一、遺產繼承人，除配偶外，尚有何人有繼承權？請依順序之先後列舉之。

二、何謂繼承？配偶與被繼承人之父母或祖父母同為繼承時，其應繼分如何分配？

第七節　商事法規

商事法規是民法的特別法，其範圍包括公司法、票據法、保險法、海

商法等，茲擇要概述之：

一、公司法

公司法的內容，計有總則、無限公司、有限公司、兩合公司、股份有限公司、關係企業、外國公司、公司之登記及認許、附則等章次，因篇幅所限，僅就總則方面概述如下：

㈠公司的意義

公司是指以營利為目的，而依照公司法所組織、登記、成立之社團法人。

㈡公司的種類

公司，是以營利為目的，所組成的社團法人，依其組織的方式來分，得分為下列四種：

1.無限公司

指二人以上股東所組織，對公司債務負連帶無限清償責任之公司。

2.有限公司

指一人以上股東所組織，就其出資額為限，對公司負其責任之公司。

3.兩合公司

指一人以上無限責任股東，與一人以上有限責任股東所組織，其無限責任股東對公司債務負連帶無限清償責任;有限責任股東就其出資額為限，對公司負其責任之公司。

4.股份有限公司

指二人以上股東或政府、法人股東一人所組織，全部資本分為股份，股東就其所認股份，對公司負其責任之公司。

㈢公司的名稱

公司之名稱，應標明公司之種類，不得與他公司名稱相同。公司名稱中標明不同業務種類或可資區別之文字者，視為不相同。公司所營事業除許可業務應載明於章程外，其餘不受限制。公司不得使用易於使人誤認其與政府機關、公益團體有關或有妨害公共秩序或善良風俗之名稱。

㈣公司的登記

公司之登記，應由代表公司之負責人備具申請書，連同應備之文件一份，向中央主管機關（經濟部）申請之。由代理人申請者，應加具委託書。其代理人，以會計師、律師為限。公司之登記，原則上由中央主管機關訂定辦法行之。

㈤公司的解散

公司的解散，依公司法的規定，有命令解散與裁定解散兩種：

1.命令解散

命令解散是由中央主管機關基於職權或依據地方主管機關的報請或利害關係人的申請，所為的行政處分，依公司法的規定，凡有下列情事之一者，命令解散之：

　　⑴公司設立登記後六個月尚未開始營業者。（但已辦妥延展登記者，不在此限）

　　⑵公司開始營業後自行停止營業六個月以上者。（但已辦妥停業登記者，不在此限）

2.裁定解散

裁定解散是指公司之經營，有顯著困難或重大損害時，法院得依據股東之聲請，於徵詢主管機關及目的事業中央主管機關意見，並通知公司提出答辯後，以裁定命其解散。

二、票據法

票據法的內容，包括通則、匯票、本票、支票、附則等章次，因篇幅所限，僅概述通則方面之規定：

㈠票據的意義

票據是表彰金錢債權的一種典型的有價證券。所謂有價證券是指表彰具有財產價值的私權，而與該權利的發生、移轉或行使有不可分離關係的證券。換言之，票據是發票人向特定人約定支付一定金額，或委託受委託者代為支付一定金額的特種證券。前者如本票，後者如匯票、支票是。

(二)票據的種類

票據分為匯票、本票及支票。茲分述之：

1.匯 票

匯票是發票人簽發一定之金額，委託付款人於指定之到期日，無條件支付與受款人或執票人之票據。

2.本 票

本票是發票人簽發一定之金額，於指定之到期日，由自己無條件支付與受款人或執票人之票據。

3.支 票

支票是發票人簽發一定之金額，委託金融業者於見票時，無條件支付與受款人或執票人之票據。

所謂金融業者，係指經財政部核准辦理支票存款業務之銀行、信用合作社、農會及漁會等。

(三)票據的簽名

在票據上簽名者，依票據上所載文義負責。唯二人以上共同簽名者，應連帶負責。又票據上之簽名，得以蓋章代之，票據上倘若有記載金額之文字與號碼不符時，以文字為準。票據上雖有無行為能力人或限制行為能力人之簽名，不影響其他簽名之效力。代理人未載明為本人代理之旨而簽名於票據者，應自負票據上之責任。無代理權而以代理人名義簽名於票據者，應自負票據上之責任。代理人逾越權限時，就其權限外之部分，亦應自負票據上之責任。

(四)票據的記載

票據應記載票據法所規定之事項。倘記載票據法所不規定之事項者，不生票據上之效力。又欠缺票據法上所規定應記載事項之一者，其票據無效。但票據法別有規定者，不在此限。票據上之記載，除金額外，得由原記載人於交付前改寫之。但應於改寫處簽名。

(五)票據的取得

執票人善意取得已具備票據法所規定應記載事項之票據者，得依票據

文義行使權利；以惡意或有重大過失取得票據者，不得享有票據上之權利。

㈥票據的偽造、變造

票據之偽造或票據上簽名之偽造，不影響於真正簽名之效力。票據經變造時，簽名在變造前者，依原有文義負責。簽名在變造後者，依變造文義負責。不能辨別前後時，推定簽名在變造前。唯此項票據變造，其參與或同意變造者，不論簽名在變造前或變造後，均依變造文義負責。

㈦票據的喪失

票據喪失時，票據權利人得為止付之通知。但應於提出止付通知後五日內，向付款人提出已為聲請公示催告之證明。

三、保險法

保險法的內容，包括總則、保險契約、財產保險、人身保險、保險業、附則等章次，因篇幅所限，僅就總則方面的內容概述之。

㈠保險的意義

保險是指當事人約定，一方交付保險費於他方，他方對於因不可預料，或不可抗力之事故所致之損害，負擔賠償財物之行為。根據此項定義，交付保險費之一方，稱為要保人，而對不可預料或不可抗力所致之損害，負擔賠償財物之他方，稱為保險人。故要保人與保險人所訂的此項契約，稱為保險契約。

㈡保險的種類

保險可分為公保險與私保險兩大類，保險法所規定的保險，是以私保險為限。私保險又分為財產保險及人身保險，茲列舉之：

1.財產保險

財產保險，包括火災保險、海上保險、陸空保險、責任保險、保證保險及經主管機關（金融監督管理委員會）核准之其他財產保險。

2.人身保險

人身保險，包括人壽保險、健康保險、傷害保險及年金保險。

(三)保險利益

保險利益，得就財產保險之保險利益及人身保險之保險利益等兩方面列舉之：

1.財產保險之保險利益

要保人對於財產上之現有利益，或因財產上之現有利益而生之期待利益，有保險利益。

運送人或保管人對於所運送或保管之貨物，以其所負之責任為限，有保險利益。

2.人身保險之保險利益

要保人對於下列各人之生命或身體，有保險利益：

(1)本人或其家屬。

(2)生活費或教育費所仰給之人。

(3)債務人。

(4)為本人管理財產或利益之人。

其次，凡基於有效契約而生之利益，亦得為保險利益。

(四)保險契約的簽訂

保險契約，依保險法的規定，應以保險單或暫保單為之。且保險契約之簽訂，應由保險人於同意要保人聲請後辦理。保險契約由代理人訂明者，應載明代訂之意旨；由合夥人或共有人中之一人或數人訂立，而其利益及於全體合夥人或共有人者，應載明為全體合夥人或共有人訂立之要旨。

(五)保險費之交付

保險費分一次交付及分期交付兩種，要保人，即被保險人應依契約規定交付。唯保險契約規定一次交付或分期交付之第一期保險費，應於契約生效前交付之。

(六)保險人之責任

依保險法的規定，保險人，即保險公司對於由不可預料或不可抗力之事故所致之損害，負賠償責任；對於由要保人或被保險人之過失所致之損害，負賠償責任；對於因履行道德上之義務所致之損害，負賠償責任；對

於因要保人或被保險人之受僱人，或其所有之物或動物所致之損害，負賠償責任；對於因戰爭所致之損害，負賠償責任；對於要保人或被保險人，為避免或減輕損害之必要行為所生之費用，負償還之責。

四、海商法

海商法的內容，包括通則、船舶、運送、船舶碰撞、海難救助、共同海損、海上保險、附則等章次，茲擇要舉述之：

㈠海商法的意義

海商法是指規律海上企業活動的一種商事法規，也就是海上企業活動的特別法律。所謂海上企業活動，是以海上的貨物與旅客的運送為企業的標的，而以船舶的運載為工具的商事活動。

㈡運送契約

以船舶之全部或一部供運送為目的，而簽訂之契約，稱之為運送契約。運送契約，應以書面為之。

1.貨物運送

貨物運送之契約，有以件貨之運送為目的，有以船舶之全部或一部供運送為目的；以船舶之全部或一部供運送為目的之運送契約，應載明：一、當事人姓名或名稱，及其住所、事務所或營業所。二、船名及對船舶之說明。三、貨物之種類及其數量。四、契約期限或航程事項。五、運費。以船舶之全部或一部供運送之契約，不因船舶所有權之移轉而受影響。運送人所供給之船舶如有瑕疵，不能達運送契約之目的時，託運人得解除契約。託運人於託運貨物時，對於交運貨物之名稱、數量、或其包裹之種類、個數及標誌之通知，應向運送人保證其正確無訛，其因通知不正確所發生或所致之一切毀損、滅失及費用，由託運人負賠償責任。運送人對於承運貨物之裝卸、搬移、堆存、保管、運送及看守，應為必要之注意及處置。同時對於違禁物及不實申報物之運送，應拒絕之。

2.旅客運送

旅客運送是指以載運旅客為目的之運送契約；旅客於購妥船票後，運

送人或船長應依船票所載，運送旅客至目的港。倘船舶不於預定之日發航者，旅客得解除其運送契約。旅客在船舶發航或航程中，不依時登船，或船長依職權實行緊急處分迫令其離船者，仍應給付全部票價。船舶因不可抗力不能繼續航行時，運送人或船長應設法將旅客運送至目的港。旅客之目的港，如發生天災、戰亂、瘟疫或其他特殊事故，致船舶不能進港卸客者，運送人或船長得依旅客之意願，將其送至最近之港口或送返乘船港。

(三)船舶碰撞

船舶在中華民國領海內水港口河道內碰撞者，法院對於加害之船舶，得扣押之；唯碰撞不在中華民國領海內水港口河道內，而被害者為中華民國船舶或國民，法院於加害之船舶進入中華民國領海後，得扣押之。船舶之碰撞，依海商法的規定，碰撞係因於一船舶之過失所致，由該船舶負損害賠償責任，倘各船舶有共同過失時，各依其過失程度之比例負其責任，不能判定其過失之輕重時，各方平均負其責任，但有過失之各船舶，對於因死亡或傷害所生之損害，應負連帶責任。碰撞，係因不可抗力而發生者，被害人不得請求損害賠償。

(四)海難救助

船舶碰撞後，各碰撞船舶之船長，應於不危害其船舶、海員或旅客之範圍內，對於他船舶船長、海員及旅客盡力救助；除有不可抗力之情形外，在未確知繼續救助為無益前，船舶應停留於發生災難之處所，並應於可能範圍內，將其船舶名稱及船籍港並開來及開往之處所，通知於他船舶。至於船舶發生其他海難時，船長應於不危害其船舶、海員、旅客之範圍內，對於淹沒或其他危難之人應盡力救助。而凡對於船舶或船舶上財物施以救助而有效果者，得請求相當之報酬。

研究問題

一、何謂公司？公司之種類有那幾種？試舉述之。

二、何謂票據？票據之種類有那些？試舉述之。

三、何謂保險？保險的種類有那些？試舉述之。

四、何謂運送契約？運送契約有那幾種？請舉例說明。

第三章　刑法及少年事件處理法

第一節　刑法的概念

一、刑法的意義

　　甲觸犯了刑法的殺直系血親尊親屬之罪，被法院依刑法第二百七十二條第一項的規定，判處死刑；乙、丙、丁三人，觸犯了刑法的擄人勒贖罪，被法院依刑法第三百四十七條第一項的規定，各判處無期徒刑；戊為公務員，觸犯了刑法的瀆職罪，被法院依刑法第一百二十一條的規定，判處有期徒刑二年四個月，褫奪公權一年；己為公務員，洩露國防以外應祕密的消息，被法院依刑法第一百三十二條第一項的規定，判處有期徒刑八個月，緩刑二年，並准予易科罰金；庚冒用警察制服，觸犯了刑法的冒充公務員服章官銜罪，被法院依刑法第一百五十九條的規定，科處罰金……。

　　何謂刑法？簡單的說，凡規定犯罪與刑罰的法律，稱為刑法。詳細的說，一個人的行為，在何種情況下才算是犯罪？犯了何種罪名？應該如何處罰？法律規定得很清楚，這種法律稱為刑法。

　　刑法有廣義與狹義之別。廣義的刑法是指凡具有刑罰規定的法典，通稱為刑法，例如槍砲彈藥刀械管制條例、貪污治罪條例、妨害兵役治罪條例、懲治走私條例、洗錢防制法、毒品危害防制條例等，甚至礦業法（第六十九條）、公司法（第九條、第十九條）、稅捐稽徵法（第四十一條至第四十三條）等亦包括在內。至於狹義的刑法，是指經立法機關制定，而由總統公布的現行刑法。

二、刑法的性質

　　刑法是規範犯罪與刑罰的法典，其性質，包括下列幾項：

㈠刑法是國內法

舉凡適用於國際間的法律，例如國際公法，即稱為國際法。而適用於一國統治領域範圍內的法律，即稱為國內法。我國刑法係適用於中華民國領域內之法律，故為國內法。

㈡刑法是成文法

舉凡法律是以國家通用的文字，有系統、有組織的規定，並經立法程序制定完成的法律，稱之為成文法。而未曾以通用的文字，有系統、有組織的規定，並經制定程序的法律，稱之為不成文法。我國刑法的內容，係以中華民國通用之文字，有系統、有組織的規定，並經立法程序制定的，故為成文法。

㈢刑法是公法

舉凡法律是規範國家與國家間，或國家與人民間權利義務關係的法規，稱之為公法。而凡規範人民相互間權利義務關係的法規，稱之為私法。我國刑法是規範國家與人民間，權利義務關係的法律，故為公法。

㈣刑法是普通法

舉凡法律適用於國內一般人及一般事項者，稱之為普通法。而凡適用於特別身分之人及特別事項者，稱之為特別法。我國刑法是適用於國內一般人、一般事項者，故為普通法。

㈤刑法是實體法

舉凡規範權利與義務關係的法律，稱之為實體法。而規範實現權利與義務關係的程序，稱之為程序法。我國刑法是規範權利與義務關係的本體法律，故為實體法。

㈥刑法是強行法

舉凡法律的規定均必須一律遵守，不容違背者，稱之為強行法。而凡容許私人自由選擇，任意決定是否遵守法律規定或適用法律規定的，稱之為任意法。我國刑法是規範犯罪與刑罰的法律，任何人均必須知法、守法，不得明知故犯，觸犯刑法上明文規定不得作為的罪行，否則將繩之以法，依法科處刑罰，故刑法是強行法。

三、刑法的功能

刑法是為維持社會秩序,增進社會安全所制定,其功能大致有下列幾項:

㈠規範犯罪的行為

刑法以明文規定,何種情況的行為,構成犯罪要件;何種情況的行為,得阻卻違法責任;何種情況的特定行為人,得減輕或免除其刑事責任;何種情況的犯罪行為人,得加重其刑;何種情況的犯罪行為人,應科處何種刑罰等。一方面提供規範供法官審判刑事案件之依據,俾避免其濫用審判權,剝奪犯罪行為人之生命、身體、自由之權益;一方面揭示規範警惕國人克制私慾,遵守法律,避免傷人利己,製造事故,侵犯他人身體、生命、自由、名譽、財產之權益。

㈡保障社會的安全

法律能保障社會的安全,才能安定民心,促進國家的富強,經濟的繁榮;刑法規範犯罪行為與刑事制裁,使犯罪者能獲得合理的懲罰,同時在刑罰之處遇、教育下,能促其改過遷善,重新做人。刑法的目的,不重在如何威嚇、處罰犯罪人,而重在如何防止犯罪,保障社會的安全,增進人民生活的安定、有序。

㈢保護私人的權益

私人的生命、身體、自由、名譽、財產等權益,不容他人之侵害與剝奪。舉凡有剝奪或侵害他人生命、身體、自由、名譽或財產等權益之犯罪行為人,被害者得依法律的規定,訴請法院排除其侵害,並繩之以法,科處刑罰,以示炯戒。刑法規範犯罪與刑罰,其目的亦在保護私人的權益。

四、刑法的原則

刑法的適用,以罪刑法定主義為主要基本原則,其次尚有由罪刑法定主義所延伸或牽涉的種種原則,茲分述如下:

㈠罪刑法定主義

犯罪與刑罰,必須有法律的明文規定。因此何種行為觸犯法律,構成

犯罪要件合致性；何種犯罪罪情，應科處何種刑罰，法律均必須有明文規定可依據，此稱之為罪刑法定主義。例如刑法第一條「行為之處罰，以行為時之法律有明文規定者為限」之規定，便是揭櫫罪刑法定主義之原則。

(二)從舊從輕原則

法律之適用，不外乎有甲、從舊主義。乙、從新主義。丙、從輕主義。丁、折衷主義（從舊從輕及從新從輕）等四種原則。過去我國刑法採從新從輕原則，故舊法律一經修正，即適用修正之最新法律，但舊法律如較有利於行為人者，則例外得適用舊法律。刑法第二條第一項的「行為後法律有變更者，適用裁判時之法律。但裁判前之法律有利於行為人者，適用最有利於行為人之法律」的規定，便是揭櫫刑法所主張的從新從輕原則。民國九十四年二月二日大幅修正的刑法第二條第一項的明文，則變更為從舊從輕主義，如「行為後法律有變更者，適用行為時之法律，但行為後之法律有利於行為人者，適用最有利於行為人之法律」是。

(三)不溯及既往原則

刑法的不溯及既往原則，是主張既往的行為，法律既無刑罰的規定，縱然現在法律已修正或變更，而成為有刑罰規定的犯罪行為，亦不能溯及既往的行為，加以追訴處罰，以保障行為人的生命、身體、自由、名譽等之權益，維護罪刑法定主義之精神。倘若新修正之法律，因有刑罰之新規定，而能溯及行為人之既往行為，加以追訴處罰，不但無以保障行為人之人權，尚且違背罪刑法定主義堅守之原則。

(四)禁止類推解釋原則

刑法是規範犯罪與刑罰的法典，何種行為觸犯刑罰法律，構成犯罪要件；何種犯罪罪情，應科處何種刑罰，刑法均有明文規定。適用法律時自應審酌犯罪行為，援用適當之法條，以定其罪名，舉凡沒有明文規定為犯罪的行為，絕不可類推解釋，以免發生曲解而比附援引相近似的條文，解釋成為犯罪而誤定其罪名，才不致違背罪刑法定主義之精神。

(五)習慣排斥原則

民法第一條雖有「民事，法律所未規定者，依習慣」之規定，而刑法

因堅守罪刑法定主義,故何種行為構成何種罪名,何種罪名科處何種刑罰,均以明文規定,無明文規定的習慣,自然排斥適用,不能成為刑法的法源。故犯罪的認定、刑罰的科處,固然排斥習慣的援用,即使法院的審判,亦排斥以裁量設定犯罪與刑罰,此即習慣法的排除適用。

㈥否定絕對不定期刑原則

罪刑法定主義,主張犯罪與刑罰,均須以明文規定,且每一種罪名,均必須有確定之法定刑,供審判時作為科處刑罰之依據,而絕對不定期刑之處遇,有背法定刑之原則,故為罪刑法定主義所否定。

五、刑法的效力

刑法的效力,得就時的效力、地的效力、人的效力等三方面分述之:

㈠關於時的效力

法律始於施行,終於廢止,刑法亦然。我刑法既已於中華民國二十四年一月一日公布,同年七月一日起施行,則施行之後,即具有拘束力,而施行之前之行為,不得追訴處罰,此為法律不溯及既往之原則。譬如刑法第一條「行為之處罰,以行為時之法律有明文規定者為限」之規定,便是揭櫫罪刑法定主義與刑法不溯既往之原則。唯行為時,法律(舊法)已有科處刑罰之明文規定,而行為後,法律因修正或變更,致修正或變更後之法律(新法),亦有科處刑罰之明文規定,在新法與舊法競合適用時,究應適用何項法律,立法例不外有下列數種:

1.從舊主義

不論新舊法有如何不同,適用行為時之舊法,對犯罪行為人科處刑罰。

2.從新主義

不論新舊法有如何不同,適用行為後之新法,對犯罪行為人科處刑罰。

3.折衷主義

即折衷於從舊與從新之間,有從舊法,但新法較輕者,從新法;有從新法,但舊法較輕者,從舊法。

我刑法第二條第一項因有「行為後法律有變更者,適用行為時之法律。

但行為後之法律有利於行為人者，適用最有利於行為人之法律」之規定，故我刑法關於時的效力，是採從舊從輕的折衷主義。

㈡關於地的效力

刑法關於地的效力，立法例互殊，歸納起來約有以下數種：

1.屬地主義

凡在本國領域內犯罪者，不問其國籍何屬（本國人或外國人），均適用本國刑法制裁。

2.屬人主義

凡屬本國人，無論在國內或國外犯罪，均應受本國刑法之制裁。

3.保護主義

凡有侵害本國或本國人之法益，不問其侵害者之國籍何屬，亦不問其在本國或外國領域犯罪，均應適用本國刑法制裁。

4.世界主義

凡本國人或外國人，在本國或外國領域，侵害世界共同維護之法益者，均應接受本國或外國刑法之制裁。

5.折衷主義

以屬地主義為原則，而兼採其他主義之長以輔助之。例如對於在本國領域內犯罪者，不問犯罪人與被害者之國籍何屬，皆依本國刑法制裁之，即採屬地主義。而本國人在領域外，犯刑法第五條所列各款之罪情者，亦適用本國刑法制裁之，即採屬人主義。又外國人在領域外，對本國或本國人，犯刑法第五條所列各款之罪者，亦得適用本國刑法制裁之，即兼採保護主義。至於妨害世界共同利益之犯罪，不問犯罪人之國籍何屬，犯罪地何處，亦得採本國刑法制裁之，即兼採世界主義。

關於地的效力，我刑法採折衷主義，即以屬地主義為原則，屬人主義為輔助，並兼採保護主義及世界主義以補充之。

㈢關於人的效力

凡在中華民國領域內犯罪，不問其犯罪人之國籍何屬，均應受本國刑法之制裁，任何人皆不得例外。唯各國立法通例，對於具有特殊身分關係

之人，設有例外；例如我國所採取的例外措施：

　1.國內法上之例外

　　甲、總統在任期中，除犯內亂或外患罪外，非經罷免或解職，不受刑事上之訴究。

　　乙、立法委員在院內所為之言論及表決，對院外不負責任。且除現行犯外，在會期中，非經立法院許可，不得逮捕或拘禁。

　2.國際法上之例外

　　凡外國元首、外國代表及其家屬、侍從人員等，均享有治外法權，不受本國刑法之拘束與支配❶。

研究問題

一、請說明刑法的性質及其功能。

二、何謂罪刑法定主義？

三、何謂法律不溯既往原則？

四、何謂從新從輕原則？

五、法律的效力如何？請就時的效力、地的效力及人的效力加以說明。

六、刑法是否可以適用習慣？請說明之。

第二節　刑法總則

　　刑法總則之內容，包括法例、刑事責任、未遂犯、共犯、刑、累犯、數罪併罰、刑之酌科及加減、緩刑、假釋、時效、保安處分等章次，茲擇要概述之。

一、法　例

　　法例是指刑法得以適用之法則或條例，其主要的規定有下列各項：

---

❶　本節內容，係摘錄自拙著　法律與人生（93.3 三版二刷　五南圖書出版公司印行）第二七五頁至第二八四頁。

㈠罪刑法定主義

刑法有「行為之處罰，以行為時之法律有明文規定者，為限」之規定，故何種行為構成犯罪，何種犯罪行為應對之如何處罰，均須法律予以明文規定，法律無明文規定應處罰的行為，即不得任意處罰，此為刑法所信守的罪刑法定主義原則。罪刑法定主義，又包涵下列四項原則：

　1.習慣不得為刑法法源。

　2.刑法效力不溯既往。

　3.禁止類推解釋。

　4.否定絕對不定期刑。

㈡刑罰之從舊從輕

刑法前第二條第一項：「行為後法律有變更者，適用裁判時之法律。但裁判前之法律有利於行為人者，適用最有利於行為人之法律。」修正為「行為後法律有變更者，適用行為時之法律。但行為後之法律有利於行為人者，適用最有利於行為人之法律」之明文規定後，乃使刑罰向來採取的從新從輕主義，變更為從舊從輕主義。

㈢刑法之適用

刑法有「本法於在中華民國領域內犯罪者，適用之」、「在中華民國領域外之中華民國船艦或航空器內犯罪者，以在中華民國領域內犯罪論」，又「犯罪之行為或結果，有一在中華民國領域內者，為在中華民國領域內犯罪」……等的規定，足見刑法的適用，採屬地主義。

刑法的適用，雖然以屬地主義為原則，但亦有採保護主義或屬人主義者，例如刑法的「本法於凡在中華民國領域外犯左列各罪者，適用之：一、內亂罪。二、外患罪。三、……四、……五、偽造貨幣罪。……」的規定，是採保護主義。而刑法的「本法於中華民國公務員在中華民國領域外犯左列各罪者，適用之：一、第一百二十一條至第一百二十三條……之瀆職罪。二、第一百六十三條之脫逃罪。三、第二百十三條之偽造文書罪。四、……」的規定，是採取屬人主義。

㈣刑法用語之解釋

稱以上、以下、以內者，俱連本數或本刑計算。

稱公務員者，謂依法令從事於公務之人員。如刑法第十條第二項所列人員。包括一、依法令服務於國家、地方自治團體所屬機關而具有法定職務權限，以及其他依法令從事於公共事務，而具有法定職務權限者。二、受國家、地方自治團體所屬機關依法委託，從事與委託機關權限有關之公共事務者。

稱公文書者，謂公務員職務上制作之文書。

稱重傷者，謂下列傷害：

　1.毀敗或嚴重減損一目或二目之視能。

　2.毀敗或嚴重減損一耳或二耳之聽能。

　3.毀敗或嚴重減損語能、味能或嗅能。

　4.毀敗或嚴重減損一肢以上之機能。

　5.毀敗或嚴重減損生殖之機能。

　6.其他於身體或健康，有重大不治或難治之傷害。

稱性交者，謂非基於正當目的所為之下列性侵入行為：

　1.以性器進入他人之性器、肛門或口腔，或使之接合之行為。

　2.以性器以外之其他身體部位或器物進入他人之性器、肛門，或使之接合之行為。

稱電磁紀錄者，謂以電子、磁性、光學或其他相類之方式所製成，而供電腦處理之紀錄。

稱凌虐者，謂以強暴、脅迫或其他違反人道之方法，對他人施以凌辱虐待行為。

二、未遂犯

未遂犯是指行為人已著手於犯罪行為之實行，而未達既遂狀態之犯罪行為。未遂犯，既未發生犯罪行為之結果，則其處罰，以有特別規定者為限。未遂犯，依其態樣之不同，得分為下列三種：

㈠普通未遂

普通未遂是指行為人已著手實行犯罪行為，因意外之障礙，致犯罪行為未能完成之狀態，例如某一少婦攜帶兩瓶汽油彈，潛入銀行欲搶劫鈔票，因遭到數名警察抵制，懼而掉頭逃逸。普通未遂，有稱為障礙未遂，有稱為狹義未遂。

㈡中止未遂

中止未遂是指行為人已著手犯罪行為之實行，而因己意中止或防止其結果之發生，致未發生犯罪之行為結果。例如甲飆車少年與乙飆車少年，因細故爭吵，甲飆車少年忽拔刀欲殺乙飆車少年，旋又深覺過於衝動，乃收刀逕自駛離乙飆車少年是。

㈢不能未遂

不能未遂是指行為人已著手於犯罪行為之實行，或已實行完畢，但其行為根本不能發生犯罪之結果，又無其危險性，致不能達於既遂之違法狀態。例如以水槍射人，以少量瀉藥滲入飲料中毒害他人是。

未遂犯之處罰，以有特別規定者為限，並得按既遂犯之刑減輕之。但其行為不能發生犯罪之結果，又無危險者，不罰。

三、共　犯

共犯是指二人以上，共同實施犯罪之行為，共負違法之刑事責任。共犯，依刑法之規定，有下列三種態樣：

㈠共同正犯

凡二人以上共同實行犯罪之行為，共同分擔行為後果的責任的罪犯，稱之為共同正犯，例如二人以上共同性侵害婦女是。

㈡教唆犯

凡教唆他人使之實行犯罪行為者，稱為教唆犯。例如甲少女教唆乙少年，行刺女教師丙，為其洩恨消氣是。教唆犯，依其所教唆之罪處罰之。

㈢幫助犯

凡幫助他人實行犯罪行為者，稱為幫助犯。雖他人不知幫助之情者，

亦同。例如甲少年深夜偷竊某國小之電腦器材及設備，乙少年路過撞見竟協助其搬運是。幫助犯之處罰，得按正犯之刑減輕之。

四、刑

　　刑是對於行為人所為的犯罪行為，依其情節的輕重，所為的刑事處罰。刑，得就刑之種類、刑之易科等加以舉述：

㈠刑之種類

　　刑，分為主刑及從刑。主刑又稱為本刑，從刑又稱為附加刑，依罪刑法定主義之原則，主刑及從刑，均須明文規定之。

　　1.主刑之種類

　　⑴死刑　死刑又稱為生命刑，乃剝奪犯罪行為人生命法益之刑事處罰。

　　⑵無期徒刑　無期徒刑又稱為無期限的長期自由刑，乃剝奪犯罪行為人之身體自由，將其終身拘禁於監獄中，使其與社會隔離之刑事處罰。

　　⑶有期徒刑　有期徒刑又稱為有期限的彈性自由刑，乃於一定期間內，剝奪犯罪行為人之身體自由，將其拘禁於監獄中，使其與社會暫時隔離之刑事處罰。有期徒刑之科處，自二月以上，十五年以下。但遇有加減時，得減至二月未滿，或加至二十年。

　　⑷拘役　拘役為有彈性的短期自由刑之一種，乃於一定期間內，剝奪犯罪行為人之身體自由，將其拘禁於監獄中，並使其服勞役之一種最輕的刑事處罰。拘役之科處，自一日以上，六十日未滿。但遇有加重時，得加至一百二十日。

　　⑸罰金　罰金又稱為財產刑，乃科處犯罪行為人繳納一定金額之刑事處罰。罰金之科處，有專科罰金、選科罰金、併科罰金、易科罰金之別，得由法官以裁判宣告之。

　　2.從刑之種類

　　褫奪公權有稱為資格刑，有稱為權利刑，有稱為能力刑，有稱為名譽刑，乃剝奪犯罪行為人享有公法上一定權利的資格的一種刑事處罰，為從刑。褫奪公權，乃褫奪下列之資格：甲、為公務員之資格。乙、為公職候

選人之資格。凡宣告死刑或無期徒刑者，宣告褫奪公權終身。凡宣告一年以上有期徒刑，依犯罪之性質，認為有褫奪公權之必要者，宣告褫奪公權一年以上十年以下。

㈡物之處分

沒收原為財產刑之一，亦為從刑之一，唯新修正之刑法，已成為獨立宣告之強制處分。沒收是剝奪與犯罪有關之物之所有權，而將其強制收歸於國庫之一種刑事處分。得以沒收之物，有下列三種：甲、違禁物。乙、供犯罪所用或供犯罪預備之物。丙、因犯罪所生或所得之物。沒收，有併科沒收與單獨沒收之別，法院法官得於裁判時，斟酌情形宣告之。

㈢刑之易科

刑之易科是指較輕之刑，因具備法定原因，以他種處罰代替其刑之一種權宜性刑事處罰。刑之易科，依刑法之規定，有下列三種：

1.易科罰金或易服社會勞動

易科罰金是指犯最重本刑為五年以下有期徒刑以下之刑之罪，而受六個月以下有期徒刑或拘役之宣告者，得以新臺幣一千元、二千元或三千元折算一日，易科罰金，此為以罰金代替其所宣告之刑之一種刑事處罰。即所謂易科罰金也。唯得易科罰金而未聲請易科罰金者，易服社會勞動。又受六月以下有期徒刑或拘役之宣告，不得易科罰金之規定者，得易服社會勞動。

2.易服勞役或易服社會勞動

易服勞役是指犯罪人對於法院科處之罰金，無力完納，得以服勞役代替其罰金之一種權宜性處罰。依刑法規定，罰金應於裁判確定後兩個月內完納。期滿而不完納者，強制執行。其無力完納者，易服勞役。易服勞役，以新臺幣一千元、二千元或三千元折算一日。但勞役期限不得逾一年。易服勞役期內納罰金者，以所納之數，依裁判所定之標準折算，扣除勞役之日期。罰金易服勞役，除有一、易服勞役期間逾一年。二、入監執行逾六個月有期徒刑併科或併執行之罰金。三、因身心健康之關係，執行社會勞動顯有困難……等情形之一者外，得以提供社會勞動六小時折算一日，易

服社會勞動。

　　3.易以訓誡

　　易以訓誡是指犯罪人受拘役或罰金之宣告，而犯罪動機在公益或道義上顯可宥恕者，得以訓誡處分代替拘役或罰金之刑罰，故易以訓誡是一種代替性處分。

五、累　犯

　　累犯是指犯罪行為人曾經因犯罪受徒刑之執行完畢，或一部之執行而赦免後，五年以內故意再犯有期徒刑以上之罪者。累犯，因犯罪人惡性重大，不知悔改，應加重其本刑至二分之一。

　　又犯罪行為人，因強制工作而免其刑之執行者，於受強制工作處分之執行完畢或一部之執行而免除後，五年以內故意再犯有期徒刑以上之罪者，以累犯論。

六、數罪併罰

　　數罪併罰是指犯罪行為人於裁判確定前犯數罪，得於裁判時併合處罰之。數罪併罰，於裁判確定後，發覺仍有未經裁判之餘罪者，就餘罪處斷。

㈠想像競合犯

　　想像競合犯是指一行為，同時發生數結果，觸犯數罪名也，例如甲少年投擲土製炸彈一枚，炸死乙少年，炸傷丙、丁、戊等三少年，並震破他人之門窗，即以一投擲炸彈之行為，觸犯殺人、傷害及毀損他人財物之罪，此即想像競合犯之犯罪態樣。想像競合犯，既然觸犯數罪名，依刑法之規定，應從一重處斷。但不得科以較輕罪名所定最輕本刑以下之刑。

㈡牽連犯

　　牽連犯是指犯一罪，而其方法或結果之行為，又犯其他罪名者，例如甲少年於白晝侵入他人住宅，翻箱破櫃竊取財物，為鄰人發覺，報警逮捕移送法辦。甲少年所犯之罪，為竊盜罪，但其方法行為觸犯無故侵入他人住宅之罪，結果行為又犯毀損他人財物之罪，此即為牽連犯之犯罪態樣。

牽連犯，依刑法之規定，應從一重處斷。民國九十四年二月二日大幅修正的刑法，將第五十五條的牽連犯規定予以刪除。雖然如此，牽連犯的犯罪態樣仍有可能發生，故特別予以保留，並加以介紹。

㈢連續犯

連續犯是指犯罪行為人連續數行為，而犯同一之罪名也。例如甲少年在中正路搶劫財物後，又在中山路搶劫財物……，如此連續數行為，而犯同一之搶劫罪名，即所謂連續犯。連續犯，依刑法之規定，以一罪論。但得加重其刑至二分之一。唯新修正之刑法，已刪除第五十六條之此項規定。而採取一罪行一處罰，數罪併罰之措施。

有關數罪併罰之方法，刑法第五十一條有詳盡之規定，此處不一一列舉。

七、緩　刑

緩刑是指對於受刑之宣告者，於一定之期間內，暫緩其刑之執行之制度，亦即對於初犯及輕微犯罪者，雖宣告短期自由刑、拘役或罰金之刑罰，但因其情節輕微，認為以暫不執行為適當，故預定一定之期間，暫緩其刑之執行之制度也。

刑法因有「受二年以下有期徒刑、拘役或罰金之宣告，而有下列情形之一，認為以暫不執行為適當者，得宣告二年以上五年以下之緩刑，……」之規定，故緩刑之要件，有下列四項：

  ⑴須受二年以下有期徒刑、拘役或罰金之宣告。

  ⑵須未曾因故意犯罪受有期徒刑以上刑之宣告。

  ⑶若前因故意犯罪受有期徒刑以上刑之宣告，執行完畢或赦免後，五年以內未曾因故意犯罪受有期徒刑以上刑之宣告。

  ⑷須認為以暫不執行為適當。

八、假　釋

假釋者，乃對於受徒刑執行之人，經過法定期間，確有悛悔實據，於

一定條件下，暫停其刑之執行而釋放出監之制度也。受刑人出監後，如在一定期間內，不再犯罪，其未執行之刑，視同已執行論。唯如果在假釋期內再犯罪，而受有期徒刑以上刑之宣告時，即撤銷其假釋，將應執行之刑，重新送監予以執行。

　　刑法因有「受徒刑之執行而有悛悔實據者，無期徒刑逾二十五年，有期徒刑逾二分之一、累犯逾三分之二，由監獄報請法務部，得許假釋出獄。」之規定，因此，假釋的要件，包括下列各項：

　　　(1)須受徒刑之執行。

　　　(2)徒刑之執行須逾法定期間。即無期徒刑之執行須逾二十五年後；
　　　　　有期徒刑之執行須逾二分之一（累犯三分之二）後，且須服刑滿
　　　　　六個月。

　　　(3)須有悛悔實據❷。

研究問題

一、何謂罪刑法定主義？刑法關於罪刑之法定，有何規定？

二、何謂未遂犯？何謂共犯？何謂教唆犯？

三、刑，分為主刑與從刑，主刑與從刑之種類各有那些？

四、何謂想像競合犯？何謂牽連犯？何謂連續犯？

五、何謂緩刑？宣告緩刑之條件如何？

六、何謂假釋？假釋之條件如何？

---

❷　刑法第七十七條修正理由謂：「晚近之犯罪學研究發現，重刑犯罪者，易有累犯之傾向，且矯正不易，再犯率比一般犯罪者高，因此在立法上為達到防衛社會之目的，漸有將假釋條件趨於嚴格之傾向」，故我國參考美國所採之「三振法案」，犯下最輕本刑五年罪名的累犯，經假釋後又再犯下最輕本刑五年以上的罪名，即是犯了三次重罪，不得申請假釋。

第三節　刑法分則及常犯的罪行

一、侵害國家法益的罪行

侵害國家法益之罪，依刑法分則的規定，包括內亂罪、外患罪、妨害國交罪、瀆職罪、妨害公務罪、妨害投票罪、妨害秩序罪、脫逃罪、藏匿人犯及湮滅證據罪、偽證及誣告罪等十大種類，其中以觸犯瀆職罪者較多，茲就最常見的罪行，舉述如下：

㈠瀆職罪

瀆職罪行，皆以公務人員為犯罪主體。公務人員為依法令從事公務之人，故平日處理公務，應依據法律的規定，不得徇私舞弊，不得敷衍塞責，同時應遵守公務員服務法的規定，嚴以律己、潔身自愛、堅守崗位、奉公守法，不得有違法或失職的行為。茲將公務員較易觸犯的瀆職罪情，列舉如下：

1.公務員受賄罪

公務員應廉潔自愛，嚴以律己，執行職務時，以方便民眾、服務民眾為前提，不得收取賄賂、收取回扣、收取禮物、收取「紅包」，並接受盛宴招待。若公務員對於職務上的行為或對於違背職務之行為，要求、期約或收受賄賂或其他不正當利益，即觸犯了刑法的受賄罪，應科處有期徒刑或併科罰金或褫奪公權的處罰。

2.公務員圖利罪

公務員有固定的薪俸，有合理的待遇，生活已能獲得確切的保障，平日執行職務時，是非應分明，不應唯利是圖，目無法紀，倘若公務員對於主管或監督之事務，直接或間接圖利自己或他人者，即觸犯公務員圖利罪，應科處刑罰。

㈡妨害公務罪

現今一般民眾，因不諳法律，故觸犯本罪者，甚為普遍，茲將觸犯本罪較多之相關罪行，列舉如下：

1.一般妨害公務罪

即於公務員依法執行職務時，施強暴脅迫者，例如對於攔車臨檢之警察，予以辱罵毆打是。

2.聚眾妨害公務罪

即於公務員依法執行職務時，公然聚眾施強暴、脅迫者，例如對於拆除違章建築之公務員，公然聚眾予以毆打，其在場毆打或助勢之人，即觸犯了本罪。

3.妨害考試罪

即對於依考試法舉行之考試，以詐術或其他非法之方法，使其發生不正確之結果者，例如為國家考試命題之教師，故意洩漏試題給與自己所任課之學生是。

㈢妨害投票罪

投票，是一種選賢舉能的方法，應該尊重民意，由人民依據自己的意思，去投被支持者一票，候選人應憑自己的操守、才幹、熱忱與形象，去爭取選民的好感，千萬別耍花招，而以金錢、禮品去賄賂選民，汙染選舉的風氣。

目前，我國的民主政治，已向下紮根，奠定了良好的基礎，舉凡總統、副總統、立法委員的選舉，乃至直轄市市長、議員，或各縣（市）縣（市）長、縣（市）議員的選舉，無不由人民投票選出，假如選舉時期，候選人均以金錢、禮品賄賂選民，則其選舉結果，自然發生不公、不正的流弊。不但落選的候選人不滿，一般民眾也會引以為恥。茲將最容易觸犯妨害投票罪的罪情，列舉如下：

1.投票受賄罪

即有投票權之人，收受候選人的賄賂。例如收受由他人轉交之金錢、禮品是。

2.投票行賄罪

即候選人或候選人委託第三人，交付賄賂給與有投票權之人。例如交付金錢、禮物、禮品是。

3.誘惑投票罪

即以生計上之利害,誘惑投票人為一定之投票行為。例如告以當選後,補助多少錢為其修復住屋、整建庭院是。

二、侵害社會法益的罪行

侵害社會法益的罪情,依刑法分則的規定,包括公共危險罪、偽造貨幣罪、偽造有價證券罪、偽造度量衡罪、偽造文書印文罪、妨害性自主罪、妨害風化罪、妨害婚姻及家庭罪、褻瀆祀典及侵害墳墓屍體罪、妨害農工商罪、鴉片罪、賭博罪等十二種,其中犯罪行為較多者,為妨害性自主罪、妨害婚姻及家庭罪、毒品罪、妨害風化罪、公共危險罪、偽造貨幣罪等,茲舉述數項如下:

㈠**妨害性自主罪**

強制性交罪、加重強制性交罪、強制猥褻罪等罪行,原屬於刑法分則規範的妨害風化罪,唯新修正公布之刑法,則將其規範為妨害性自主罪。以強暴、脅迫、恐嚇或其他方法,使對方與其為猥褻或性交之行為,因而觸犯了本罪。本罪最常發生的罪情,大約有下列幾種態樣:

1.違反性自主意願的強制性交罪

即對於男女以強暴、脅迫、恐嚇、催眠術或其他違反其性自主意願之方法而為性交者。

2.利用不知抗拒的乘機性交罪

即對於男女利用其心智低劣、精神障礙、身心缺陷或其他相類之情形,不能或不知抗拒而為性交者。

3.強制性交之殺人結合犯

即對於男女以強暴、脅迫、恐嚇、催眠術或其他違反其性自主意願之方法而為性交;或利用其心智低劣、精神障礙、身心缺陷或其他相類似之情形,不能或不知抗拒而為性交,並故意殺害被害人者。

㈡**妨害婚姻及家庭罪**

婚姻是男女雙方以共同生活為目的,所締結的身分契約,依民法的規

定，男未滿十八歲，女未滿十六歲，不得結婚（民國一百零九年十二月二十五日立法院三讀通過民法修正草案後，男女未滿十八歲，不得結婚，於民國一百十二年一月一日施行之），同時結婚時應遵守一夫一妻制的原則，不得同時與二人以上之男女結婚，結婚之後，配偶不得重為婚姻，以免觸犯刑法的重婚罪。男女雙方既然結婚，則必須相互敬愛，誠摯相待，不應同床異夢、各懷疑心，倘若有配偶之人，仍頻頻與人通姦，不但不忠於家室，在過去會觸犯刑法的通姦罪。現大法官作出釋字第 791 號解釋，認為對通姦行為以刑罰處置，違反憲法的比例原則，又其允許對於配偶撤回告訴者，其效力不及於相姦人的規定，違反平等權。故認為通姦罪違反憲法，自解釋公布之日起失其效力。

(三)**毒品罪**

　　吸食鴉片、罌粟、麻煙及其抵癮物品，或施打嗎啡、使用高根、海洛因或其化合質料等煙毒物品，有礙個人身心之健康，易促使個人之精神日漸萎靡，身體日漸衰弱，且染及他人，為害至大，易擴及整個社會，降低國民之體質，故不得不防制。唯目前製造、運輸、販賣、持有或施用毒品者，大有人在，甘願冒刑罰的風險，或私自製造、運輸、販賣；或由國外走私、闖關。毒品，依其成癮性、濫用性及對社會危害性，分為三級，第一級包括海洛因、嗎啡、鴉片、古柯鹼……。第二級包括罌粟、古柯、大麻、安非他命……。第三級西可巴比妥、K 他命等，舉凡製造、運輸、販賣、持有或施用第一級毒品者，較之第二級毒品或第三級毒品的刑罰為重，唯目前查緝毒品之走私、闖關，雖甚嚴格，但觸犯製造、運輸、販賣、持有或施用毒品之罪者，仍甚普遍。

(四)**妨害風化罪**

　　社會風氣必須淨化，善良風俗才得以保存，而國民的品質與國家的形象，才得以提升。近幾年來，經過政府機關大力掃黃，色情場所、色情行業，已逐漸減少；而販賣色情錄影片，雖是一種新興的行業，經過一番取締、一番掃蕩，也逐漸消聲匿跡，社會風氣似乎淨化了許多。唯妨害善良風俗的罪行，仍難徹底消滅於無形，其較易觸犯的罪情，如下列所舉：

1.以媒介男女性交為營利者

即意圖使男女與他人為性交或猥褻之行為，而引誘、容留或媒介以營利者。例如媒介陪宿女郎是。

2.販賣足以挑起性慾之猥褻物品者

即製造、持有猥褻之文字、圖畫、淫聲、影像或其他物品，並著手散布、播送或販賣者。例如販賣性交錄影片是。

㈤公共危險罪

社會生活，以公共安全為第一，絕不容許任何人因故意或過失，而造成公共危險，危害及公眾的生命、身體及財產的保障。倘若有人不顧公共安全，肆意放火燒燬公共場所，或以自製之炸藥向民宅亂投，造成公共危險，危害及公眾的生命與財產，自為法律所不容許。目前國內因為人口稠密、房屋鱗次櫛比，因此常因電線走火或用火不當，致頻頻發生火災、火警，例如臺中市衛爾康餐廳，即因用火不小心，瓦斯管破裂瓦斯漏逸，致轟然爆炸，而釀成六十四人死亡的慘劇！刑法所列的公共危險罪，其罪情雖然二十多種，但仍以觸犯失火罪及觸犯火患危險罪者居多。

㈥偽造貨幣罪

貨幣為買賣、交易之媒介，足以掌控社會之經濟、人類之生活；貨幣量多者，可以享受富裕之生活，量少者終生窮苦潦倒，無以維生，因此任何人莫不汲汲於貨幣之賺取與累積。所謂：「金錢萬能」、「有錢萬事通」，貨幣已成為主宰生活的重要鑰匙。唯現行貨幣多由紙張印製而成，故少數投機取巧的歹徒，常以身試法，印製偽鈔，意圖供行使之用而觸犯了偽造貨幣罪。

三、侵害個人法益的罪行

侵犯個人法益之罪，依刑法分則的規定，包括殺人罪、傷害罪、墮胎罪、遺棄罪、妨害自由罪、妨害名譽及信用罪、妨害祕密罪、竊盜罪、搶奪強盜及海盜罪、侵占罪、詐欺背信及重利罪、恐嚇及擄人勒贖罪、贓物罪及毀棄損壞罪等十四種，其中觸犯較多的罪行，不外殺人罪、擄人勒贖罪、搶奪財物罪、竊盜罪、傷害罪等，茲分述之：

㈠殺人罪

社會是人與人相互關係的生活場地。在這瞬息萬變的生活場地，人與人之間，必須和諧相處，各就自己的角色，分工合作，才能促進社會的進步。唯人是感情複雜的動物，稍與人有摩擦、衝突的不愉快情緒，一旦失去理智，任其發洩、爆發，甚易造成外界的危害，例如殺人、傷害，常是在情緒最激動、最強烈的時刻，所犯下的滔天大罪。茲就觸犯較多、或令人震驚的殺人罪，列舉如下：

1.殺直系血親尊親屬之罪

即犯罪行為人置倫理道德於不顧，殺害己身所從出的父母親或祖父母是。

2.義憤殺人罪

即當場激於義憤而殺人者，例如看不慣暴徒欺侮弱小，憤而持刀殺之。

3.普通殺人罪

即基於故意而殺害人者。

4.過失致人於死罪

即因過失致人於死者，例如駕車不慎，而撞死路人是。

㈡擄人勒贖罪

有缺錢花用或債臺高築者，在需錢孔急的時刻，竟然鋌而走險，夥同臭氣相投的朋儕，覓定作案對象，幹起擄人勒贖的罪行。擄人勒贖罪，罪刑甚重，凡意圖勒贖，而擄人者，處無期徒刑或七年以上有期徒刑；因而致人於死者，處死刑、無期徒刑或十二年以上有期徒刑；故意殺被害人者，處死刑或無期徒刑；強制性交被害人者，處死刑或無期徒刑或十二年以上有期徒刑；致重傷者，處無期徒刑或十年以上有期徒刑。

㈢搶奪財物罪

意圖為自己或第三人不法之所有，而搶奪他人財物者，處六個月以上五年以下有期徒刑。

㈣竊盜罪

意圖為自己或第三人不法之所有，而竊取、竊佔他人之動產或不動產

者，處五年以下有期徒刑、拘役或五十萬元以下罰金。

(五)傷害罪

人與人之間，常因細故、或利害關係的衝突，致發生肢體排斥的鬥毆行為，重則殺人致死，輕則傷人身體，均為觸犯刑罰法律的行為。依刑法的規範，傷害罪，有重傷罪與普通傷害罪之別，前者係使人受重傷，或致人於死，罪刑較重，非告訴乃論；而後者係傷害人之身體或健康，罪刑較輕，告訴乃論。目前傷害罪與殺人罪，均為觸犯較多之罪行，但因若干較為輕微的傷害罪，係告訴乃論，故表面上看來，似乎觸犯殺人罪者，為多、為嚴重❸。

(六)詐欺罪

詐騙錢財的犯罪行為，刑法上稱之為詐欺罪，乃是指犯罪行為人意圖為自己或他人不法之所有，以詐術使人交付錢財的一種經濟型犯罪形態。

詐騙錢財，在過去的年代，其所採取的手段、技倆，常常較為粗糙、傳統，譬如以有瑕疵的貨品，騙取他人錢財或以虛偽的假仁慈心，關懷攜有錢財的老翁、老嫗，而後乘其未提防或眼力不注意時，以假鈔或紙張掉包騙取真鈔，或以偽善的面孔，勸人出錢投資企業，而後捲款逃之夭夭。而現在，詐騙者的詐騙錢財手段與技倆，已趨向多樣化、科技化、複雜化、隱祕化。譬如有以網路刊載出售價廉物美的貨品（例如數位照相機、電腦、手機等）以騙取網購者之錢財（指明先匯款、再以宅急便寄達貨品。但網購者常未接到訂購的貨品，且無法聯絡網路賣主），有以語音電話，誘騙接聽電話者將存款匯入安全帳號，騙取其錢財者（即偽告其銀行的存款帳號，已遭詐騙集團作為洗錢工具，檢察機構正著手偵查，為保全其存款，必須配合檢察署將存款提出，而匯入監管之安全帳號）或偽告其中大獎，並藉機騙取錢財者（即偽告其中大獎，但必須先繳付會員費，或先繳付稅金，才能撥給獎金）。目前詐騙集團的詐騙勾當，遍及城鄉、鄰里，值得社會大眾多加警惕。

---

❸ 本節內容，係摘錄自拙著　法律與人生（93.3 三版二刷　五南圖書出版公司印行）第三二〇頁至第三三一頁。

研究問題

一、侵害國家法益的罪行，共有幾種？你認為那幾種罪行最普遍？請列舉說明之。

二、侵害社會法益的罪行，共有幾種？你認為那幾種罪行最普遍？請列舉說明之。

三、侵害個人法益的罪行，共有幾種？你認為那幾種罪行最普遍？請列舉說明之。

四、何謂擄人勒贖罪？何謂搶劫罪？有何異同？請依你的看法說明之。

五、有婦之夫與有夫之婦，是否可以享有婚外情？如果有通姦行為，被任何一方發覺，得以何種罪名提起告訴？是否可以法外和解？請發表你的看法。

六、何謂性騷擾？請你下一定義，說明其界限。

第四節　少年事件處理法

少年事件處理法是刑法的特別法，其內容包括總則、少年法院之組織、少年保護事件、少年刑事案件、附則等章次，除附則部分因篇幅所限，不擬贅述外，其餘擇要分述如下：

一、總　　則

少年事件處理法，是以刑法及刑事訴訟法為母法，所制定之一種新體系之特別法律，兼具程序法與實體法之體制，適用於國內特定年齡範圍內之少年保護事件，及少年刑事案件之處理。

㈠少年之年齡範圍

稱少年者，謂十二歲以上十八歲未滿之人。

㈡少年法院之管轄事件

下列事件，由少年法院依本法處理之：

　1.少年有觸犯刑罰法律之行為者。

　2.少年有下列情形之一，而認有保障其健全自我成長之必要者：

　　⑴無正當理由經常攜帶危險器械。

　　⑵有施用毒品或迷幻物品之行為而尚未觸犯刑罰法律。

　　⑶有預備犯罪或犯罪未遂而為法所不罰之行為。

前項第二款所指之保障必要，應依少年之性格及成長環境、經常往來對象、參與團體、出入場所、生活作息、家庭功能、就學或就業等一切情狀而為判斷。

二、少年法院之組織

直轄市設少年法院，其他縣（市）得視其地理環境及案件之多寡，分別設少年法院（迄至目前各直轄市、縣（市）尚無少年法院之設，而高雄市少年法院早已改制為少年及家事法院）。尚未設少年法院之地區，於地方法院設少年法庭。但得視實際情形，其職務由地方法院原編制內人員兼任，依本法執行之。高等法院及其分院，設少年法庭。

㈠組織體系

少年法院（不包括少年及家事法院）分設刑事庭、保護庭、調查保護處、公設輔佐人室，並應配置心理測驗員、心理輔導員及佐理員於調查保護處。少年法院之組織，除本法有特別規定者外，準用法院組織法有關地方法院之規定。至於高等法院及其分院所設之少年法庭，其組織體系，則隸屬於高等法院及其分院。

㈡人員編制

少年法院（不包括少年及家事法院）之人員編制，依其職務性質之不同，得分為如下：

1.院　長

少年法院置院長一人，綜理院務。院長之任用，除須具有一般之資格外，尚應遴選具有少年保護之學識、經驗及熱忱者充之。其遴選辦法，由司法院定之。

2.庭長及法官

少年法院置刑事庭、保護庭庭長及法官若干人。高等法院及其分院少年法庭置庭長及法官若干人，其任用除須具有一般之資格外，尚應遴選具有少年保護之學識、經驗及熱忱者充之。庭長及法官之遴選辦法，由司法院定之。

3.處長及組長

少年法院調查保護處置處長一人，由少年調查官或少年保護官兼任，綜理及分配少年調查及保護事務；其人數合計在六人以上者，應分組辦事，各組並以一人兼任組長，襄助處長。

4.公設少年輔佐人

少年法院或高等法院及其分院少年法庭，置公設輔佐人若干人，其任用除須具有一般之資格外，尚應遴選具有少年保護之學識、經驗及熱忱者充之。

5.少年調查官及少年保護官

少年法院調查保護處，設少年調查官及少年保護官若干人。少年調查官所掌之職務：一、調查、蒐集關於少年保護事件之資料。二、對於少年觀護所少年之調查事項。三、法律所定之其他事務。少年保護官所掌之職務：一、掌理由少年保護官執行之保護處分。二、法律所定之其他事務。少年調查官及少年保護官執行職務，應服從法官之監督。

6.心理測驗員、心理輔導員及其佐理員

心理測驗員、心理輔導員及其佐理員，均配置於少年法院調查保護處。心理測驗員，職掌少年之心理測驗施測、解析及協助訓練輔導員等事項；心理輔導員，職掌少年之心理輔導及協助保護處分之執行、訓練輔導員等事項；而佐理員則協助少年調查官、少年保護官處理一般調查輔導保護行政工作等事宜。心理測驗員、心理輔導員及其佐理員，於隨同少年調查官或少年保護官執行職務者，應服從其監督。

7.書記官及執達員

少年法院或高等法院及其分院少年法庭，所配置之書記官，掌理少年保護事件及少年刑事案件之調查及審理記錄，暨有關少年保護事件及少年刑事案件之分案、文牘、統計、繕寫……等事務。少年法院或高等法院及其分院少年法庭所配置之執達員，掌理送達文件，或其他職務上應執行之工作，如執行同行書之送達是。書記官及執達員如隨同少年調查官或少年保護官執行職務者，應服從其監督。

三、少年保護事件

少年有觸犯刑罰法律之行為，或有危害自身健全成長之行為時，少年法院得就利害關係人之報告、請求或移送為事件之調查與審理。

㈠少年保護事件之受理

少年保護事件之受理，有下列種種規定：

1.報　告

不論何人知有第三條第一項第一款「少年有觸犯刑罰法律之行為」之事件者，得向該管少年法院報告。

2.移　送

司法警察官、檢察官或法院於執行職務時，知有第三條第一項第一款「少年有觸犯刑罰法律之行為者」，應移送該管少年法院；知有第三條第一項第二款「少年有危害自身健全成長者」，得通知少年住所、居所或所在地之少年輔導委員會處理之。

3.請求、通知

對於少年有監督權人、少年之肄業學校、從事少年保護事業之機關或機構，發現少年有第三條第一項第二款「少年有危害自身健全成長」之情形者，得通知少年住所、居所或所在地之少年輔導委員會處理之。

㈡少年保護事件之調查

少年保護事件之調查，有下列種種規定：

1.調查之事項

少年法院接受移送、報告或請求之事件後，應先由少年調查官調查該少年與事件有關之行為、其人之品格、經歷、身心狀況、家庭情形、社會環境、教育程度以及其他必要之事項，於指定之期限內提出報告，並附具建議。

2.調查之人員

少年與事件有關之行為，以及少年個案資料之調查，應先命少年調查官調查之，並提出報告，附具建議。

3.調查之結果

少年保護事件，經少年法院為調查之結果，得為下列之裁定：

甲、移送於有管轄權之法院檢察署檢察官

乙、不付審理

丙、開始審理

㈢少年保護事件之審理

少年保護事件之審理，得就審理期日之指定、審理之方式、審理中之交付觀察、審理結果之裁定等，分別概述之：

1.審理期日之指定

少年法院審理事件，應定審理期日。審理期日，除傳喚少年、少年之法定代理人或現在保護少年之人外，並應通知少年之輔佐人。

少年或少年之法定代理人或現在保護少年之人，得隨時選任少年之輔佐人。犯最輕本刑為三年以上有期徒刑之罪，未經選任輔佐人者，少年法院應指定適當之人輔佐少年。

2.審理之方式

審理期日，應調查必要之證據。少年應受保護處分之原因、事實，應依證據認定之。少年法院審理少年保護事件，應依規定之審理方式行之：

⑴獨任審理事件　少年保護事件之審理，仍以法官一人獨任行之。審理期日，書記官應隨同法官出席，制作審理筆錄。

⑵審理得不公開　審理不公開，但得許少年之親屬、學校教師、從事少年保護事業之人或其他認為相當之人在場旁聽。

⑶開庭不拘形式　法官與書記官於開庭執行審理期日之程序，得不著制服，且不拘形式，審理事件時法官除應以和藹懇切之態度行之之外，並得參酌事件之性質與少年之身心、環境狀態，不於法庭內進行審理。

⑷不採言詞辯論　少年法院為少年保護事件之審理，不採言詞辯論，但許少年、少年之法定代理人或現在保護少年之人所選任之少年輔佐人，為有利於少年之陳述；且審理期日訊問少年時，應予少年之法定代理人或現在保護少年之人以陳述意見之機會。

⑸審訊予以隔離　少年法院在審理期日訊問少年，認為有必要時，於少年為陳述時，不令少年以外之人在場。少年以外之人為陳述時，不令少年在場。

3.審理中之交付觀察

少年法院為決定宜否為保護處分或應為何種保護處分，認有必要時，得以裁定將少年交付少年調查官為六月以內期間之觀察，或徵詢少年調查官之意見，將少年交付適當之機關、學校、團體或個人為之，並受少年調查官之指導。少年法院並得依職權或少年調查官之請求，變更觀察期間或停止觀察。惟少年調查官應將觀察結果，附具建議提出報告。

4.審理結果之裁定

少年法院就少年保護事件，為審理期日之程序後，應為下列審理結果之裁定：

甲、移送於有管轄權之法院檢察署檢察官

少年法院依審理之結果，認為少年係犯最輕本刑為五年以上有期徒刑之罪，且少年犯罪時已滿十四歲；或少年犯罪案件在繫屬少年法院後，少年已滿二十歲者，均應以裁定移送於有管轄權之法院檢察署檢察官，依法偵查追訴。至於少年之犯罪案件，少年法院如認為情節重大，參酌其品行、性格、經歷等情狀，以受刑事處分為適當，且少年之年齡已滿十四歲者，亦得以裁定移送於有管轄權之法院檢察署檢察官，依法偵查追訴。

乙、不付保護處分

少年法院依審理之結果，認為事件不應或不宜付保護處分者，應裁定諭知不付保護處分。

丙、諭知保護處分

少年法院依審理之結果，認為保護事件之少年應付保護處分者，應以裁定諭知下列之保護處分：

⑴訓誡，並得予以假日生活輔導。

⑵交付保護管束，並得命為勞動服務。

⑶交付安置於適當之福利、教養機構、醫療機構、執行過渡性教育

措施或其他適當措施之處所輔導。

(4)令入感化教育處所，施以感化教育。

少年有下列情形之一，得於前項保護處分之前或同時諭知下列處分：

(1)少年施用毒品或迷幻物品成癮，或有酗酒習慣者，令入相當處所實施禁戒。

(2)少年身體或精神狀態顯有缺陷者，令入相當處所實施治療。

(四)少年保護處分之執行

少年保護處分之執行，不論係由法官、少年保護官或其他適當之機關、團體或個人負責實施，其目的均在藉處分之執行，以矯正、輔導、治療或保護少年，使少年在專人之監督、教育、訓誨與引導之下，能改善行狀，轉移氣質、涵養品性，而重適社會正常生活。

1.訓誡之執行

對於少年之訓誡，應由少年法院法官，向少年指明其不良行為，曉諭以將來應遵守之事項，並得命立悔過書。行訓誡時，應通知少年之法定代理人或現在保護少年之人及其輔佐人到場。訓誡處分之執行，應自處分裁定之日起，二年內執行之，逾期免予執行。

2.假日生活輔導之執行

少年之假日生活輔導，由少年法院交付少年保護官於假日為之，對少年施以個別或群體之品德教育，輔導其學業或其他作業，並得命為勞動服務，使其養成勤勉習慣及守法精神。少年之假日生活輔導，自三次至十次，由少年保護官視其輔導成效而定其次數，但應自處分裁定之日起，二年內執行之，逾期免予執行。

3.保護管束之執行

保護管束，係非收容性之保護處分，其執行之人員、執行之辦法、執行之限制、執行之處遇等，少年事件處理法有下列之規定：

(1)執行之人員　對於少年之保護管束，由少年保護官掌理之。但少年法院得依少年保護官之意見，將少年交付適當之福利或教養機構、慈善團體、少年之最近親屬或其他適當之人保護管束，受少年保護官之指導。

(2)執行之辦法　保護管束由少年保護官掌理，少年保護官應告訴少年以應遵守之事項，與之常保接觸，注意其行動，隨時加以指示，並就少年之教養、醫治疾病、謀求職業及改善環境，予以相當輔導。同時少年保護官為執行保護管束職務，應與少年之法定代理人或現在保護少年之人，為必要之洽商。另保護管束所命之勞動服務，為三小時以上，五十小時以下，由少年保護官執行，其期間視輔導之成效而定。

(3)執行之限制　保護管束之執行，其期間不得逾三年。少年受保護管束處分之執行，至多執行至滿二十一歲為止。保護管束處分，自執行之日起，經過三年未執行者，非經少年法院裁定應執行時，不得執行之。

(4)執行之處遇　保護管束之執行，已逾六個月，著有成效，認為無繼續執行之必要者，或因事實上之原因，以不繼續執行為宜者，少年保護官得檢具事證，聲請少年法院免除其執行。少年在保護管束執行期間，違反應遵守之事項，不服從勸導達二次以上而有觀察之必要者，少年保護官得聲請少年法院裁定留置於少年觀護所中，予以五日以內之觀察。少年違反應遵守之事項，情節重大，或曾受前述五日以內之留置觀察處分後，再違反應遵守之事項，足認為保護管束難收效果者，少年保護官得聲請少年法院裁定撤銷保護管束，將所餘之執行期間令入感化教育處所施以感化教育。但所餘之期間不滿六個月者，應執行至六個月。

4.安置輔導之執行

安置輔導，係少年事件處理法所創設之另一種收容性質之保護處分，乃少年法院將有犯罪傾向之保護事件少年，轉介福利或教養機構為適當之輔導措施，藉以改善少年之行狀，培養其重適社會正常生活之能力，其執行之辦法、執行之限制、執行之處遇等情形，如下列所述：

(1)執行之辦法　少年之交付安置輔導，由少年法院依其行為性質、身心狀況、學業程度及其他必要事項，分類交付適當之福利、教養機構執行之，受少年法院之指導。

(2)執行之限制　少年之交付適當之福利、教養機構為安置輔導，其期間為二月以上二年以下。且至多執行至滿二十一歲為止。

⑶執行之處遇　安置輔導之執行，已逾二月，著有成效，認無繼續執行之必要者，或有事實上原因以不繼續執行為宜者，少年保護官負責安置輔導之福利或教養機構、醫療機構、執行過渡性教育措施或其他適當措施之處所、少年、少年之法定代理人或現在保護少年之人，得檢具事證，聲請少年法院免除其執行。安置輔導執行已逾二月，認有變更安置輔導之福利或教養機構、醫療機構、執行過渡性教育措施或其他適當措施之處所之必要者，少年保護官、少年、少年之法定代理人或現在保護少年之人，得檢具事證或敘明理由，聲請少年法院裁定變更。安置輔導期滿，少年保護官負責安置輔導之福利或教養機構、醫療機構、執行過渡性教育措施或其他適當措施之處所、少年、少年之法定代理人或現在保護少年之人，認有繼續安置輔導之必要者，得聲請少年法院裁定延長，延長執行之次數以一次為限，其期間不得逾二年。少年在安置輔導期間，違反應遵守之事項，情節重大，或曾受留置觀察處分後，再違反應遵守之事項，足認安置輔導難收效果者，少年保護官負責安置輔導之福利或教養機構、醫療機構、執行過渡性教育措施或其他適當措施之處所、少年之法定代理人或現在保護少年之人，得檢具事證，聲請少年法院裁定撤銷安置輔導，將所餘之執行期間，令入感化處所施以感化教育，其所餘之執行期間不滿六月者，應執行至滿六月。少年無正當理由拒絕接受安置輔導，少年調查官、少年保護官、少年之法定代理人或現在保護少年之人、少年福利或教養機構、醫療機構、執行過渡性教育措施或其他適當措施之處所，得聲請少年法院核發勸導書，經勸導無效者，各該聲請人得聲請少年法院裁定留置少年於少年觀護所中，予以五日以內之觀察。

5.感化教育之執行

感化教育，係指對於不適宜刑事處分，而具有犯罪危險性之保護事件少年，為革除其不良習性，培養其重適社會正常生活之能力，將其收容於特定之處所，施以有助改善其行狀之特別教育。有關感化教育之執行，少年事件處理法有下列之規定：

⑴執行之辦法　對於少年施以感化教育時，由少年法院依其行為性質、

身心狀況、學業程度及其他必要事項，分類交付適當之福利、教養機構、醫療機構、執行過渡性教育措施、其他適當措施之處所或感化教育機構執行之，受少年法院之指導。

(2)執行之限制　感化教育之執行，其期間不得逾三年。感化教育之處分，自應執行之日起，經過三年未執行者，非經少年法院裁定應執行時，不得執行之。

(3)執行之處遇　執行感化教育已逾六個月，認為無繼續執行之必要者，得由少年保護官或執行機關檢具事證，聲請少年法院裁定免除或停止其執行。前項停止感化教育之執行者，所餘之執行期間，應由少年法院裁定，交付保護管束。

6.禁戒及治療之執行

禁戒及治療之處分期間，以戒絕治癒或至滿二十歲為止；其處分與保護管束一併諭知者，同時執行之；與安置輔導或感化教育一併諭知者，先執行之。但其執行無礙於安置輔導或感化教育之執行者，同時執行之。

7.保護處分執行費用之負擔

少年法院諭知保護處分之裁定確定後，其執行保護處分所需教養費用，得斟酌少年本人或對少年負扶養義務人之資力，以裁定命其負擔全部或一部；其特殊清寒無力負擔者，豁免之。此項裁定，得為民事強制執行名義，由少年法院囑託地方法院民事執行處強制執行，免徵執行費。

四、少年刑事案件

對於少年犯罪之刑事追訴及處罰，以由少年法院移送之案件為限，茲就其規定，分述如下：

㈠少年刑事案件之偵查

少年刑事案件之偵查，由地方檢察署之檢察官為之，茲就案件之受理、偵查之開始、偵查之方式、偵查之結果、少年被告之羈押等概述之：

1.案件之受理

地方檢察署之檢察官，對於少年法院所移送之少年刑事案件，應即予

以受理，不得推卸責任再為移送之處分。

2.偵查之開始

　　檢察官受理少年法院移送之少年刑事案件，應即開始偵查。偵查時，除應了解少年與事件有關之行為外，尚須明瞭少年之品格、經歷、身心狀況、家庭情形、社會環境等個案情形，以決定是否提起公訴。

3.偵查之方式

　　檢察官偵查少年刑事案件之期間，本法已刪除一個月為限之規定。但對於少年刑事案件之偵查，準用第三章第一節有關少年保護事件之調查之規定。

4.偵查之結果

　　檢察官依偵查之結果，對少年犯最重本刑為五年以下有期徒刑之罪，參酌刑法第五十七條有關規定，認為以不起訴處分而受保護處分為適當者，得為不起訴處分，移送少年法院依少年保護事件審理；認為應起訴者，應向少年法院提起公訴。

5.少年被告之羈押

　　少年被告非有不得已之情形，不得羈押之。少年被告如有羈押之必要者，應羈押於少年觀護所。唯年滿二十歲者，應移押於看守所。

(二)**少年刑事案件之審判**

　　少年刑事案件之審判，得就審判之原則、審判之方式、審判之結果等，加以概述：

1.審判之原則

　　依少年事件處理法之規定，審判少年刑事案件，必須踐行下列之原則：

　　(1)分別審判相牽連案件　過去一般刑事案件，依刑事訴訟法第七條規定，與少年刑事案件相牽連者，得由少年法院及管轄之地方法院分別審判。但特定之一般刑事案件，「如對兒童及少年有違反兒童福利法或少年福利法，而觸犯刑罰法律；或對兒童及少年犯兒童及少年性交易防制條例者」，得由少年法院管轄審判。現今修正公布之少年事件處理法，已刪除此項規定，而將成人之一般刑事案件，回歸管轄之地方法院審判。

(2)避免一案件重複審判　對於少年犯罪，已依第四十二條為保護處分者，不得就同一事件再為刑事追訴或處罰。但其保護處分經依第四十五條或第四十七條之規定撤銷者，不在此限。

(3)審判少年刑事案件準用本法之規定　少年刑事案件之偵查及審判，準用第三章第一節及第三節有關之規定。

2.審判之方式

少年刑事案件之審判方式，有下列種種規定：

(1)法官獨任審判　少年刑事案件之審判，由法官一人獨任為之。唯開庭時，書記官應陪同法官出席，記錄審判筆錄。

(2)開庭不拘形式　法官、檢察官及書記官出庭，得不著制服，審判時，應以和藹懇切之態度行之。

(3)審判得不公開　審判得不公開之。但少年、少年之法定代理人或現在保護少年之人請求公開審判者，除有法定不得公開之原因外，法院不得拒絕之。

(4)不採言詞辯論　少年刑事案件不適用刑事訴訟法關於自訴之規定，且審判程序，亦不採言詞辯論，但許少年、少年之法定代理人、現在保護少年之人或其輔佐人為有利於少年之陳述。

(5)審訊予以隔離　少年被告在審判時，應與其他被告隔離。且少年為陳述時，不令少年以外之人在場。少年以外之人為陳述時，不令少年在場。

3.審判之結果

少年刑事案件審判結果，應即斟酌少年犯罪情節之輕重，為下列之種種處遇：

(1)宣告刑事處分　因刑法有「十四歲以上未滿十八歲人之行為，得減輕其刑」之規定，故宣告少年之刑事處分，除有特別規定者外，得減輕其刑。

(2)宣告免除其刑　少年犯最重本刑為十年以下有期徒刑之罪，如顯可憫恕，認為依刑法第五十九條之規定，減輕其刑仍嫌過重，且以受保護處分為適當者，得免除其刑，交付保護管束、安置輔導或令入感化教育處所，

施以感化教育。唯少年另有酗酒習慣者，應併令入相當處所，實施禁戒。其身體或精神狀態顯有缺陷者，應併令入相當處所，實施治療。

⑶宣告緩刑　少年犯罪受三年以下有期徒刑、拘役或罰金之宣告，合於刑法第七十四條緩刑之規定，認為以暫不執行為適當者，得宣告緩刑。

㈢少年刑事處分之酌科

少年事件處理法，堅守「教罰並重」、「寬嚴互濟」、「恩威並用」之原則，並採保護優先主義，故科處少年刑事處分，有下列之參酌依據：

1.對於觸法少年為科刑時，得減輕其刑。

2.對於觸法少年為科刑時，不得處死刑或無期徒刑。

3.對於觸法少年為科刑時，不得宣告褫奪公權及強制工作。同時少年受刑之宣告，經執行完畢或赦免者，適用關於公權資格之法令時，視為未曾犯罪。

㈣觸法少年之緩刑

少年犯罪受三年以下有期徒刑、拘役或罰金之宣告，認為以暫不執行為適當者，得宣告緩刑。

少年在緩刑期間，應付保護管束，由少年保護官行之。少年保護官對於受緩刑之少年，於執行保護管束任務時，應告以應遵守之事項，與之常保接觸，注意其行動，隨時加予指示，並就少年之教養、醫治疾病、謀求職業及改善環境，予以相當輔導。

㈤受刑少年之假釋

少年受徒刑之執行，確有悛悔實據，祇要逾法定之期間，即得予以假釋。

1.假釋之必具條件

受刑之少年，倘符合假釋必具之條件，得由少年矯正學校校長報請法務部，核准假釋之：

⑴須少年實際受有期徒刑之執行。

⑵須有期徒刑已逾執行期三分之一。

⑶須受刑少年行狀良好，確有悛悔實據。

　　2.假釋期中之保護管束

　　少年在假釋期中，應付保護管束，於受保護管束人滿二十三歲前，由檢察官囑託少年法院少年保護官行之。少年保護官應告訴少年以應遵守之事項，命其履行，並與之保持接觸，注意其行動，隨時加以指示及管束，必要時對於少年之教養、醫治疾病、謀求職業及改善環境等，亦加以相當的輔導。

研究問題

一、依少年事件處理法之規定，何種事件應由少年法院處理？

二、試敘述少年保護事件之審理方式。

三、對於保護事件之少年，所為之保護處分得分幾種類別？試簡述之。

四、少年之訓誡處分，由何人執行？如何執行？試概述之。

五、試舉述少年法院對於犯罪少年宣告緩刑之必備條件。

六、試舉述少年受刑人假釋之條件。

第四章　行政法規

第一節　行政法規的基本概念

一、行政法規的意義

行政法規是國內的公法，係規定行政權的組織及其作用的法規總稱。

二、行政法規的基本原則

行政法規是規定行政權的組織及其作用的法律，而行政權的行使，必須有法律的依據，因此法治行政便是行政行為必須遵守的法則。為了貫徹法治行政的理念，行政機關必須奉行下列幾項行政法規上的基本原則：

㈠行政須依據法規的規定

法治行政，為行政的指標，一切行政行為，均必須依據法規的規定，或基於法律上的授權，不得擅自行為、逾越權限，更不得違背法規的規定。依中央法規標準法的規定，應以法律規定的事項，有下列四種：一、憲法或法律有明文規定應以法律定之者。二、關於人民之權利義務者。三、關於國家各機關之組織者。四、其他重要事項應以法律定之者。上述事項，既應以法律為規定，即行政機關自不得擅自以命令發布之。故行政機關的行政行為，必須在有法規的規定下，才得以限制人民權利或使其負擔義務。

㈡行政須具體明確

行政行為明確性原則是指行政行為之要件與效果均應具體明確，使人民有預見可能性，有所遵循。尤其是干涉行政措施，其內容如不明確，將使法律關係陷於不安定狀態，使人民處於不利地位。

㈢行政行為若沒有正當理由不得為差別待遇

「法律之前，人人平等」，行政機關的行政行為，必須公正無私，不能擅自逾越權限或違背法規的規定，為特定人設定權利（如為不具服公職資

格之褫奪公權人,設定其權利),或減免特定義務(如免服兵役或減免應納之稅額),但有法規規定者,例外。

㈣行政行為須符合比例原則

行政行為採取之方法,應有助於目的之達成,若有多種不同的方法皆能達成目的時,應選擇對人民權益損害最少者,且採取之方法所造成之損害應與欲達成目的之利益維持均衡。

㈤行政須以誠實信用之方法為之以保護人民正當合理之信賴

誠實信用原則普遍為各種法領域所適用,在民法中亦有「行使權利,履行義務,應依誠實及信用方法」的規定,可見誠實信用原則普遍受到認可,蓋行政若無誠信,出爾反爾,將使人民無所適從。

㈥行政機關須注意對當事人有利及不利之情形

行政機關於為行政決定時,對當事人有利或不利之事證,除有充分、適當的理由外,應一律注意。

㈦行政之斟酌裁量須合理

行政機關對於偶發事項,得依法律授權之範圍內,就其事項之前因後果,為斟酌裁量,並提出處理意見。唯行政行為所為之斟酌裁量,應合情合理,公正無私,不得有徇私袒護或逾越法律規定之不正當作為。

研究問題

一、試述行政法規的意義。

二、試述行政法規的基本原則。

第二節　行政組織

行政組織是指行政機關本身的構成而言,包括機關的地位、權限、編制及其構成的分子。因此,行政機關的組織體系,也離不開機關的隸屬關係、職權範圍、單位設置以及員額編制。

一、行政機關的意義及其種類

行政機關是指依據國家的授權與命令，行使其行政權的組織體。行政機關因係構成國家的組織體之一，不能自為行政行為，故必須依據國家的授權與命令，才得以執行其所賦與的任務，發揮其機關的功能。行政機關的種類，依職權大小來區分，得分為統率機關（如行政院）、輔助機關（如行政院祕書處）及執行機關（如直轄市、縣（市）政府、及直轄市、縣（市）警察機關）。依管轄區域來區分，得分為中央行政機關（如行政院及其所屬各部會）及地方行政機關（如直轄市政府及縣（市）政府）。依業務性質來區分，得分為一般行政機關（如行政院、省（市）政府、直轄市及縣（市）政府）及特別行政機關（如行政院之衛生署、直轄市政府之警察局）。

二、行政機關的組織及其職權

現行行政機關，因習慣上分為中央行政機關及地方行政機關，故有關行政機關的組織及其職權，亦分別概述之：

㈠中央行政機關的組織及職權

行政院為國家最高行政機關，故中央行政機關是屬於行政院。依中華民國憲法的規定，行政院設院長、副院長各一人、各部會首長若干人，及不管部會之政務委員若干人。故行政院的組織及職權，如下列所述：

1.行政院的組織

⑴院長　行政院院長綜理院務，並指揮監督所屬機關及人員。行政院院長由總統任命之。

⑵副院長　行政院副院長，由行政院院長提請總統任命之，輔助院長綜理院務。同時於行政院院長辭職或出缺時，代理其職務。

⑶各部會首長　各部會首長，包括內政、外交、國防、財政、教育、法務、勞動、農業、交通及建設、經濟及能源、衛生福利、環境資源、文化、科技等十四部部長，及國家發展、大陸、金融監督管理、海洋、僑務、

國軍退除役官兵輔導、原住民族、客家等八個委員會首長，均由行政院院長提請總統任命之。各部會首長，同時亦為政務委員，除分別綜理各該部會之事務外，與其他不管部會之政務委員，同為行政院之高級政務官，必須出席行政院會議，共商各部會共同關係之事項，並襄助院長推展行政之大政方針。

(4)不管部會之政務委員　由行政院院長提請總統任命之。

2.行政院的職權

行政院之職權，大致有下列各項：

(1)**法案之提出**　行政院有向立法院提出法律案、預算案、戒嚴案、大赦案、宣戰案、媾和案、條約案，及其他重要事項。

(2)**預算案及決算之提出**　行政院於會計年度開始三個月前，應將下年度預算案提出於立法院；於會計年度結束後四個月內，應提出決算於監察院。

(3)**施政方針及施政報告之提出**　行政院有向立法院提出施政方針及施政報告之責。立法委員在開會時，有向行政院院長及行政院各部會首長質詢之權。

(4)**移請覆議之提出**　行政院對於立法院決議之法律案、預算案、條約案，如認為有窒礙難行時，得經總統之核可，於該決議案送達行政院十日內，移請立法院覆議。

(5)**重要政策之決定**　行政院因負有實際政治責任，故凡關於行政上之重要政策，均由行政院會議議決，並為最後之決定。

(6)**指揮監督所屬之機關**　行政院對於所屬之各部會，以及省（市）、直轄市、縣（市）政府，就行政權之運作及政策之推行，有指導及監督之權。

(7)**行政事項之執行**　行政院雖為決策機關，但有關預算及計畫之執行、以及行政監督、行政處分之實施，均必須依職權或法律的授權為之。

㈡地方行政機關的組織及職權

地方行政機關，因分為省（市）政府（直轄市政府）及縣（市）政府兩級，故謹將省（市）政府（直轄市政府）及縣（市）政府的組織及職權，分述如下：

1.省政府的組織及職權

　　省政府，為地方最高行政機關，直隸行政院，受行政院之指導監督。省政府在過去置省主席一人，由行政院會議議決提請任命。其後為屬行民主政治，貫徹憲法精神，改置省長一人、副省長二人；省長由省民選舉之，副省長由省長報請行政院備查。

　　省政府已於中華民國一〇八年預算歸零，由於省政府是憲政機關，非經修憲不得廢除，「省政府」的名稱仍然形式存在，省主席則不再派任。省政府的預算都將歸入行政院的業務預算中，不單獨編列，省政府房舍則移交國發會，由國發會負責維護。

2.直轄市政府的組織及職權

　　直轄市政府，是指臺北市政府、新北市政府、臺中市政府、臺南市政府與高雄市政府而言。現行之直轄市政府，設市長一人、副市長二至三人，市長由市民選舉之，副市長由市長報請行政院備查。

　　市長綜理市政，副市長襄助市長處理市政，下設祕書長一人，副祕書長一人，承市長之命，監督所屬機構及職員。

　　市政府設民政、財政、建設、教育、捷運、環保、社會、勞工、工務等局，以及祕書、主計、人事、研考等處，各局處設局處長一人、副局處長一至二人，分別主管各該局處之事務。

　　市政府之職權，大致有一、執行全市行政事務。二、執行中央委辦事項。三、依法發布命令。四、監督所屬機構。

3.縣（市）政府的組織及職權

　　縣（市）政府，直屬於行政院，受行政院及省主席之指導與監督。縣（市）政府，置縣（市）長一人，由縣（市）民選舉之。縣（市）長綜理縣（市）務，並辦理縣（市）自治事項。

　　縣（市）政府，設副縣（市）長一至二人、主任祕書一人，承縣（市）長之命，襄理縣（市）務，並監督所屬機構及職員，下設民政、財政、建設、教育、社會、農業、勞工、工務等局科，以及祕書、人事、主計、法制等處室，各局科設局科長一人、各處室設主任一人，分別主管各該局科

處室之事務。唯現在各縣（市）政府之組織編制，又由局科處室調整為處。

縣（市）政府之職權，大致有一、辦理縣（市）自治事項。二、執行上級政府委辦事項。三、指導監督鄉、鎮、區、縣轄市自治事項。

三、行政機關的構成分子──公務員

公務員是行政機關依法定的任用資格，所任用的行政人員，為行政機關的構成分子，不可缺乏。

㈠公務員之種類

公務員得依性質之不同，分為下列各類：

1.武職人員與文職人員

武職人員是指從事於軍事職務之公務員，例如陸、海、空軍之將官、校官、尉官、士官兵，以及軍醫、軍法官等，均為武職人員。而凡武職人員以外之公務員，均為文職人員，例如行政機關之特任、簡任、薦任、委任職之公務人員是。

2.政務人員與事務人員

政務人員又稱為政務官，乃參與國家政策或行政方針之研討與決定之高級公務員，例如行政院院長、副院長、各部會首長、政務委員，以及各部政務次長等是。而事務人員又稱為事務官，乃依既定之方針或政策而為執行之命令之公務人員，例如行政院各部之常務次長、司長、祕書、科長、科員及直轄市、縣（市）政府各局科室之局、科、課、股長、科員等即是。

除上述類別外，公務人員尚有：一、主管人員與輔佐人員。二、實授人員與試用人員。三、派任人員、聘任人員與調任人員。四、正式人員與僱用人員等之區分。

㈡公務員之任用

公務員之任用，必須具備能力要件與資格要件等二項，茲分述如下：

　1.公務員之能力要件

　　公務員的能力要件，其一是須具有中華民國國籍。其二是須滿十八歲。同時，不得有公務人員任用法第二十八條所列各款不得為公務人員情事之一。

　2.公務員之資格要件

　　公務員的資格要件，其一是須考試及格者。其二是依法考績升等者。其三是在公務人員任用法施行前已依法銓敘合格者。同時，應注意任用人之品德及對國家之忠誠，其學識、才能、經驗、體格，應與擬任職務之種類性質相當，如係主管職務，並注意其領導能力。

㈢**公務員之權利**

　　公務員之權利，有下列各項：

　1.俸給權

　　依俸給法等有關法令之規定，所為之定期金錢給付，以保障公務員在職期間之生活。

　2.參加保險權

　　依公教人員保險法等有關法令之規定辦理，於保險項目事實發生時，即可依法領取各項保險給付。

　3.退休金權

　　依退休法等有關規定給付退休金，以保障公務人員退休後之生活。

　4.撫卹金權

　　依撫卹法等有關規定，公務員於任職一定年限後死亡或因公死亡，給予撫卹金以保障遺屬生活。

　5.職務上實費請求權

　　公務員因執行職務所支出之費用，依主計法令之規定，得予核實報銷並請求補發該項費用。

㈣**公務員之義務**

　　公務員之義務，依公務員服務法之規定，有下列各項：

1.忠誠義務

公務員應遵守誓言，忠心努力，依法律命令所定執行其職務。

2.服從義務

公務員應服從長官於監督範圍內所發之命令，如對於長官所發之命令有意見時，得隨時陳述。兩級長官同時所發之命令，以服從上級長官之命令為準。主管長官與兼管長官同時所發命令，以主管長官之命令為準。

3.保密義務

公務員對於職務上知悉之機密事件，不論是否主管事務，均不得洩漏，退職後亦同。同時，在職時未經長官許可，不得以私人或代表機關名義，任意發表有關職務之談話。

4.保節義務

公務員應誠實清廉、謹慎勤勉，不得有驕恣貪惰、奢侈放蕩及冶遊、賭博、吸食煙毒等，足以損害名譽之行為。

5.切實執行職務之義務

公務員執行職務，應力求切實，不得畏難規避，互相推諉或無故稽延。

6.堅守崗位之義務

公務員未奉長官核准，不得擅離職守，其出差者亦同。

7.依法定時間辦公之義務

公務員辦公，應依法定時間，不得遲到早退，但有特別職務，經長官許可者，不在此限。

㈤公務員之責任

公務員於執行職務時，應負之責任有下列三項：

1.行政責任

公務員於執行職務時，有違法之情事，或有廢弛職務或其他失職行為之情事者，應負行政責任，並接受懲戒。公務員之懲戒，依情節之重輕，得分為撤職、休職、降級、減俸、記過、申誡等六種。

2.刑事責任

公務員於執行職務時，如有侵害人民之自由或權利者，應負刑事責任

及民事責任，被害人民就其所受損害，並得依法律向國家請求賠償。

　　3.民事責任

　　公務員因故意違背對於第三人應執行之職務，致第三人之權利受損害者，負賠償責任。其因過失者，以被害人不能依他項方法受賠償時為限，負其責任。

研究問題

一、試述行政院的組織。

二、試述行政院的職權。

三、何謂武職人員與文職人員？試舉例說明之。

四、何謂政務人員與事務人員？試舉例說明之。

五、公務人員有何權利？

六、公務人員有何義務？

第三節　行政作用

　　行政作用，是行政機關基於職權或法律的授權，所為的行政行為的概稱。本節擬就行政行為、行政命令、行政處分、行政上之強制執行、行政罰等事項，扼要分述之。

一、行政行為

　　行政行為是指行政機關依據法定職權，所為之公的意思表示，並即發生公法上之法律效果的行為。行政行為，得依各種分類標準之不同，為如下之分類：

㈠法律行為與準法律行為

　　法律行為是指行政機關以一定之意思表示為基本要件，並依其表示之意思內容而發生法律效果的行政行為，例如營業之准許、執照之核發等即是。準法律行為是指行政機關就具體事實，以觀念表示為基本要件，並直接依據法律發生效果之行政行為，例如對於某種權利之得喪、變更等事實，

予以通知之行為是。

(二)單方行為、雙方行為與合同行為

單方行為是指由行政機關單方面的意思表示，即可發生法律效果的行政行為，如行政命令、行政處分是。雙方行為是指雙方當事人，彼此為達到不同的目的，互為意思表示，因其一致始成立之行政行為，亦稱為行政契約。合同行為是指多數當事人，為達到共同目的而為意思表示，並依其結合而成立單一之行政行為，又稱為公法上協定。

(三)依職權之行為與須申請之行為

依職權之行為是指行政機關依其法定職權，逕自所為之行政行為。須申請之行為是指行政機關必須基於人民的申請，始據以所為之行政行為。

(四)無附款之行為與有附款之行為

無附款之行為是指行政機關所為之意思表示，並未附加任何條件、款項的限制。有附款之行為是指行政機關所為之意思表示，有附加條件、期限……等款項之限制。

行政行為之類型，除上述四項外，尚有第一次行為與第二次行為、羈束行為與自由裁量行為、須受領之行為與不須受領之行為等，因篇幅所限，不加贅述。

二、行政命令

行政命令是指行政機關基於法定職權或基於法律之授權，所為之具有強制力的意思表示或命令行為。行政命令，除制定之行政規則，例如規程、規則、細則或辦法……等之外，尚有下列三種不同類型之行政命令：

(一)緊急命令

緊急命令是指當國家遭遇緊急危難或財政經濟上發生重大變故，必須為急速處分時，適值立法院又在休會期間，得由國家元首——總統發布緊急命令，為必要之處置，此項緊急命令可以代替法律，且與法律之效力相等，甚至可變更法律之規定，但須於發布命令後一個月內，提交立法院追認；如立法院不同意時，該緊急命令立即失效。

㈡委任命令

委任命令是指行政機關依據法律的授權，所發布的命令。例如根據法律之規定，所制定之細則或辦法等即是。

㈢執行命令

執行命令是指行政機關為執行法律，基於職權所發布之命令。例如因執行法律之必要，所釐訂之細則、辦法或頒發其他有關命令，即為執行命令。

三、行政處分

行政處分是指行政機關依職權，就公法上具體事件，為單方面之意思表示，而對外直接發生法律效果之行政行為。行政處分，種類繁多，內容有別，茲就重要者分述之：

㈠行政處分的種類

行政處分，因區別標準之不同，得分類如下：

1.羈束處分與自由裁量處分

羈束處分是指行政機關對於具體事件之處分，必須依據法規的規定，不能自由裁量，例如役男之緩召。而自由裁量處分是指行政機關，對於具體事件的處分，在不違背法規的原則下，得自由裁量，例如勞資糾紛之仲裁是。

2.職權處分與申請處分

職權處分是行政機關基於職權所在，主動對於特定的事件，所為之行政處分。例如取締賭博性之電動玩具是。申請處分是行政機關因相對人之申請，被動的對於特定的事件，所為之行政處分，例如變更土地用途（農地變更為文教用地）。

3.無附款之處分與附附款之處分

無附款之處分是指行政機關就某特定事件，依職權所為之行政處分，並無附加任何款項之限制。附附款之處分是指行政機關就某特定事件，依職權所為之行政處分，附加有條件、期限、負擔、撤銷權之保留等款項之限制。

行政處分之類型，除上述三項較為常用外，尚有要式處分與不要式處分、第一次處分與第二次處分、須受領處分與不須受領處分、積極處分與消極處分等，因篇幅所限，不再贅述。

㈡行政處分的內容

行政處分有積極處分與消極處分之別。積極處分是行政機關最習見、最普遍、最主要的行政處分之一。積極處分依其是否獨立發生法律效果，得分為獨立處分、補充處分與代理處分等三種。獨立處分是指行政處分的本身，即能獨立發生法律的效果。茲就獨立處分的內容，分述如下：

1.形成處分

形成處分是指行政機關，基於職權使特定人原有之法律關係變更，並同時創設新法律關係的行政處分。形成處分，依其法律關係之創設、變更與撤銷，得分為下列之處分：

⑴創設處分　即創設新法律關係之行政處分，包括設定權利之處分與設定義務之處分。

⑵變更處分　即變更原有法律關係之行政處分，換言之，即變更原來在法律上所享有的權利與擔負之義務的內容。

⑶撤銷處分　即廢除或消滅原有法律關係之行政處分，包括撤銷權利之處分與撤銷義務之處分，前者如商標專用權之撤銷、法人之解散等，後者如撤銷服兵役義務是。

2.確認處分

確認處分是指行政機關就特定事項，依其職權為事實與法律的認定，以確定當事人之權利義務是否存在，所為的行政處分。例如民意代表候選人資格之銓定、公文書偽造與否的確定等即是。

3.下命處分

下命處分是指行政機關以命令或禁止而使相對人產生作為、不作為及容忍義務。此外，於相對人未履行處分所設定之義務時，下命處分即生強制執行之效力，得由處分機關直接實現處分之內容。例如警察之處分、交通號誌、徵兵召集等即是。

四、行政上之強制執行

行政上之強制執行，是指行政機關對於不履行行政上應作為或不應作為義務之特定人，以強制力強制其履行，或使其實現與已履行同一狀態之行政行為。行政上之強制執行，依其執行之方法，得分為間接強制執行、直接強制執行與即時強制執行等三種，茲分述之：

㈠間接強制執行

間接強制執行，得分為代履行及處怠金二種。代履行是指依法令或本於法令之行政處分，負有行為義務而不為，其行為能由他人代為履行者，得由該管行政機關委託第三人或指定人員代執行之，並向義務人徵收費用。處怠金是行政機關所為的財產上處罰的一種，又稱為執行罰或強制罰；怠金的懲處要件，有下列二種：其一是依法令或本於法令之行政處分，負有行為義務而不為，其行為不能由他人代為履行者。其二是依法令或本於法令之行政處分，負有不行為義務而為之者。

㈡直接強制執行

直接強制執行，依行政執行法第三十二條之規定，凡經間接強制不能達成執行目的，或因情況急迫，如不及時執行，顯難達成執行目的時，執行機關得依直接強制方法執行之。其方法如下：一、扣留、收取交付、解除占有、處置、使用或限制使用動產、不動產。二、進入、封閉、拆除住宅、建築物或其他處所。三、收繳、註銷證照。四、斷絕營業所必須之自來水、電力或其他能源。五、其他以實力直接實現與履行其義務同一內容狀態之方法。

㈢即時強制執行

即時強制執行，依行政執行法第三十六條之規定，行政機關為阻止犯罪、危害之發生或避免急迫危險，而有即時處置之必要時，得為即時強制。其方法如下：

1.對於人之管束

對於人之管束，不得逾二十四小時，且必須有下列情形之一，才得以

管束：一、瘋狂或酗酒泥醉，非管束不能救護其生命身體之危險，及預防他人生命身體之危險者。二、意圖自殺，非管束不能救護其生命者。三、暴行或鬥毆，非管束不能預防其傷害者。四、其他認為必須救護，或有害公共安全之虞，非管束不能救護或不能預防危害者。

　　2.對於物之扣留、使用、處分或限制使用

　　依規定，凡軍器、兇器及其他危險物，為預防危害之必要，得扣留之。又遇有天災、事變及其他交通上、衛生上或公共安全上有危險情形，非使用或處置其土地、住宅、建築物、物品或限制其使用，不能達防護之目的時，得使用或處置，或將其使用限制之。

　　3.對於住宅、建築物、或其他處所之進入

　　對於住宅、建築物或其他處所之進入，必須有下列情形，才得以為之：即人民之生命、身體、財產危害迫切，非進入不能救護者為限。

五、行政罰

　　行政罰是指行政機關對於違反行政上應履行義務之特定人，基於職權所為之制裁。其種類如下：

㈠秩序罰

　　秩序罰是指警察機關對於違反「社會秩序維護法」的特定人，依其職權所為的具有強制力的處罰。其處罰的種類，包括一、拘留：一日以上，三日以下；遇有依法加重時，合計不得逾五日。二、勒令歇業。三、停止營業：一日以上，二十日以下。四、罰鍰：新臺幣三百元以上，三萬元以下；遇有依法加重時，合計不得逾新臺幣六萬元。五、沒入：查禁物及違反本法行為所生或所得之物。六、申誡：以書面或言詞為之。

㈡財政罰

　　財政罰是指國稅機關對於違反財政上應履行義務之特定人，依其職權所為的具有強制力的處罰。依憲法的規定，人民有納稅的義務，故人民應繳納的稅捐，包括所得稅、營業稅、遺產稅、印花稅、土地稅、房屋稅等。依稅捐稽徵法的規定，凡依稅法規定逾期繳納稅捐者，應加徵滯納金，每

逾二日按滯納數額加徵百分之一滯納金，逾三十日仍未繳納者，移送法院強制執行。又納稅義務人，如有以詐術或其他不正當方法逃漏稅捐者，處五年以下有期徒刑、拘役或併科新臺幣六萬元以下罰金。

㈢交通罰

交通罰是指主管機關對於違反「道路交通管理處罰條例」之特定人，依職權所為之具有強制力的處罰。其處罰的種類，大致有罰鍰、吊扣駕駛執照、吊扣汽車牌照、扣留車輛等，例如未領用牌照行駛汽車者，汽車所有人應科處罰鍰；酒醉駕車致肇事者，吊扣其駕駛執照；汽車行駛於高速公路或設站管制之道路，而不遵管制之規定，因而致人死亡者，除吊銷其駕駛執照外，必要時得暫時扣留其車輛等即是。

㈣建築罰

建築罰是指行政機關對於違反建築法規之特定人，基於職權所為之具有強制力的處罰，其目的乃在維護公共安全、公共交通、公共衛生及增進市容之觀瞻。故凡有未經主管建築機關發給執照，擅自建造建築物者，處以建築物造價千分之五十以下罰鍰，並勒令停工補辦手續；必要時得強制拆除其建築物。又未經領得變更使用執照而擅自變更使用建築物者，處新臺幣六萬元以上三十萬元以下罰鍰，並勒令停止使用。得以補辦手續者，令其在限期內補辦手續；其有妨害都市計畫，或危害公共安全，或妨害公共交通等情形者，得令其改善或限期拆除；必要時，並得強制拆除之。

第四節　行政爭訟

行政機關的行政處分，必須合情、合理、合法，同時要能保障人民的權利，維護人民的利益，使人民心甘情願、毫無怨言。唯倘若行政機關所為的行政處分，確有違法或不當的情形，致損害及人民的權利或利益，人民為維護既得之權利與利益，自應有救濟之方法。

一、訴　願

訴願者，謂人民遭受中央或地方行政機關之違法或不當處分，致損害

及權利或法律上利益者，得依訴願法的規定，請求原處分機關之上級機關，以行政上之程序撤銷或變更其處分，或要求國家賠償其損失，以為救濟、補償之一種制度。

㈠訴願的要件

人民提起訴願，必須依據訴願法的規定；同時提起訴願，亦須具備法定程序；通常提起訴願的要件，不外：

1.得提起訴願者為權利或利益受有損害之人。但不以自然人為限，法人、非法人之團體或其他受行政處分之相對人及利害關係人，亦得提起訴願。

2.須為中央或地方或其他監督機關之行政處分。即中央或地方或其他監督機關、委託機關，基於職權就公法上具體事件，所為之決定或其他公權力措施，而對外直接發生法律效果之單方行政行為。

3.須其處分違法或不當。中央或地方或其他監督機關、委託機關，基於職權所為的行政處分，倘若違反法令的規定，即屬於違法。如果不違反法令，而實際上有損害人民、各級地方自治團體或其他公法人之權利或利益者，即屬於不當處分。

4.須有損害權利或利益之事證。即人民、各級地方自治團體或其他公法人，其權利或利益之受損害，必須有具體之事實或證據，且必須由於中央或地方或其他監督機關、委託機關的違法或不當的行政處分，所發生的法律效果。

5.提起訴願須具備法定程式。即依修正訴願法第五十六條之規定，具訴願書，記載規定之事項。

6.提起訴願須於法定期限內為之。即依修正訴願法第十四條之規定，自行政處分達到或公告期滿之次日起三十日內為之。

㈡訴願之管轄機關

提起訴願，應按照訴願之管轄為之；訴願之管轄，依修正之訴願法第四條規定，如下：

1.不服鄉（鎮、市）公所之行政處分者，向縣（市）政府提起訴願。

2.不服縣（市）政府所屬各級機關之行政處分者，向縣（市）政府提起訴願。

3.不服縣（市）政府之行政處分者，向中央主管部、會、行、處、局、署提起訴願。

4.不服直轄市政府所屬各級機關之行政處分者，向直轄市政府提起訴願。

5.不服直轄市政府之行政處分者，向中央主管部、會、行、處、局、署提起訴願。

6.不服中央各部、會、行、處、局、署所屬機關之行政處分者，向各部、會、行、處、局、署提起訴願。

7.不服中央各部、會、行、處、局、署之行政處分者，向主管院提起訴願。

8.不服中央各院之行政處分者，向原院提起訴願。

二、行政訴訟

行政訴訟者，謂人民因中央或地方機關的違法行政處分，致損害及權利或法律上利益，經依訴願法的規定，提起訴願而不服其決定；或提起訴願逾三個月不為決定；或延長訴願決定期間逾二個月仍不為決定，而向高等行政法院提起撤銷、確認或給付之訴訟行為。

㈠行政訴訟的要件

人民向行政法院提起行政訴訟，必須具備下列之要件；同時必須依據修正之行政訴訟法的規定辦理。

1.公法上之爭議。

2.選舉罷免事件之爭議。

3.人民因中央或地方機關之違法行政處分，認為損害其權利或法律上之利益，經依訴願法提起訴願而不服其決定，或提起訴願逾三個月不為決定，或延長訴願決定期間逾二個月不為決定者。

4.人民因中央或地方機關對其依法申請之案件，於法令所定期間內應

作為而不作為，認為其權利或法律上利益受損害，經依訴願程序者。

5.人民因中央或地方機關對其依法申請之案件，予以駁回，認為其權利或法律上利益受違法損害，經依訴願程序者。

6.人民與中央或地方機關間，因公法上原因發生財產上之給付或請求作成行政處分以外之其他非財產上之給付者。

7.人民為維護公益，就無關自己權利及法律上利益之事項，對於行政機關之違法行為，得提起行政訴訟。但以法律有特別規定者為限。

㈡行政訴訟的當事人

行政訴訟的當事人，依修正後之行政訴訟法第二十三條的規定，包括有原告、被告及參加訴訟之人。所謂原告，是指因中央或地方機關的違法行政處分，致權利或法律上利益受有損害，經提起訴願而不服其決定，而提起行政訴訟的一造當事人。所謂被告，是指駁回訴願時之原處分機關，或撤銷或變更原處分或決定時，為最後撤銷或變更之機關，或因受託事件涉訟時，受委託行使公權力之團體或個人。所謂訴訟之參加人，即行政法院命有利害關係（因撤銷訴訟之結果致第三人之權利或法律上利益將受損害）之第三人參加訴訟，或因該第三人之聲請，允許其參加訴訟之特定人。

㈢行政訴訟的判決

高等行政法院經審查書狀，或為言詞辯論，或為調查證據後，如認為原告之起訴有理由者，應以判決撤銷或變更原處分或原決定。其附帶請求被告機關損害賠償者，並應為判決。如認為起訴無理由者，應以判決駁回之。其附帶請求被告機關損害賠償者，亦同。高等行政法院之判決，就其事件有拘束各關係機關之效力。同時行政訴訟的當事人，對於高等行政法院的判決不服，除本法或其他法律別有規定外，得上訴於最高行政法院。

研究問題

一、何謂行政行為？請舉例說明行政行為的態樣。

二、何謂行政命令？行政命令有那幾種類別？

三、何謂行政規章？何謂行政處分？請舉例說明。

四、何謂罰鍰？罰鍰與罰金有何不同？

五、對於他人之住宅在何種情形下，才得以進入？

六、何謂秩序罰？秩序罰有那幾種處罰？

七、何謂訴願？提起訴願必須具備那些要件？

八、何謂行政訴訟？在何種情況下，才得以提起行政訴訟？請舉例說明。

第五章　其他重要法律

第一節　勞動基準法

勞動基準法是保障勞工權益的法律，於民國七十三年七月三十日總統令公布，全文八十六條，其後歷經多次修正，民國一百零九年六月十日為最近一次修正，其內容包括總則、勞動契約、工資、工作時間休息休假、童工女工、退休、職業災害補償、技術生、工作規則、監督與檢查、罰則、附則等十二章，茲就總則方面，擇要舉述之：

一、立法目的

勞動基準法之立法目的，在於為勞工規定勞動條件最低標準，保障勞工權益，加強勞雇關係，促進社會與經濟發展。

二、適用行業之範圍

勞動基準法適用之行業，包括一、農、林、漁、牧業。二、礦業及土石採取業。三、製造業。四、營造業。五、水電、煤氣業。六、運輸、倉儲及通信業。七、大眾傳播業。八、其他經中央主管機關指定之事業。例如批發業、零售業、藝文業、娛樂業等。

三、強制勞動之禁止

雇主不得以強暴、脅迫、拘禁或其他非法之方法，強制勞工從事勞動，以保障勞工權益。

四、抽取不法利益之禁止

任何人不得介入他人之勞動契約，抽取不法利益。蓋因勞動契約，係勞工與雇主所訂之工作契約，未訂定勞動契約者，自無權利享有此工作上

所能獲取之利益。

五、提供適當之工作環境

　　雇主對於僱用之勞工，應預防職業上災害，建立適當之工作環境及福利設施，一方面避免因從事工作所發生的意外災害，一方面改善工作環境及福利設施，以增進勞工者之身心健康。至於有關之安全衛生及福利事項，依有關法律之規定辦理。

六、勞動契約之訂定

　　雇主僱用勞工從事勞力之工作，必須訂定勞動契約。勞動契約不以書面訂立為必要，祇要雙方意思合致，即可成立。唯為了避免勞資糾紛，仍應具體明定勞資雙方之權利義務，以書面訂立為宜。又雇主與勞工所訂勞動條件，不得低於勞動基準法所定之最低標準，以保障勞工權益。

七、資遣費之發給

　　雇主終止勞動契約者，應依下列規定發給勞工資遣費：一、在同一雇主之事業單位繼續工作，每滿一年發給相當於一個月平均工資之資遣費。二、依上項計算之剩餘月數，或工作未滿一年者，以比例計給之。未滿一個月者以一個月計。

　　唯定期勞動契約，期滿離職者，勞工不得向雇主請求發給資遣費。同時勞動契約終止時，勞工如請求發給服務證明書，雇主或其代理人不得拒絕。

第二節　環境保護法規

　　環境保護法規，包括空氣污染防制法、噪音管制法、水污染防治法、廢棄物清理法等法律，旨在維護環境之清潔、寧靜、安適，使國民之生活品質、生存環境能獲得改善，進而促進國民生活之美滿、身心之健康。

一、空氣污染防制法

空氣污染防制法，是為防制空氣污染，維護國民健康、生活環境，以提高生活品質，所制定的法律。計有總則、空氣品質維護、防制、罰則、附則等五章。不但就空氣品質維護的措施、空氣污染的防制辦法，詳細規定於明文中，且對於無空氣污染防制設備而燃燒易生特殊有害健康之物質，或大量排放空氣污染物，或其他違反空氣污染防制法之規定者，均設有處罰的規定。

二、噪音管制法

噪音是指超過管制標準之聲音。噪音管制法，是為維護國民健康及環境安寧，以提高國民生活品質，經由立法院所制定的法律。其內容包括總則、管制、罰則、附則等四章，不但以明文規定，工廠（場）、娛樂場所、營業場所、營建工程、擴音設施等所發出的聲音，不得超過噪音管制標準，且對於道路、鐵路、航空及其他交通噪音，亦採取適當措施加以防制。

三、水污染防治法

水污染防治法是為防治水污染，確保水資源之清潔，以維護生態體系，改善生活環境，增進國民健康，所制定的法律。其內容包括總則、基本措施、防治措施、罰則、附則等五章，不但以明文規定，事業、污水下水道系統或建築物污水處理設施，排放廢（污）水於地面水體者，應符合放流水標準，同時對於違反水污染防治法的有關規定者，亦設有種種處罰的規定。

四、廢棄物清理法

廢棄物清理法是為有效清除、處理廢棄物，改善環境衛生，維護國民健康之目的，所制定的有關環境衛生的維護的法律。其內容包括總則、一般廢棄物之清理、事業廢棄物之清理、公民營廢棄物清除處理機構及廢棄

物檢驗測定機構之管理、獎勵及處罰、附則等六章，不但以明文規定，一般廢棄物、事業之廢棄物之貯存、回收、處理之運輸等種種措施，同時亦設有獎懲之規定。

第三節　智慧財產權法規

智慧財產權法，包括著作權法、專利法、商標法等，旨在保護國民因智慧的運用，所創作、發明的專有財產權利。因此，任何人均不得侵犯他人的著作權、專利權或商標權。凡侵害他人的著作權、專利權或商標權者必須負刑事或民事上的損害賠償責任。

一、著作權法

著作權法，是國家為保障著作人之著作權益，調和社會公共利益，促進國家文化發展，所制定的法律。其內容共分總則、著作、著作人及著作權、製版權、權利管理電子資訊及防盜拷措施、著作權集體管理團體與著作權審議及調解委員會、權利侵害之救濟、網路服務提供者之民事免責事由、罰則、附則等十章，全文一百十七條，茲擇要舉述之：

(一)著作之意義

著作是指屬於文學、科學、藝術或其他學術範圍之創作。

(二)著作之種類

著作之種類，依其性質及內容之不同，得分為語文著作、音樂著作、戲劇、舞蹈著作、美術著作、攝影著作、圖形著作、視聽著作、錄音著作、建築著作、電腦程式著作等十種，茲分別例示如下：

1.語文著作：包括詩、詞、散文、小說、劇本、學術論述、演講及其他之語文著作。

2.音樂著作：包括曲譜、歌詞及其他之音樂著作。

3.戲劇、舞蹈著作：包括舞蹈、默劇、歌劇、話劇及其他之戲劇、舞蹈著作。

4.美術著作：包括繪畫、版畫、漫畫、連環圖（卡通）、素描、法書

（書法）、字型繪畫、雕塑、美術工藝品及其他之美術著作。

　　5.攝影著作：包括照片、幻燈片及其他以攝影之製作方法所創作之著作。

　　6.圖形著作：包括地圖、圖表、科技或工程設計圖及其他之圖形著作。

　　7.視聽著作：包括電影、錄影、碟影、電腦螢幕上顯示之影像及其他藉機械或設備表現系列影像，不論有無附隨聲音而能附著於任何媒介物上之著作。

　　8.錄音著作：包括任何藉機械或設備表現系列聲音而能附著於任何媒介物上之著作。但附隨於視聽著作之聲音不屬之。

　　9.建築著作：包括建築設計圖、建築模型、建築物及其他之建築著作。

　　10.電腦程式著作：包括直接或間接使電腦產生一定結果為目的所組成指令組合之著作。

　　著作，從其著作人多寡而言，又可分為獨立著作與共同著作二種，前者是指由一人單獨完成之著作而言；而後者是指由二人以上共同完成之著作，不能分離利用者而言。不論是獨立著作或者是共同著作，其著作權均受著作權法之保護。

㈢著作之援例保護

　　1.衍生著作之保護：即就原著作改作之創作為衍生著作，以獨立之著作保護之。此乃因為衍生著作之保護，對原著作之著作權不生影響之緣故也。

　　2.編輯著作之保護：即就資料之選擇及編排具有創作性者為編輯著作，以獨立之著作保護之。此乃因為編輯著作之保護，對其所收編著作之著作權不生影響之緣故。

　　3.表演著作之保護：即表演人對既有著作或民俗創作之表演，以獨立之著作保護之。此乃因為表演之保護，對原著作之著作權不生影響之緣故。

㈣著作權之享有

　　著作人於著作完成時，即享有著作權。著作權得分為著作人格權與著作財產權。

1.著作人格權之專屬

著作人格權專屬於著作人本身，不得讓與或繼承。著作人死亡者，關於其著作人格權之保護，視同生存或存續，任何人不得侵害。有關著作人格權的行使，依著作權法規定，有下列幾項：

⑴公開發表權　即著作人以發行、播送、上映、口述、演出、展示或其他方法向公眾公開發表其著作內容之權利。

⑵姓名表示權　即著作人於著作之原件或其重製物上或於著作公開發表時，有表示其本名、別名或不具名之權利。

⑶禁止不當修改權　即著作人享有禁止他人以歪曲、割裂、竄改或其他方法改變其著作之內容、形式或名目致損害其名譽之權利。

2.著作財產權之專有

著作財產權是由於著作人完成其著作，所發生的著作財產法益，存續於著作人本身而言。有關著作財產權的行使，依著作權法的規定，有下列幾項：

⑴重製權　即著作人專有以印刷、複印、錄音、錄影、攝影、筆錄或其他方法，直接、間接、永久或暫時重複製作其著作之權利。

⑵公開口述權　即著作人專有以言詞或其他方法向公眾公開口述其語文著作內容的權利。

⑶公開播送權　即著作人專有以有線電、無線電或其他傳送訊息之方法，藉聲音或影像向公眾公開播送其著作內容之權利。

⑷公開上映權　即著作人專有以單一或多數視聽機或其他傳送影像之方法，於同一時間向現場或現場以外一定場所之公眾公開上映其視聽著作或傳達著作內容之權利。

⑸公開演出權　即著作人專有以演技、舞蹈、歌唱、彈奏樂器或其他方法，向現場之公眾公開演出其語文、音樂、戲劇或舞蹈創作或傳達其著作內容之權利。

⑹公開傳輸權　即著作人專有以有線、無線電之網路或其他通訊方法，藉聲音或影像向公眾提供或傳達著作內容之權利。

⑺公開展示權　即著作人專有對其未發行之美術著作或攝影著作公開展示之權利。

⑻改作、編輯權　即著作人專有以翻譯、編曲、改寫、拍攝影片或其他方法，將其原著作改作成衍生著作或編輯成編輯著作之權利。

⑼移轉散布權　即著作人專有以移轉所有權的方式，不問有償或無償，將著作之原件或重製物提供給公眾交易或流通之權利。

⑽出租著作權　即著作人專有出租其著作之權利。

㈤侵害著作權之法律責任

著作權為著作人所享有，任何人皆不得故意侵害，故意侵害他人著作權者，應負法律上責任。

1.侵害著作人格權之法律責任：侵害著作人格權者，負損害賠償責任。雖非財產上之損害，被害人亦得請求賠償相當之金額。

2.侵害著作財產權之法律責任：因故意或過失，不法侵害他人之著作財產權或製版權者，負損害賠償責任。數人共同不法侵害者，連帶負賠償責任。如觸犯有刑罰規定的罰則，即應另負刑事責任。

二、專利法

專利法是為鼓勵、保護、利用發明與新型及設計之創作，以促進產業發展，所制定的法律。其條文內容包括總則、發明專利、新型專利、設計專利、附則等五章，全文共一百五十九條。

㈠專利之意義

專利是指發明人對於其所發明或創作（包括新型及設計之創作）之物，經依法申請專利後，於一定之時間內，有專享其利益的權利之謂。

㈡專利之種類

1.發明專利

發明專利是指基於利用自然法則之技術思想之高度創作，所獲得的專有權利。

2.新型專利

新型專利是指基於利用自然法則之技術思想對物品之形狀、構造或組合、裝置之創作或改良，所獲得的專有權利。

3.設計專利

設計專利是指基於對物品之全部或部分之形狀、花紋、色彩或其結合，透過視覺訴求之創作，所獲得的專有權利。

(三)專利之申請

發明、新型或設計專利之申請，應由發明人、創作人、設計人或其受讓人或繼承人，備具申請書、說明書、申請專利範圍、摘要及必要圖式或敘明事實、檢附證明文件，向專利專責機關申請之。唯專利申請權人，申請發明、新型或設計之專利，得委任代理人辦理之，其代理人之資格，以專利師為限。

專利之申請，倘其申請權為共有者，應由全體共有人提出申請，並得由全體共有人委任代理人申請專利及辦理有關專利事項。

(四)專利之讓與或繼承

發明、新型或設計之專利申請權及專利權，其發明人或創作人，得讓與受讓人或繼承受繼承人。因此，受讓人或繼承人，得依法申請專利，並得享有專利的權益。

(五)受僱人專利之歸屬

受僱人於職務上所完成之發明、新型或設計，其專利申請權及專利權屬於僱用人，但僱用人應支付受僱人適當之報酬。

受僱人於非職務上所完成之發明、新型或設計，其專利申請權及專利權屬於受僱人。但其發明、新型或設計係利用僱用人資源或經驗者，僱用人得於支付合理報酬後，於該事業實施其發明、新型或設計。

一方出資聘請他人從事研究開發者，其專利申請權及專利權之歸屬，依雙方契約之約定。契約未約定者，屬於發明人或新型創作或設計人。但出資人得實施其發明、新型或設計。

三、商標法

商標法是為保障商標權、證明標章權、團體標章權、團體商標權及消費者利益，維護市場公平競爭，以促進工商企業之正常發展，所制定的法律。全文共一百十一條，其內容包括總則、商標、證明標章、團體標章及團體商標，罰則、附則共五章，茲扼要分述如下：

(一)商標之樣式

商標得以文字、圖形、記號、顏色、聲音、立體形狀、動態、全像圖或其聯合式所組成，且應足以使商品或服務之相關消費者認識其為表彰商品或服務之標識，並得藉以與他人之商品或服務相區別。

(二)商標之使用

商標之使用，係指為行銷之目的，將商標用於商品、服務或其有關之包裝容器、物品，或利用平面圖像、數位影音、電子媒體或其他媒介物，足以使相關消費者認識其為商標。

(三)商標之申請註冊

凡為表彰自己之商品或服務，並欲取得商標權、證明標章權、團體標章權、團體商標權者，應依法申請註冊。申請商標註冊，由申請人以申請書載明申請人、商標圖樣、指定使用之商品或服務及其類別，親自或委任商標代理人，向指定之權責機關申請之。商標之申請，得以一商標註冊之申請案，指定使用於二個以上類別之商品或服務。

(四)商標權之獲得

商標，自註冊公告當日起，由權利人取得商標權，商標權期間為十年，但得申請延展，每次延展專用期間為十年，於期間屆滿前六個月內申請之。如於期間屆滿後六個月內申請者，應繳納二倍延展註冊費。

(五)權利侵害之救濟

商標權人對於侵害其商標權者，得請求損害賠償，並得請求排除其侵害；有侵害之虞者，得請求防止之。對於侵害商標權之物品或從事侵害行為之原料或器具，得請求銷毀或為其他必要之處置。

㈥證明標章、團體標章與團體商標

凡以標章證明他人商品或服務之特定、品質、精密度、原料、製造方法、產地或其他事項，欲專用其標章以與未經證明之商品或服務相區別之標識者，應申請註冊為證明標章。

凡具有法人資格之公會、協會或其他團體，為表彰其組織或會員之會籍，欲專用標章以與他團體或會員相區別之標識者，應申請註冊為團體標章。

凡具有法人資格之公會、協會或其他團體，欲表彰該團體或會員所提供之商品或服務，並得藉以與他團體或會員所提供之商品或服務相區別，欲專用標章者，得申請註冊為團體商標。

研究問題

一、試述勞動基準法立法目的。

二、試述專利之種類。

測驗　複習

102 年公務人員普通考試　法學知識（中華民國憲法、法學緒論）試題

(B) 1. 依憲法增修條文第 9 條第 1 項第 2 款之規定，省諮議會議員如何產生？　(A)由省政府主席提請總統任命　(B)由行政院院長提請總統任命　(C)由總統提名，經立法院同意任命　(D)由行政院院長直接任命

(B) 2. 下列何者由憲法法庭審理之？　(A)總統之罷免案　(B)總統之彈劾案　(C)行政院院長之彈劾案　(D)行政院院長之不信任案

(C) 3. 依司法院釋字第 328 號解釋之見解，我國領土固有疆域範圍係屬下列何種問題，不應由行使司法權之釋憲機關予以解釋？　(A)統獨問題　(B)歷史爭議問題　(C)重大政治問題　(D)內政問題

(D) 4. 司法院釋字第 613 號解釋認為，國家通訊傳播委員會組織法中規定該會委員原「由各政黨（團）接受各界舉薦，並依其在立法院所占席次比例共推薦十五名、行政院院長推薦三名」，主要有違下列何原則？　(A)平等原則　(B)比例原則　(C)法律保留原則　(D)權力分立原則

(B) 5. 以下何機關，為中央行政機關組織基準法所稱之獨立機關？　(A)行政院農業委員會　(B)國家通訊傳播委員會　(C)國防部　(D)行政院衛生署

(C) 6. 下列關於總統與副總統的描述何者錯誤？　(A)總統逝世時，由副總統繼任　(B)總統與副總統均缺位時，由行政院院長代行其職權，並依法補選　(C)總統經彈劾去職後，副總統應一併解職　(D)副總統無特定職權

(C) 7. 有關選舉、罷免、創制、複決事項，下列說明中之何者並不屬於我國憲法上的明文規定？　(A)創制、複決兩權之行使，以法律定之　(B)被選舉人得由原選舉區依法罷免之　(C)選舉訴訟一律由行政法院審判之　(D)憲法上所規定之各種選舉，原則上以普通、平等、直接及無記名投票之方法行之

(B) 8. 各大學院校教師關於教師升等之評審，依司法院釋字第 462 號解釋，受評審之教師於依教師法或訴願法用盡救濟途徑後，仍有不服者，為保障其訴訟權，仍可循下列何途徑請求救濟？　(A)經與任職大學院校協議不成後，向民事法院提起民事訴訟　(B)向行政法院提起行政訴訟　(C)向司法院公務員懲戒委員會聲明異議　(D)向司法院大法官聲請統一解釋法令

(B) 9. 依司法院解釋，因軍事審判法令遭受冤獄之人民，不能依冤獄賠償法行使賠償請求權，係違反下列何種原則？　(A)民主原則　(B)平等原則　(C)權力分立原則

(D)信賴保護原則

(A)　10.下列關於選舉平等的說明，何者錯誤？　(A)憲法規定對於弱勢族群的特殊保障，違反平等選舉之要求　(B)我國憲法增修條文規定，每一縣市均有立法委員席次　(C)平等選舉所要達成之目標為票票等值　(D)不分區席次之分配，設定一定門檻，雖限制選舉平等，但乃是有一定的正當化事由

(D)　11.有關出版自由之敘述，下列何者正確？　(A)國家應於出版品上市前加以審查，並得要求修改出版品內容　(B)國家不得於事前或事後限制任何出版品上市，一律由業者自律　(C)國家得要求出版品不得發表政治性言論，否則以刑法相繩　(D)出版品有妨害善良風俗及公共秩序等情形者，國家得依法予以限制

(D)　12.有關人民之生存權、工作權及財產權應予保障之敘述，下列何者錯誤？　(A)依司法院大法官歷年來之解釋得知，我國現行死刑制度尚難謂牴觸憲法對生存權保障之規定　(B)財產權之保障並非絕對，惟對於所謂之特別犧牲，國家不僅應予以補償，更應儘速　(C)為增進公共利益之必要，國家得對人民從事工作之方法、應具備之資格或其他要件，以法律為適當之限制　(D)一律限制明眼人不得從事按摩業，係屬對視障人士工作權之確保，應屬合憲

(A)　13.依司法院解釋，下列何者屬憲法中具有本質之重要性，如修改條文予以變更，則憲法整體規範秩序將形同破毀？　(A)國民主權原則　(B)民意代表之選舉制度　(C)立法院議事規則　(D)基本國策

(C)　14.下列有關原住民族之保障，何者非憲法增修條文所明定？　(A)保障原住民族之地位及政治參與　(B)對其教育文化及衛生醫療予以保障扶助　(C)對原住民族保障耕者有其田，促進高經濟農業發展　(D)對其經濟土地及社會福利予以保障扶助

(C)　15.依憲法增修條文第 10 條之規定，國家應消除性別歧視，促進何種目的之實現？　(A)父母子女地位之認同　(B)夫妻地位之平等發展　(C)兩性地位之實質平等　(D)親權地位之真正平等

(A)　16.勞動基準法有關童工之規定，下列敘述何者為錯誤？　(A)15 歲以上未滿 17 歲之受僱從事工作者，為童工　(B)童工每日工作不得超過 8 小時，例假日不得工作　(C)未滿 15 歲，但國民中學畢業者，得為雇主僱用，準用童工保護之規定　(D)未滿 15 歲，但經主管機關認定工作性質及環境無礙身心健康者，得為雇主僱用，準用童工保護之規定

(C) 17.一日，甲在家中，多年不見的國中同學乙忽然上門推銷男士保養品。甲本想婉拒，但因迫於人情壓力，只好買下一套護膚產品。事後，甲反悔，於是打電話給乙要求退貨，但卻遭到拒絕。下列敘述，何者正確？ (A)登門推銷，不適用消費者保護法關於解除契約之規定 (B)甲與乙之間是朋友關係而非消費關係，不適用消費者保護法之規定 (C)甲得於7日內解除契約，且不須說明理由 (D)甲得撤銷其迫於人情壓力所為之意思表示，使買賣契約自始不成立

(D) 18.以視聽機向現場觀眾傳達視聽著作之內容，涉及著作權人之何種權利？ (A)公開播送權 (B)公開演出權 (C)公開傳輸權 (D)公開上映權

(D) 19.下列何者並非刑法上的主刑？ (A)死刑 (B)無期徒刑 (C)拘役 (D)罰鍰

(C) 20.小璇與大慶是男女朋友，兩人同居已有1年。大慶由於失業開始酗酒，每在酒醉後毆打小璇，使小璇身心受傷。請問小璇是否可以依照家庭暴力防治法的規定，向法院聲請核發民事保護令，命大慶搬離兩人的同居住所？ (A)不可以，因為小璇與大慶未結婚，不是夫妻 (B)不可以，因為小璇與大慶同居未滿3年 (C)可以，依照家庭暴力防治法，同居關係可以聲請保護令 (D)可以，依照近年法院的見解，同居男女朋友可以涵蓋在家庭暴力防治法所保障的配偶關係內

(D) 21.甲基於殺害的意思舉槍瞄準政客A，子彈擊發後卻出乎甲所料，擊中了站在一旁的助理B，這種現象在刑法上稱為： (A)違法性錯誤 (B)客體錯誤 (C)禁止錯誤 (D)打擊錯誤

(B) 22.下列何者不為我國所規定的離婚方式？ (A)經法院調解和解之離婚 (B)分居5年而解消婚姻之離婚 (C)夫妻合意依法為戶籍登記之離婚 (D)夫妻有法律所規定之離婚事由而向法院請求裁判之離婚

(D) 23.甲19歲，受監護宣告後，其法律效果為何？ (A)甲成為無權利能力人 (B)甲成為無意思能力人 (C)甲成為無識別能力人 (D)甲成為無行為能力人

(A) 24.19歲已婚之甲男，購買一房屋作為新居，該買賣契約之效力為何？ (A)有效 (B)效力未定 (C)得撤銷 (D)無效

(D) 25.出賣人以買受人拒絕支付價金為由，而拒絕交付買賣標的物，此種權利屬於： (A)請求權 (B)支配權 (C)形成權 (D)抗辯權

(A) 26.依司法院解釋，教師法規定教師行為不檢而有損師道，經解聘者，禁止終身再任教職，違反下列何種原則？ (A)比例原則 (B)公益原則 (C)誠實信用原則 (D)明確性原則

(C)　27.有學者在解釋我國民事訴訟法第284條規定時，參考德國民事訴訟法第294條規定，請問這種法律解釋方法是：　(A)文義解釋　(B)當然解釋　(C)比較法解釋　(D)反面解釋

(C)　28.依中央法規標準法之規定，下列何者為法律之名稱：　(A)辦法　(B)規則　(C)通則　(D)細則

(A)　29.法院於審理繼承事件中，進行DNA檢驗以確認血緣關係之行為，屬法律適用過程的何種活動？　(A)認定事實　(B)解釋法律要件　(C)涵攝事實與法律要件得出法律效果　(D)執行法律效果

(D)　30.所謂「私不舉，官不究」是指司法機關在適用法律時，那一種原則的表現？　(A)一事不二罰原則　(B)一事不再理原則　(C)法官不得類推適用　(D)不告不理原則

102 年公務人員高等考試三級考試　法學知識（中華民國憲法、法學緒論）試題

(A)　1.直轄市市長停職者，由副市長代理，副市長出缺或不能代理者，由何人代理？ (A)由行政院派員代理　(B)由市議會議長代理　(C)由市政府秘書長代理　(D)由內政部派員代理

(A)　2.依地方制度法之規定，下列何者為公法人？　(A)縣　(B)縣政府　(C)區　(D)區公所

(D)　3.依我國現行憲法及憲法增修條文之規定，以下何者不是司法院大法官之職權？ (A)解釋憲法　(B)審理政黨違憲之解散案　(C)審理總統、副總統彈劾案　(D)審理公務員懲戒案件

(A)　4.下列何者曾被司法院大法官解釋宣告違憲？　(A)行政執行法上之拘提管收要件 (B)公務員懲戒未設通常上訴救濟制度　(C)公務員離職後職業選擇之限制　(D)通姦罪

(D)　5.關於立法院議案審議程序中「第二讀會」的進行，下列敘述何者錯誤？　(A)第二讀會時，應朗讀議案，依次或逐條提付討論　(B)第二讀會時，可就審查意見或原案要旨，先作廣泛討論　(C)第二讀會是於討論各委員會審查之議案時進行 (D)議案於完成二讀之後，原提案者可以經院會同意後撤回原提案

(A)　6.依據憲法第 58 條及行政院組織法之規定，下列何者非行政院會議之組織成員，僅依規定應列席行政院會議？　(A)行政院秘書長　(B)內政部部長　(C)僑務委員會委員長　(D)不管部會之政務委員

(B)　7.我國總統不享有下列那一權限？　(A)締結條約　(B)主動解散立法院　(C)宣布戒嚴　(D)發布緊急命令

(B)　8.依現行法之規定，下列那一種公職人員之選舉，候選人當選與否，並不取決於該候選人得票數之多寡，而是原則上取決於該候選人所屬政黨得票數之多寡？ (A)總統、副總統　(B)僑居國外國民立法委員　(C)原住民立法委員　(D)原住民直轄市議員

(D)　9.依公民投票法之規定，全國性公民投票案成立後，係由下列何機關負責投票之進行？　(A)行政院　(B)全國性公民投票審議委員會　(C)監察院　(D)中央選舉委員會

(D)　10.如某社區之社區公約，約定區分所有權人不得於其住宅內設置各種中途之家，違者將由社區管理委員會訴請遷離。甲為該社區之住戶，於其所有之獨棟住宅內設置「未婚媽媽中途之家」，為社區管理委員會知悉，社區管理委員會即向法院起訴請求甲應遷離社區。請問法院於審理本案時，審酌雙方當事人之基本權保障時，應運用下列那一種理論？　(A)國民主權及參政權之理論　(B)基本權對國庫行為之效力　(C)私法自治及契約自由原則　(D)基本權之第三人效力理論

(B)　11.房屋所有權人應提供私有騎樓供公眾通行，得不另發給補償金。關於其法理，下列敘述何者正確？　(A)未喪失所有權而無須補償　(B)人民之財產權負有未逾比例原則之社會義務　(C)缺乏相關補償之法令依據　(D)基於財政考量而無須補償

(C)　12.下列何者不屬於訴訟權保障之核心領域？　(A)受公平審判之權利　(B)受及時審判之權利　(C)受三級三審之審級制度保障權利　(D)聽審請求權

(D)　13.依司法院大法官解釋，下列何者與憲法第 7 條所保障之平等權有違？　(A)民國 89 年修正公布之臺灣地區與大陸地區人民關係條例中，規定大陸地區人民經許可進入臺灣地區者，非在臺灣地區設有戶籍滿 10 年，不得擔任公務人員　(B)中央警察大學 91 學年度研究所碩士班入學考試招生簡章規定，以有無色盲作為能否取得入學資格之條件　(C)民國 93 年修正公布之遺產及贈與稅法中，僅規定配偶間之贈與，免徵贈與稅；但對於尚無法律上婚姻關係之異性伴侶間之贈與，無免徵贈與稅之規定　(D)民國 80 年制定公布之社會秩序維護法中，在性交易過程中，對支付對價之相對人未有處罰規定，而僅處罰意圖得利之一方

(C)　14.下列何項基本權不在司法院大法官解釋具有制度性保障性質之列？　(A)財產權　(B)婚姻與家庭　(C)宗教自由　(D)學術自由

(B)　15. A 於僱用 B 時，要求 B 切結，如有懷孕即離職。B 以其違反性別工作平等法，向主管機關檢舉，要求主管機關對 A 處罰鍰。本例最可能涉及何種基本權功能？　(A)防禦權功能　(B)基本權之保護義務功能　(C)基本權之信賴保護功能　(D)程序保障功能

(D)　16. A 和 B 為夫妻，育有一子 C 四歲。B 因吸食安非他命上癮，精神狀態不穩定，動輒對於 C 施暴。某日，B 將 C 打得皮開肉綻，住進加護病房，A 經朋友提醒才知道可以依據家庭暴力防治法請求法院對於 B 核發民事保護令。請問 A 得依照家庭暴力防治法為 C 聲請什麼內容的保護令？①禁止 B 對於 C 實施家庭暴

力②命 B 遷出三人之住居所③命 B 遠離 C 之幼兒園④定暫時對未成年子女權

利義務之行使或負擔，僅由 A 來行使　(A)僅①　(B)僅①②　(C)僅①②③　(D)①

②③④

(C)　17.勞工遭遇職業傷害或罹患職業病而死亡時，其遺屬受領死亡補償之正確順位為

何？　(A)①子女②配偶③父母④祖父母及孫子女⑤兄弟姐妹　(B)①配偶②子女

③父母④祖父母及孫子女⑤兄弟姐妹　(C)①配偶及子女②父母③祖父母④孫子

女⑤兄弟姐妹　(D)①配偶及子女②父母③孫子女④祖父母⑤兄弟姐妹

(C)　18. A 有限公司之股東有甲、乙、丙共 3 人，各分別出資 30 萬元、10 萬元、10 萬

元，甲為公司董事。若章程規定，甲有 3 表決權、乙有 1 表決權、丙有 1 表決

權，則當公司擬再增資 50 萬元時，應經下列何種方式決定之？　(A)由甲決定

之　(B)須經全體股東同意之　(C)須經表決權過半數同意之　(D)須經 2 人以上

股東之同意

(A)　19. A 股份有限公司股東甲，出具委託書委託他人代理出席股東會後，又以書面及

電子方式行使其表決權，在未撤銷其前述委託書、書面以及電子投票之情況

下，本人於股東會當天又親自出席股東會議。請問甲之表決權行使究應以何種

方式為準？　(A)委託書　(B)書面方式　(C)電子方式　(D)親自出席

(B)　20.甲與乙籌劃犯擄人勒贖案。甲持改造手槍，乙持小刀，共同將 A 擄走並關在家

中。後來警方循線查到甲之住處，救出 A，並當場在甲之住宅內搜到犯案用之

手槍與小刀，以及安非他命兩小包。試問本案例中，法官在判處甲、乙有罪時，

下列那一種物品不得宣告沒收？　(A)改造手槍　(B)甲之住宅　(C)犯案用小刀

(D)安非他命

(B)　21.甲想殺 A，見 A 自對面走來，便舉槍將 A 擊斃，事後才發現 A 右手亦持槍藏在

口袋中，當時正打算扣下板機殺甲。甲的行為在刑法上稱為：　(A)誤想防衛

(B)偶然防衛　(C)違法性錯誤　(D)反面之違法性錯誤

(A)　22.下列關於法定代理人的敘述，何者正確？　(A)胎兒為繼承人時，生母為胎兒的

法定代理人，處理遺產分割事宜　(B)父母為未成年子女之法定代理人，可任意

處分未成年子女之特有財產　(C)監護人為未成年之受監護人的法定代理人，可

替代父母行使一切親權　(D)夫妻在婚姻關係存續中，就夫妻財產所生之法律事

項，互為法定代理人

(C)　23.甲受死亡宣告後，生存歸來，經法院撤銷死亡宣告，發現其妻乙已經與丙結婚，

請問後婚之效力為何？　(A)只要乙善意，後婚即有效　(B)只要丙善意，後婚即有效　(C)必須乙與丙均善意，後婚才有效　(D)縱使乙與丙均惡意，後婚仍然有效

(C)　24.甲上班途中，向書報攤老闆乙購買報紙 1 份，價金 10 元。甲給乙 10 元硬幣 1 枚，乙給甲報紙 1 份，請問總共至少有幾個法律行為？　(A) 1　(B) 2　(C) 3　(D) 4

(A)　25.甲夫乙妻依法收養丙夫丁妻 5 歲之子 A，3 年後甲、乙因空難雙亡，A 欲終止其與甲、乙之收養關係者，應如何進行？　(A)應由 A 向法院聲請，但應得丙、丁同意　(B)應由丙、丁代理 A 向法院聲請　(C)應由丙、丁與甲或乙之家屬協議為之　(D)因甲、乙已死亡，故任何人均不得聲請

(D)　26.機關辦理下列何項事務應適用行政程序法？　(A)內政部警政署與車商簽訂警用巡邏車購買契約　(B)臺北市政府國民住宅處與人民簽訂國民住宅租售契約　(C)臺北地方法院檢察署函請市警局協助調查刑事犯罪事件　(D)教育部與公費生簽訂公費留學行政契約

(C)　27.關於中央法規標準法之內容，以下何者錯誤？　(A)法律應經立法院通過，總統公布　(B)法規對某一事項規定適用或準用其他法規之規定者，其他法規修正後，適用或準用修正後之法規　(C)各機關依其法定職權或基於法律授權訂定之命令，應視其性質分別下達或發布，並即送監察院　(D)法律得定名為法、律、條例或通則

(A)　28.關於「法規不溯及既往」原則，下列敘述何者正確？①學說上又將之分為「真正溯及」與「不真正溯及」兩種情形。前者係指將法規適用於該法規生效前業已終結的事實，後者則係指將法規適用於過去發生，但現在仍存續尚未終結之事實②「真正溯及既往」原則應允許；反之，「不真正溯及既往」原則應禁止③司法院釋字第 577 號認為，菸害防制法規定之菸品標示義務及責任，僅適用於該法公布施行後之菸品標示事件，並未規定菸品業者於該法施行前亦有標示義務，故無法律溯及適用情形④新法規範之法律關係如跨越新、舊法施行時期，當特定法條之所有構成要件事實於新法生效施行後始完全實現時，則無待法律另為明文規定，原則上應適用法條構成要件與生活事實合致時有效之新法　(A)僅①③④　(B)僅②③　(C)僅①②④　(D)僅①③

(B)　29.民國 100 年 11 月 30 日總統令公布的「兒童及少年福利與權益保障法」，其附則

規定該法部分條文「自公布三年後施行」，請問這些條文從那一天開始生效？ (A)民國 103 年 11 月 29 日 (B)民國 103 年 11 月 30 日 (C)民國 103 年 12 月 1 日 (D)民國 103 年 12 月 2 日

(B) 30.下列關於「法律與道德的關係」之敘述，何者錯誤？ (A)法律乃是道德的最小限度 (B)道德所不允許的，亦是法律之懲罰對象 (C)法律所不禁止的行為，並非都是合乎道德的行為 (D)法律與道德密切相關

103 年公務人員普通考試　法學知識（中華民國憲法、法學緒論）試題

(B)　1.下列何國屬於總統制國家？　(A)英國　(B)美國　(C)日本　(D)德國

(D)　2.憲法增修條文第 10 條規定，國家應依據何者保障原住民族之地位及政治參與？
　　　(A)公民自決　(B)全民投票　(C)自治條款　(D)民族意願

(B)　3.憲法基本國策中有關國民經濟、社會安全等規定係主要基於憲法何項原則而定？
　　　(A)租稅國原則　(B)社會福利國　(C)民主原則　(D)聯邦國原則

(A)　4.依憲法本文之規定，有關人身自由之敘述，下列何者正確？　(A)除現行犯外，
　　　非經司法或警察機關依法定程序，不得逮捕拘禁人民　(B)依層級化法律保留之
　　　原理，人身自由只能以憲法限制之，不得以法律限制之　(C)除刑法上之犯罪外，
　　　法律一律不得拘束人身自由　(D)人民遭受任何機關非法逮捕拘禁時，其本人或
　　　他人得向監察院聲請追究，監察院不得拒絕

(C)　5.行政程序法第 6 條規定：「行政行為，非有正當理由，不得為差別待遇。」係何
　　　種基本權利的表現？　(A)生存權　(B)參政權　(C)平等權　(D)訴訟權

(A)　6.我國生存權之相關立法的敘述，下列何者錯誤？　(A)司法院解釋之態度歷來皆
　　　認為死刑違憲　(B)對於罹患醫學上不治之症之患者，醫師即便得其承諾，亦不
　　　得用藥物合法幫助患者自殺　(C)懷孕婦女經診斷患有礙優生之傳染性疾病者，
　　　得自願施行人工流產　(D)國家為改良農民之生活，增進其生產技能，應制定保
　　　護農民之法律，實施保護農民之政策

(D)　7.下列何者為憲法上未明文的一般平等要求？　(A)不分宗教在法律上一律平等
　　　(B)不分黨派在法律上一律平等　(C)不分男女在法律上一律平等　(D)不分學歷在
　　　法律上一律平等

(A)　8.依憲法第 131 條之規定，各種選舉之候選人，如何競選？　(A)公開競選　(B)不
　　　得拜票　(C)以不實事實攻擊其他候選人　(D)不得在媒體上發表政見

(C)　9.依憲法增修條文第 2 條規定，總統、副總統之罷免案，須經全體立法委員至少
　　　何比例之提議？　(A)二分之一　(B)三分之一　(C)四分之一　(D)五分之一

(A)　10.依憲法本文及增修條文之規定，有關總統、副總統之選舉，以下何者正確？
　　　(A)中華民國國民，年滿四十歲得被選為總統、副總統　(B)總統、副總統係分別
　　　選舉，分別印製選票　(C)得票率未過半，應舉行第二輪投票　(D)任期四年，連
　　　選得連任二次

(D) 11.立法委員之言論免責權不及於下列何者？ (A)立法院院會 (B)立法院委員會 (C)立法院院內公聽會 (D)立法院院內記者會

(C) 12.依憲法之規定，各級法院之組織，應以下列那一種方式定之？ (A)法規命令 (B)行政處分 (C)法律 (D)行政規則

(A) 13.下列有關立法院立法委員自第七屆起之敘述，何者錯誤？ (A)總額為一百三十一人 (B)任期四年，連選得連任 (C)每縣市至少一人 (D)自由地區平地原住民及山地原住民各三人

(C) 14.下列那個機關有審理彈劾總統案之職權？ (A)監察院 (B)考試院 (C)司法院 (D)行政院

(D) 15.依憲法增修條文之規定，監察院為國家最高監察機關，除行使彈劾與審計權外，尚行使下列何種職權？ (A)同意權 (B)質詢權 (C)銓審權 (D)糾舉權

(A) 16.法律和道德，最大的差異點在於何處？ (A)可以透過國家強制力加以實現 (B)具有維持社會秩序的作用 (C)具有增進社會公益的功能 (D)是以正義為其存在的基礎

(B) 17.有關行政機關適用法律之敘述，下列何者錯誤？ (A)依法行政原則 (B)不受上級機關之指揮監督 (C)得為合義務性之裁量 (D)有依法訂定行政命令之權

(A) 18.所謂完全法條，除了要有構成要件外，還要有下列何者？ (A)法律效果 (B)立法程序 (C)司法審查 (D)行政執行

(D) 19.關於消費借貸契約之敘述，下列何者正確？ (A)為物權契約 (B)為諾成契約 (C)為要式契約 (D)為要物契約

(C) 20.民國 99 年 7 月 30 日司法院釋字第 680 號解釋宣告懲治走私條例第 2 條第 1 項之規定違憲，自解釋公布之日起，至遲於屆滿二年時，失其效力。則懲治走私條例第 2 條第 1 項之規定，何時失效？ (A)由立法院通過，總統公布後，本項規定始廢止失效 (B)由法務部發布，並公告於新聞紙後，本項規定始廢止失效 (C)至民國 101 年 7 月 30 日，本項規定如未修正，則自動失效 (D)自應失效日算至第三日起失效，即於民國 101 年 8 月 1 日失效

(B) 21.違法之授益行政處分經撤銷後，行政機關於特定條件下應補償受益人財產上之損失，與下列何種原則有關？ (A)法律保留原則 (B)信賴保護原則 (C)明確性原則 (D)不當連結禁止原則

(A) 22.下列何種財產不為法定財產制剩餘財產分配之標的？ (A)繼承所獲得之財產

(B)婚後工作所得之薪資　(C)婚前所得贈與財產於婚後所生之孳息　(D)婚後身體受傷所獲得財產上之損害賠償

(B)　23.依司法院大法官解釋，法院於必要時，得裁定令經常逃學或逃家之虞犯少年收容於少年觀護所，係違反下列何種原則？　(A)恣意禁止原則　(B)比例原則　(C)不當連結禁止原則　(D)公益原則

(D)　24.甲對乙有貨款債權五十萬元，甲將對乙之五十萬元債權讓與於丙。關於甲和丙之債權讓與契約之敘述，下列何者正確？　(A)因未經乙事前同意，故不生效力　(B)須經乙事後同意，方生效力　(C)不論乙是否同意，均為無效　(D)甲和丙合意時，即生效力，但非通知乙，對乙不生效

(C)　25.對於行為後法律有變更的情形，我國刑法第2條第1項採取何種處理原則？　(A)從新原則　(B)從重原則　(C)從舊從輕原則　(D)從新從重原則

(B)　26.下列關於故意犯罪行為階段與未遂犯之敘述，何者正確？　(A)我國刑法不處罰陰謀犯　(B)形式（附屬）預備犯係非類型化犯罪　(C)我國刑法以處罰未遂犯為原則　(D)我國刑法對於未遂犯採取必減制

(A)　27.民法第265條規定：「當事人之一方，應向他方先為給付者，如他方之財產，於訂約後顯形減少，有難為對待給付之虞時，如他方未為對待給付或提出擔保前，得拒絕自己之給付。」此種權利稱為：　(A)不安抗辯權　(B)同時履行抗辯權　(C)過失相抵抗辯權　(D)先訴抗辯權

(C)　28.勞工保險條例的被保險人，其父母、配偶死亡時，按其平均月投保薪資，發給幾個月的喪葬津貼？　(A)一個月　(B)兩個月　(C)三個月　(D)六個月

(A)　29.全民健康保險法規定私立學校教職員及其眷屬之保險費，應由被保險人自付保險費的百分比為何？　(A)30%　(B)40%　(C)50%　(D)60%

(D)　30.下列關於侵害著作權民事責任之敘述，何者錯誤？　(A)著作權人得請求排除侵害　(B)對於著作財產權之侵害，著作財產權人得請求賠償損害　(C)被害人得請求由侵害人負擔費用，將判決書內容之一部或全部刊載於新聞紙、雜誌　(D)對於著作人格權之侵害，著作權人僅得請求精神上之損害賠償

103 年公務人員高等考試三級考試　法學知識（中華民國憲法、法學緒論）試題

(C)　1.有關我國憲法第 1 條至第 6 條之條綱規定之敘述，下列何者錯誤？　(A)我國國體為民主共和國　(B)中華民國主權屬於國民全體　(C)我國採單一國籍制，不承認雙重國籍　(D)中華民國國旗之樣式為紅地，左上角為青天白日

(B)　2.下列有關中華民國領土變更案之敘述，何者正確？　(A)中華民國自由地區選舉人於立法院提出領土變更案，經公告 3 個月，應於 3 個月內投票複決　(B)中華民國自由地區選舉人於立法院提出領土變更案，經公告半年，應於 3 個月內投票複決　(C)中華民國自由地區選舉人於立法院提出領土變更案，經公告半年，應於半年內投票複決　(D)中華民國自由地區選舉人於立法院提出領土變更案，經公告 3 個月，應於半年內投票複決

(C)　3.憲法所稱之司法機關，就其狹義而言，不包含下列何者？　(A)行政法院　(B)臺北地方法院　(C)臺灣臺北地方法院檢察署　(D)公務員懲戒委員會

(B)　4.修改憲法時，立法院提出憲法修正案的程序為何？　(A)須經立法院立法委員四分之一之提議，三分之二之出席，及出席委員二分之一之決議　(B)須經立法院立法委員四分之一之提議，四分之三之出席，及出席委員四分之三之決議　(C)須經立法院立法委員三分之一之提議，四分之三之出席，及出席委員四分之三之決議　(D)須經立法院立法委員四分之一之提議，四分之三之出席，及出席委員二分之一之決議

(D)　5.依憲法第 140 條之規定，現役軍人不得兼任文官，故現役軍人不得擔任下列何種職務？　(A)總統府戰略顧問　(B)國防部參謀本部次長　(C)國家安全局局長　(D)國家安全會議秘書長

(D)　6.根據司法院釋字第 603 號解釋，下列關於資訊隱私權保障內涵之陳述，何者錯誤？　(A)屬人格權之一部分，受憲法第 22 條之保障　(B)人民享有自主控制個人資料是否揭露之決定權　(C)人民享有個人資料記載錯誤之更正權　(D)人民之資訊隱私權係屬憲法保留之基本權，不得以法律限制之

(A)　7.國家為犯罪偵查目的，而有監察人民私密通訊之需要時，應向何者聲請核發通訊監察書：　(A)法官　(B)檢察官　(C)司法警察機關　(D)行政執行官

(D)　8.司法院釋字第 604 號解釋認為，針對違規停車，執法人員得於舉發其違規後，使用民間拖吊車拖吊違規車輛，並收取移置費之規定，係立法者衡量各種維護交通秩序之相關因素後，合理賦予行政機關裁量之事項，不能因有此一規定而推論連續舉發並為處罰之規定，違反憲法上之何項原則？　(A)平等原則　(B)權力分立原則　(C)憲法保留原則　(D)比例原則

(A)　9.有關總統宣告解散立法院，下列敘述何者錯誤？　(A)限於立法院通過對行政院院長之不信任案後 30 日內為之　(B)應經諮詢立法院院長　(C)總統於戒嚴期間，不得解散立法院　(D)總統於緊急命令生效期間，不得解散立法院

(D)　10.有關選舉罷免之敘述，下列何者錯誤？　(A)中華民國國民年滿 20 歲者，有依法選舉之權　(B)中華民國憲法所規定各種選舉之候選人，一律公開競選　(C)被選舉人得由原選舉區依法罷免之，但就職未滿 1 年者，不得罷免　(D)全國不分區立法委員當選人，得由原選舉區依法罷免之

(C)　11.立法院對行政院院長提出不信任案，應於下列何種時程決定之？　(A)不信任案提出 36 小時後，應於 48 小時內以記名投票表決之　(B)不信任案提出 72 小時後，應於 24 小時內以記名投票表決之　(C)不信任案提出 72 小時後，應於 48 小時內以記名投票表決之　(D)不信任案提出 72 小時後，應於 36 小時內以記名投票表決之

(D)　12.依現行法規定，下列何者之任命不須立法院同意？　(A)考試委員　(B)審計長　(C)國家通訊傳播委員會委員　(D)經濟部部長

(C)　13.行政院對立法院所議決通過之法律案，如認為有窒礙難行時，可循何種方式處理？　(A)聲請司法院解釋　(B)請總統出面召集二院院長會商解決之　(C)經總統核可，提出覆議　(D)解散立法院

(A)　14.有關憲法解釋，下列何者正確？　(A)我國係採司法院獨佔解釋原則　(B)一般法院於審理案件所適用之法律有違憲疑義時，可逕行解釋憲法，對其他法院發生拘束力　(C)人民認為法律違憲時，可立即聲請司法院大法官解釋憲法　(D)司法院大法官對憲法所為之解釋，僅有個案拘束力

(C)　15.我國現行立法委員選舉之方式，採單一選區兩票制，所謂兩票所指為何？　(A)政黨與人民團體　(B)政黨與僑居國外國民　(C)政黨與區域　(D)區域與人民團體

(B)　16.衛生福利部依食品衛生管理法之授權，擬規範食品添加物使用範圍及限量暨規格，應以下列何種法規範訂定之？　(A)法律　(B)法規命令　(C)解釋性行政規則

(D)裁量基準

(B) 17.地方制度法第 2 條將「上級政府或主管機關，對於下級政府或機關所陳報之事項，加以審查，並作成決定，以完成該事項之法定效力」稱為：　(A)特許　(B)核定　(C)準用　(D)報備

(D) 18.依司法院大法官解釋，下列何者違反法律明確性原則？　(A)教師法以「行為不檢有損師道，經有關機關查證屬實」作為解聘、停聘或不續聘之要件　(B)貨物稅條例規定貨物稅之稅率為稀釋天然果蔬汁從價徵收 8%,其他飲料品從價徵收 15%　(C)社會秩序維護法處罰無正當理由，且經勸阻後仍繼續跟追之行為　(D)檢肅流氓條例關於欺壓善良、品行惡劣、遊蕩無賴之規定

(B) 19.下列何者非民法第 1 條習慣的成立要件？　(A)社會一般人確信其有法之效力　(B)必須通行全國　(C)須為多年慣行的事實　(D)成文法所未規定的事項

(B) 20.關於居間契約之敘述，下列何者正確？　(A)居間人所支出之費用，均得向當事人請求　(B)居間人因媒介所得之報酬，原則上由契約當事人平均負擔　(C)居間人得為當事人受領給付　(D)婚姻居間約定報酬者，居間契約無效

(B) 21.下列何者為中央法規標準法第 2 條與第 4 條所指之「法律」？　(A)全民健康保險醫事服務機構特約及管理辦法　(B)公司法　(C)家事事件書狀規則　(D)醫療機構設置標準

(D) 22.下列關於對向犯之敘述，何者錯誤？　(A)對向犯係指參與犯罪者，彼此間具有一對向關係之犯罪型態　(B)對向犯係一種必要之參與犯（共同犯罪）　(C)重婚罪即為一種對向犯之類型　(D)對向犯之法律效果，適用共同正犯之規定

(C) 23.有關司法院大法官統一解釋法律及命令之敘述，下列何者錯誤？　(A)應有大法官現有總額過半數之出席，及出席過半數之同意，方得通過　(B)聲請統一解釋機關有上級機關，其聲請應經上級機關層轉　(C)高等行政法院與最高行政法院，適用同一法律或命令時所已表示之見解有異者，得聲請統一解釋　(D)釋字第 334 號解釋有關中央政府建設公債發行條例所定公債之解釋，屬於統一解釋案件

(D) 24.依民法規定，夫妻家庭生活費用應如何負擔？　(A)由夫獨自負擔　(B)由有工作的夫或妻一方負擔　(C)由夫妻依採用之夫妻財產制所規定內容負擔　(D)由夫妻各依其經濟能力或家事勞動或依其他情事負擔

(C) 25.以抵押權擔保之債權，其請求權已因時效而消滅，如抵押權人於消滅時效完成

後，最遲幾年不實行其抵押權者，其抵押權消滅？　(A) 1 年　(B) 2 年　(C) 5 年
(D) 15 年

(C)　26. 甲死亡時未立遺囑而僅留下一棟房子，親人剩下叔父與同住的岳母。請問甲名
下的房子應由誰取得？　(A)甲之叔父為三親等之旁系血親，可優先繼承甲之房
屋　(B)甲之岳母為同住之直系姻親，而可優先繼承甲之房屋　(C)甲之叔父與岳
母無法繼承甲之房屋，該屋應歸屬國庫　(D)甲之叔父與岳母為甲之血親與姻親，
可共同繼承甲之房屋

(A)　27. 對於全民健康保險投保金額的訂定，下列敘述何者錯誤？　(A)無固定所得者，
以基本工資為投保金額　(B)專門職業及技術人員自行執業者，以執行業務所得
為投保金額　(C)雇主以其營利所得為投保金額　(D)受僱者以其薪資所得為投保
金額

(D)　28. 刑法第 134 條規定「公務員假借職務上之權力、機會或方法，以故意犯本章以
外各罪者，加重其刑至二分之一。但因公務員之身分已特別規定其刑者，不在
此限。」下列有關本條之敘述，何者正確？　(A)公務員假借職務上之權力，失
手打傷嫌犯，應適用本條規定加重其刑　(B)公務員包庇走私，構成懲治走私條
例之犯罪，應適用本條規定加重其刑　(C)公務員縱放職務上依法逮捕拘禁之人，
應適用本條規定加重其刑　(D)公務員假借職務上之權力，拘禁他人之行動自由，
應適用本條規定加重其刑

(D)　29. A 公開發行公司之董事甲，選任董事當時所持有之公司普通股為 50 萬股，惟
其近期因投資需求，將其中 45 萬股向銀行設定質權借款。之後，當 A 公司加
開股東會時，甲得行使表決權之股數有多少？　(A) 5 萬股　(B) 20 萬股　(C) 25
萬股　(D) 30 萬股

(C)　30. 公民與政治權利國際公約及經濟社會文化權利國際公約，我國簽署後，尚須經
過何種程序，始具有國內法之效力？　(A)由臺北市之立法機關通過並公告　(B)
由外交部發布，並即登於行政院公報　(C)由立法院審議通過，並經總統公布
(D)由聯合國發布，行政院公告其中譯文

104 年公務人員普通考試試題（中華民國憲法、法學緒論）試題

(B) 1.依憲法第 111 條規定，有關中央與地方剩餘權之爭議，由何機關解決之？　(A)行政院　(B)立法院　(C)司法院　(D)監察院

(C) 2.地方制度法第 2 條第 5 款規定：「下級政府或機關間就其得全權處理之業務，依法完成法定效力後，陳報上級政府或主管機關知悉」，係指下列何者？　(A)核定　(B)委任　(C)備查　(D)委辦

(A) 3.下列何者屬於中央對於地方自治之事前監督？　(A)核定　(B)撤銷　(C)備查　(D)函告無效

(C) 4.依憲法規定，下列關於考試院之敘述，何者錯誤？　(A)考試院為國家最高考試機關　(B)考試委員須超出黨派以外，依據法律獨立行使職權　(C)考試委員在院內所為之言論及表決，對院外不負責任　(D)考試院關於所掌事項，得向立法院提出法律案

(B) 5.下列何者為監察院之職權？　(A)彈劾正副總統　(B)彈劾監察院人員　(C)糾舉立法委員　(D)糾正考試委員

(B) 6.關於司法權之敘述，下列何者正確？　(A)本於司法官身分獨立保障，我國大法官係屬終身職　(B)憲法法庭所得處理之事項，包括正副總統之彈劾與政黨違憲之解散事項　(C)大法官違憲審查之標的，不包含判例　(D)司法院所提之年度司法概算，係直接送立法院進行審議

(C) 7.依憲法本文及增修條文之規定，下列何項職位不須經立法院同意？　(A)監察院副院長　(B)司法院大法官　(C)行政院副院長　(D)審計長

(D) 8.依憲法本文之規定，行政院會議之主席，原則上為下列何者？　(A)行政院秘書長　(B)總統　(C)每次開會時，由出席人員互推一人　(D)行政院院長

(D) 9.下列人員，何者得依法罷免之？　(A)臺北市副市長　(B)不分區立法委員　(C)地方法院法官　(D)縣市首長

(A) 10.下列何者，非公民投票法所規定公民投票之類型？　(A)法律之創制　(B)法律之複決　(C)重大政策之創制　(D)重大政策之複決

(B) 11.刑法第 235 條規定禁止散布、播送、販賣、公然陳列猥褻之資訊或物品。依據司法院釋字第 617 號解釋，下列敘述何者正確？　(A)性言論之表現與性資訊之流通，不受憲法對言論自由之保障　(B)國家應對少數性文化族群依其性道德感

情與對社會風化之認知而形諸為性言論表現或性資訊流通者，予以保障 (C)刑法第 235 條規定對於性言論之表現為過度之限制 (D)刑法第 235 條規定中之「猥褻」概念，違反法律明確性原則

(A) 12.依司法院釋字第 535 號解釋意旨，警察實施臨檢勤務時，須遵守何項憲法原則？ (A)比例原則 (B)信賴保護原則 (C)誠實信用原則 (D)禁止不當聯結原則

(B) 13.職業駕駛人若涉及特定犯罪，將吊銷其駕照，並限制其於一定期間內不得再行請領駕照。其中有關一定期間內不得請領駕照之限制，主要涉及下列何種基本權利？ (A)財產權 (B)職業自由 (C)結社自由 (D)生存權

(C) 14.依司法院大法官解釋，有關土地徵收的要件，下列敘述何者正確？ (A)徵收人民土地的各項要件，應授權由行政機關以行政命令詳加規定 (B)為了公益，得徵收非公共設施用地的私有土地，不須變更都市計畫 (C)土地被徵收是因社會公益而特別犧牲，對所有權人應給予相當補償 (D)土地徵收補償費之發給，得考量國家財政收入實際狀況而延遲發給

(D) 15.下列何者與現行憲法增修條文第 10 條規定之意旨不符？ (A)國家應重視醫療保健、福利服務等社會福利工作 (B)社會救助和國民就業等救濟性支出應優先編列 (C)教育科學文化經費中，國民教育之經費應優先編列 (D)中央政府教育科學文化之經費不得少於預算總額百分之十五

(B) 16.行政程序法第 2 條「本法所稱行政機關，係指代表國家、地方自治團體或其他行政主體表示意思，從事公共事務，具有單獨法定地位之組織」，此種情形在法律解釋上稱為： (A)司法解釋 (B)立法解釋 (C)行政解釋 (D)擬制

(A) 17.依據司法院釋字第 364 號解釋，人民得請求接近使用媒體，係屬於憲法保障之下列何種權利？ (A)言論自由權 (B)隱私權 (C)人格權 (D)工作權

(B) 18.下列何種情形，人民不得主張信賴保護原則？ (A)甲提供正確資料申請農地農用證明書，後因不可抗力無法繼續耕種而遭廢止證明書 (B)乙明知不符合醫師考試應考資格之規定，而報名參加考試，及格後被發覺而被撤銷考試及格資格 (C)軍人丙因相信行政機關「轉任公務員併計算年資」函釋，經參加轉任考試及格錄取後，行政機關廢止該函釋 (D)遊民丁交代其財產所得，主管機關不察發給救助金，稍後發現，丁拒絕退還救助

(B) 19.下列何者是定著物？ (A)還長在土地裡的地瓜 (B)固定在土地上的高鐵軌道 (C)挖掘的池塘 (D)廟前臨時搭架的歌仔戲臺

(A)　20.下列何者違反物權法定主義？　(A)甲設定不移轉質物占有的質權於乙　(B)甲設定不移轉抵押物占有的抵押權於乙　(C)甲為擔保將來發生的債權，設定最高限額抵押權於乙　(D)甲在自己土地上方空間，設定地上權於乙

(A)　21.關於承攬之瑕疵擔保，下列敘述何者錯誤？　(A)承攬工作物有瑕疵時，承攬人絕對不能拒絕修補　(B)修補費過鉅時，承攬人得拒絕修補　(C)定作人定期限要求承攬人修補，而承攬人不於期限內修補，且修補費用並非過鉅時，定作人得自行修補　(D)工作之瑕疵，如係因定作人指示不當而引起時，原則上定作人無瑕疵擔保請求權

(D)　22.於法定財產制，下列在婚姻關係存續中所取得之財產，何者為剩餘財產分配之標的？　(A)慰撫金　(B)受贈之古董　(C)繼承所得之房屋　(D)婚前投資之股票於婚後所生之股利

(D)　23.無人承認之繼承，應由何人以遺產負責清償繼承債務？　(A)遺囑見證人　(B)遺囑保管人　(C)遺囑執行人　(D)遺產管理人

(A)　24.下列何者不屬於沒收的範圍？　(A)第三人合法所有、犯罪行為人違禁持有之違禁物　(B)犯罪行為人所有，供犯罪所用之物　(C)犯罪行為人所有，因犯罪所得之物　(D)犯罪行為人所有，因犯罪所生之物

(D)　25.下列何者不屬於從刑？　(A)褫奪公權　(B)沒收　(C)追徵　(D)保安處分

(A)　26.下列關於消費者保護法所定調解之敘述，何者錯誤？　(A)消費者與企業經營者均得申請調解　(B)限於消費爭議案件始得申請調解　(C)申請調解之案件，須業經申訴，而未獲妥適之處理者　(D)申請調解，應向直轄市或縣（市）消費爭議調解委員會申請

(C)　27.甲創作樂曲一首，乙以樂器彈奏表演該樂曲。下列敘述何者錯誤？　(A)乙於表演前，應得甲之同意　(B)乙之表演應以獨立著作保護　(C)丙以錄音設備錄製乙之表演，僅須得乙之同意　(D)丁以錄音設備播放丙之錄音，無須得乙之同意

(D)　28.依勞動基準法第11條之規定，有關雇主須預告始得終止勞動契約情形，下列何者錯誤？　(A)歇業或轉讓時　(B)不可抗力暫停工作在一個月以上時　(C)勞工對於所擔任之工作確不能勝任時　(D)勞工違反勞動契約或工作規則，情節重大者

(B)　29.事業單位違反勞工法令規定時，下列敘述何者錯誤？　(A)勞工得向雇主、主管機關或檢查機構申訴　(B)勞工得向雇主、主管機關或檢查機構申訴，但向檢察機關申訴者以工會為限　(C)雇主不得因勞工為申訴而予解僱、調職或其他不利

之處分　(D)雇主因勞工為申訴而予解僱、調職或其他不利之處分,主管機關得予處罰

(D)　30.勞工甲因雇主乙將其調動職務,使其須於較不健康之環境內工作,甲因而告知雇主其懷孕之情形,並拒絕更不適合妊娠勞工之職務,乙於得知甲拒絕後隔日,即以人事精簡為由,終止與甲之勞動契約,下列敘述何者正確?　(A)乙因人事精簡得隨意終止與甲之勞動契約　(B)乙將甲調職時,並不知她已懷孕,如甲拒絕,乙自得終止勞動契約　(C)妊娠勞工均不得加以調職　(D)甲得知乙懷孕後,應先調整其至較適合妊娠勞工之工作,而非終止勞動契約

104 年公務人員高等考試三級考試試題法學知識（中華民國憲法、法學緒論）試題

(B) 1.有關監察院及考試院的組織，憲法有何規定？　(A)以法規命令定之　(B)以法律定之　(C)以行政規則定之　(D)由憲法本身加以規定

(B) 2.下列何者隸屬於考試院？　(A)公務員懲戒委員會　(B)公務人員保障暨培訓委員會　(C)法官學院　(D)公務人力發展中心

(D) 3.立法程序中，除發現議案內容有互相牴觸，或與憲法、其他法律相牴觸者外，祇得為文字之修正，並應將議案全案交付表決者，此為立法院議案審議何種程序？　(A)委員會審查　(B)第一讀會　(C)第二讀會　(D)第三讀會

(A) 4.依總統副總統選舉罷免法之規定，下列何者在選舉公告發布後，非屬為候選人站台限制之列？　(A)行政院院長　(B)中央選舉委員會之委員　(C)外國人民　(D)大陸地區人民

(B) 5.依公職人員選舉罷免法之規定，中央選舉委員會隸屬於下列何機關？　(A)總統府　(B)行政院　(C)考試院　(D)監察院

(A) 6.有關公民投票審議委員會，下列何者錯誤？　(A)公民投票審議委員會設於總統府之下，置委員二十一人　(B)委員任期三年　(C)委員由主管機關提請總統任命之　(D)委員具有同一黨籍者，不得超過委員總額二分之一

(D) 7.有關憲法第 23 條所規定人民自由權利之法律限制，司法院解釋係採何種見解？　(A)全面保留　(B)干預保留　(C)憲法保留　(D)層級性法律保留

(D) 8.法律若規定，佛、道寺廟之不動產及法物，非經所屬教會之決議並呈請該管官署許可，不得處分或變更，依司法院解釋，下列敘述何者正確？　(A)該規定有害及寺廟信仰之傳布存續，對宗教活動自由之限制尚未逾越必要之程度　(B)該規定與憲法第 7 條之宗教平等原則仍屬相符　(C)寺廟之財產不受憲法有關財產權規定之保障　(D)該規定未顧及寺廟之組織自主性，對其組織自主權及財產處分權加以限制，妨礙宗教活動自由，已逾越必要之程度

(C) 9.依司法院解釋，有關人民工作權、財產權保障，下列敘述何者錯誤？　(A)基於憲法上工作權之保障，人民得自由選擇從事一定之營業為其職業，而有開業、停業與否及從事營業之時間、地點、對象及方式之自由　(B)對於航空人員之技能、體格或性行，應為定期檢查，且得為臨時檢查，經檢查不合標準時，應限

制、暫停或終止其執業，無牴觸憲法保障人民工作權之規定　(C)公務員服務法規定，公務員於其離職後三年內，不得擔任與其離職前五年內之職務直接相關之營利事業董事、監察人、經理、執行業務之股東或顧問，違背憲法保障人民工作權之意旨　(D)道路交通管理處罰條例規定，曾犯故意殺人、搶劫、搶奪、強盜、恐嚇取財、擄人勒贖或妨害性自主之罪，經判決罪刑確定者，不准辦理營業小客車駕駛人執業登記，無牴觸憲法保障人民工作權之規定

(D)　10.下列何種考試，不屬憲法第 18 條應考試權之範圍？　(A)公務人員高等考試　(B)外交領事人員考試　(C)專技人員律師考試　(D)保姆證照考試

(A)　11.有關直轄市長辭職、去職或死亡時，所遺任期補選之敘述，下列何者正確？　(A)所遺任期不足二年者，不再補選，由代理人代理至該屆任期屆滿為止　(B)所遺任期不足三年者，不再補選，由代理人代理至該屆任期屆滿為止　(C)不管所遺任期多久均須再補選　(D)不管所遺任期多久均不再補選

(B)　12.有關省政府之敘述，下列何者錯誤？　(A)省政府接受行政院指揮監督，執行省政府行政事務　(B)省政府置委員九人，組成省政府委員會議，連同主席及各委員均為無給職　(C)省政府之預算，由行政院納入中央政府總預算　(D)省政府為行政院派出機關

(C)　13.關於「遷徙自由」之限制，下列敘述何者正確？　(A)警方得依據法律或法律授權將本國國民遞解出境　(B)中華民國人民每年僅得出國觀光兩次　(C)依刑事訴訟法規定，得對被告限制住居　(D)國民出境兩個月以上者，戶政機關依職權為遷出登記

(B)　14.依司法院解釋意旨，法律規定農業用地在依法作農業使用時，移轉與自行耕作之農民繼續耕作者，免徵土地增值稅。此規定與非自行耕作者取得農地須徵土地增值稅，在租稅上有不同之處理，涉及下列何種原則？　(A)法律保留原則　(B)平等原則　(C)誠信原則　(D)法律優位原則

(A)　15.依憲法第 173 條規定，憲法之解釋，由下列何者為之？　(A)司法院　(B)最高法院　(C)最高行政法院　(D)立法院

(C)　16.關於法律之制定及效力之敘述，下列何者正確？　(A)法律經立法院三讀通過後，即生效力　(B)比較沒有爭議的法律案可以直接進入三讀程序　(C)立法院之第三讀會應將議案全案付表決　(D)所有法律案皆須經過立法院有關委員會之審查

(C)　17.司法院大法官審理案件法第 13 條第 1 項規定：「大法官解釋案件，應參考制憲、

修憲及立法資料。」 是屬於何種法律解釋方法？ (A)目的解釋 (B)體系解釋 (C)歷史解釋 (D)文義解釋

(B) 18.依憲法第 171 條第 1 項規定，「法律與憲法牴觸者無效」，關於本條的敘述，下列何者錯誤？ (A)本條規定闡述憲法優位原則 (B)各級法院法官得認為法律牴觸憲法無效而拒絕適用 (C)司法院大法官得宣告法律無效 (D)大法官職司憲法解釋，其解釋拘束全國各機關

(A) 19.下列關於限制人民權利之敘述，何者錯誤？ (A)未得法律授權，行政機關仍得以行政命令限制人民權利 (B)限制人民權利之法律不得牴觸憲法關於基本權之保障 (C)法律規定限制人民權利，必須符合比例原則 (D)依據限制人民權利之程度不同，法律保留之密度不同

(D) 20.下列何者不是法人？ (A)某某股份有限公司 (B)馬偕醫院 (C)北港朝天宮 (D)合會

(A) 21.下列何者不是擔保物權？ (A)不動產役權 (B)質權 (C)留置權 (D)抵押權

(B) 22.依中央法規標準法第 2 條規定，就法律的名稱，除了「法」、「律」之外，尚可定名為何？ (A)條例、準則 (B)條例、通則 (C)規則、通則 (D)辦法、準則

(A) 23.甲因故意或過失不法侵害他人之權利，於下列何種情形，乙與甲依法無須連帶負損害賠償責任？ (A)甲為承攬人，乙為定作人，甲執行承攬事項，乙於定作及指示均無過失 (B)甲為受僱人，乙為僱用人，甲執行職務，乙於選任有過失 (C)甲為有識別能力之無行為能力人，乙為其法定代理人 (D)甲為乙法人之董事，甲執行職務加損害於他人

(C) 24.甲將其受贈之腳踏車，轉贈給乙作為生日禮物，乙立即騎出去兜風，因無法煞車而跌倒受傷，但甲贈與時不知該車無法煞車。下列敘述何者正確？ (A)乙得向甲主張權利瑕疵擔保責任 (B)乙得向甲請求不完全給付之損害賠償 (C)乙為無償取得，故不得請求甲負物之瑕疵擔保責任 (D)乙得向甲請求侵權行為之損害賠償

(D) 25.下列何項婚姻為得撤銷？ (A)甲男與乙女結婚前，已與丙女合法結婚 (B)甲男與乙女在結婚證書上之證人簽名為偽造 (C)乙女與甲男結婚前，曾與甲男之叔叔結婚，其叔叔死亡後再嫁給甲男 (D)甲男與未成年之乙女結婚前，乙女因其父母去世，而由甲男擔任監護人，且結婚未逾一年

(D) 26.民法有關拋棄繼承，下列敘述何者錯誤？ (A)繼承之拋棄，溯及於繼承開始時

發生效力　(B)拋棄繼承之方式，須以書面向法院為之，不必公證　(C)拋棄繼承之法定期間為自知悉其得繼承時起三個月內　(D)拋棄繼承為代位繼承之原因

(C)　27.中止未遂之法律效果如何？　(A)得減輕　(B)必減輕　(C)減輕或免除其刑　(D)不罰

(C)　28.下列何項行為侵害著作權？　(A)以臺北 101 大樓為背景，拍攝照片，供人欣賞　(B)將合法購得之美術作品提供給美術館展出　(C)於餐廳中播送自己購買之音樂 DVD，供用餐客人欣賞　(D)為報導正在進行之音樂大賽，而隨機播報幾位參賽者極小部分之表演內容

(D)　29.下列有關著作權侵害之敘述，何者錯誤？　(A)著作權人得請求排除侵害　(B)對於故意或過失不法侵害其著作財產權者，權利人得請求損害賠償　(C)對於侵害著作權者，尚有刑事處罰　(D)侵害著作人格權者，縱無故意或過失，亦負損害賠償責任

(B)　30.依勞工保險條例第 30 條之規定，領取保險給付之請求權，自得請領之日起，因多少年間不行使而消滅？　(A) 2 年　(B) 5 年　(C) 15 年　(D) 1 年

105 年公務人員普通考試法學知識（中華民國憲法、法學緒論）試題

(C) 1.依司法院釋字第 499 號解釋之見解，有關修憲代表之敘述，下列何者正確？ (A)修憲代表應定期改選，絕無例外 (B)修憲代表之任期，由修憲代表以修憲方式自我延長，法理上並無不妥之處 (C)修憲代表行使職權之正當性在於遵守與選民之約定 (D)修憲代表不得由政黨比例代表產生

(C) 2.依憲法第 143 條第 1 項之規定，人民依法取得之土地所有權，應受下列何種規範之保障與限制？ (A)行政規則 (B)法規命令 (C)法律 (D)自治條例

(B) 3.依憲法第 137 條第 2 項規定，國防組織應以下列何種名稱定之？ (A)指令 (B)法律 (C)命令 (D)規則

(C) 4.下列有關「宗教自由」保障之敘述，何者錯誤？ (A)人民有不信仰宗教之自由 (B)人民有同時信仰二個以上宗教之自由 (C)為促進宗教自由，國家應設立國教 (D)基於宗教自由，國家應嚴守中立原則

(B) 5.依司法院大法官解釋，下列何者非屬平等原則之意涵？ (A)等者等之，不等者不等之 (B)因性別而為之差別規定，即已帶有性別之歧視，絕對係憲法所不許 (C)平等原則強調的是實質平等 (D)對於大陸地區人民之應考試、服公職予以一定之限制，尚難謂違反實質平等之保障

(D) 6.依司法院大法官有關言論自由之解釋意旨，下列敘述何者錯誤？ (A)言論自由包括保障意見之自由流通，使人民有取得充分資訊之機會 (B)言論自由所保障之言論，包括政治、學術、宗教及商業言論等，依不同性質而有不同程度之保護 (C)言論自由所保障之言論，如與國民健康有重大關係者，基於公共利益之維護，應受較嚴格之限制 (D)商品標示僅為提供商品客觀資訊之方式，自始即不受言論自由之保障

(D) 7.依司法院釋字第 603 號解釋，隱私權係屬憲法何種權利？ (A)憲法第 8 條之人身自由 (B)憲法第 10 條之遷徙自由 (C)憲法第 15 條之生存權 (D)憲法第 22 條之權利

(B) 8.依司法院釋字第 380 號解釋意旨，學術自由係源自於憲法第 11 條之何種自由？ (A)言論自由 (B)講學自由 (C)著作自由 (D)出版自由

(D) 9.行政院應於會計年度結束後幾個月內，提出決算於監察院？ (A)1 個月 (B)2 個月 (C)3 個月 (D)4 個月

(B)　10.下列有關立法委員選舉制度之敘述，何者錯誤？　(A)原住民立法委員共有六人　(B)當選之立法委員名單中婦女不得低於二分之一　(C)僑居國外國民可透過全國不分區席次當選立法委員　(D)選舉人有二票，一票圈選候選人，一票圈選政黨

(A)　11.關於總統之職權，下列敘述何者錯誤？　(A)任命檢察總長，無須經行政院院長之副署　(B)解散立法院之命令，無須經行政院院長之副署　(C)總統依法公布法律，須經行政院院長之副署　(D)任命審計長，無須經行政院院長之副署

(B)　12.下列何項法規範，並非我國違憲審查制度之法規依據？　(A)憲法本文　(B)法院組織法　(C)憲法增修條文　(D)司法院大法官審理案件法

(A)　13.依據憲法規定，考試院之組織，以下列何者定之？　(A)法律　(B)職權命令　(C)法規命令　(D)行政規則

(B)　14.下列何項措施與司法獨立之維護無關？　(A)法官為終身職　(B)法官不得參與社團　(C)非依據法律不得將法官免職　(D)司法院所提出之年度司法概算，行政院不得刪減

(D)　15.在目前憲法體制上，下列何者非屬民意機關？　(A)臺北市議會　(B)立法院　(C)新竹縣議會　(D)監察院

(B)　16.甲法規與乙法規就某一事項均設有規定，其中甲法規為新法、普通法，乙法規為舊法、特別法。此一情形應適用何法規？　(A)甲法規　(B)乙法規　(C)優先適用甲法規，但乙法規有利於當事人者，適用乙法規　(D)優先適用乙法規，但甲法規有利於當事人者，適用甲法規

(A)　17.依地方制度法第 26 條規定，稱「直轄市法規」者，其性質係指？　(A)自治條例　(B)自治規則　(C)委辦規則　(D)自律規則

(A)　18.法律解釋應探求立法者本意及參酌立法原件，係屬下列何項法律解釋方法？　(A)歷史解釋　(B)文義解釋　(C)類推解釋　(D)目的解釋

(B)　19.依中央法規標準法規定，以下何者並非行政機關發布命令所應使用之名稱？　(A)辦法　(B)要點　(C)標準　(D)規則

(A)　20.行政機關之下列何種行為，違反比例原則？　(A)對初次違規之業者，不論違規情形之輕重，均處以最高罰鍰　(B)作成之行政處分，其裁量效果雖未違反內部規定，但違反行政慣行　(C)作成行政處分，僅列法律依據但不具理由，且於事後未予以補正　(D)對於人民具體申請之案件，雖經人民陳情，仍超過法定處理期間，未予處理

(A)　21.法律規定行政機關對於罰鍰享有裁量權時，該機關應如何行使裁量權？　(A)應為合義務之裁量　(B)得不行使裁量　(C)一律依最高額裁罰　(D)得便宜裁量

(A)　22.下列何者為行政處分之概念特徵？　(A)一種單方行政行為　(B)只有發生事實效果　(C)包括私法行政行為　(D)代替具體認知表示

(C)　23.下列何者不為抵押權效力所及？　(A)抵押物的從物　(B)抵押物滅失的殘餘物　(C)抵押物扣押前已分離之天然孳息　(D)抵押物的成分

(B)　24.在婚姻關係存續期間，甲夫向乙妻借新臺幣 100 萬元，雖然經過 15 年，但乙於雙方離婚後 1 年內，尚得請求甲返還借款，是因為下列何種制度？　(A)時效中斷　(B)時效不完成　(C)時效進行停止　(D)時效重行起算

(D)　25.下列何種事由的發生，普通保證人的責任不全部消滅？　(A)保證契約所擔保的主債務已因時效消滅　(B)債權人拋棄擔保物權時，保證人就債權人所拋棄之權利限度內免其責任　(C)定期保證者，債權人於該期間內對於保證人未為審判外之請求　(D)當主債務人死亡時

(D)　26.下列理論，何者與因果及歸責關聯的判斷無關？　(A)條件理論　(B)相當理論　(C)客觀歸屬（歸責）理論　(D)客觀未遂理論

(D)　27.關於累犯之敘述，下列何者錯誤？　(A)受徒刑之執行完畢，或一部之執行而赦免後，五年以內故意再犯有期徒刑以上之罪者，為累犯　(B)累犯加重本刑至二分之一　(C)緩刑期滿而緩刑之宣告未經撤銷者，嗣後縱然再犯，不發生累犯之問題　(D)於受強制工作之保安處分執行完畢後，五年以內故意再犯有期徒刑以上之罪者，並非累犯

(C)　28.關於緩刑宣告撤銷之敘述，下列何者錯誤？　(A)緩刑期內因故意犯他罪，而在緩刑期內受逾六月有期徒刑之宣告確定者，撤銷其宣告　(B)緩刑前因故意犯他罪，而在緩刑期內受逾六月有期徒刑之宣告確定者，撤銷其宣告　(C)緩刑宣告撤銷之聲請，於判決確定後一年內均得為之　(D)撤銷緩刑，須於緩刑期內為之

(D)　29.依性別工作平等法第 34 條第 1 項之規定，受僱者發現雇主違反性別工作平等法中有關禁止性別歧視之規定，向地方主管機關申訴後，雇主、受僱者或求職者對於地方主管機關之處分有異議時，得向下列何者提出審議之申請？　(A) 10 日內向地方法院申請審議　(B) 10 日內向目的事業主管機關申請審議　(C) 10 日內向地方主管機關性別工作平等會申請審議　(D) 10 日內向中央主管機關性別工作平等會申請審議

(C)　30.依勞動基準法之規定，勞工工作年資自何時起算？　(A)自受僱之當月一日起算 (B)自受僱之當月十五日起算　(C)自受僱之日起算　(D)自發薪之日起算

105 年公務人員高等考試三級考試法學知識（中華民國憲法、法學緒論）試題

(C) 1.憲法有關縣自治之規定，下列敘述何者錯誤？ (A)縣之立法權由縣議會行之 (B)縣長辦理縣自治 (C)縣長執行中央及省委任事項 (D)縣設縣政府，置縣長一人，由縣民選舉之

(C) 2.公務員之懲戒，屬下列何種國家公權力之範圍？ (A)行政權 (B)監察權 (C)司法權 (D)考試權

(D) 3.人民因為犯罪嫌疑被逮捕拘禁時，憲法規定至遲應於多少時間內移送該管法院審問？ (A) 72 小時 (B) 48 小時 (C) 36 小時 (D) 24 小時

(D) 4.依憲法增修條文第 10 條之規定，國家對於下列何者之政治參與應予保障？ (A)新住民 (B)身心障礙者 (C)外籍勞工 (D)僑居國外國民

(B) 5.下列何者為公務人員保障法所稱之公務人員？ (A)擔任公營事業勞工 (B)擔任地方政府機關之科長 (C)擔任直轄市議會議員 (D)擔任政務人員

(D) 6.司法院大法官解釋之下述內涵：「衡諸人民可能受罰之次數與累計負擔之金額，相較於維護與確保之公益」，「採取劃一之處罰方式，於個案之處罰顯然過苛時，法律未設適當之調整機制」，體現出下列何種憲法原則？ (A)明確原則 (B)制衡原則 (C)平等原則 (D)比例原則

(B) 7.憲法有關教育基本權之規定，其保障主體為何？ (A)父母 (B)學生 (C)國家 (D)教師

(A) 8.依公民投票法第 9 條之規定，全國性公民投票案提案人之領銜人以幾人為限？ (A) 1 人 (B) 3 人 (C) 5 人 (D)該條條文針對此一領銜人之人數並無設限

(A) 9.下列何者屬於國家賠償法第 3 條之公有公共設施？ (A)二二八和平紀念公園之雕塑 (B)中國電視公司之攝影棚 (C)中影文化城之古城門及護城河 (D)民間航業公司所經營的淡水渡輪

(A) 10.下列公職人員，何者非由選舉產生？ (A)省政府主席 (B)直轄市市長 (C)縣長 (D)市長

(A) 11.依憲法增修條文之規定，下列何者非屬行政院得向立法院提請覆議之議案？ (A)戒嚴案 (B)法律案 (C)預算案 (D)條約案

(D) 12.有關立法委員兼職之限制，下列敘述何者正確？ (A)得兼任公營事業機關之總

經理　(B)不得兼任官吏，但只限於政務官　(C)得兼任其他民意代表　(D)不得兼任公營事業機關之董事

(C)　13.關於憲法第 80 條法官須超出黨派以外之規定，下列敘述何者正確？　(A)法官於任職期間不得參加政黨，但得參加政黨活動　(B)法官退休後不得參加政黨、政治團體及其活動　(C)法官任職前已參加政黨者，應退出之　(D)法官得參與政黨職務之選舉

(D)　14.依憲法增修條文之規定，總統、副總統之選舉投票方式為下列何者？　(A)總統、副總統候選人各有一張選票，分別投票　(B)總統、副總統候選人同列在一張選票，分別圈選　(C)總統、副總統候選人同列在一組，分別圈選　(D)總統、副總統候選人同列在一組，圈選一組

(B)　15.依憲法之規定，下列何者須超出黨派以外，依法獨立行使職權？　(A)立法委員　(B)考試委員　(C)行政院院長　(D)總統府資政

(A)　16.下列有關鄉（鎮、市）規約之敘述，何者正確？　(A)規約不得規定罰則　(B)規約發布後，應報內政部備查　(C)規約係指鄉（鎮、市）公所所訂定之自治規則　(D)規約與上級自治團體自治條例有無牴觸發生疑義時，由內政部解釋之

(A)　17.各機關受理人民聲請許可案件適用法規時，在處理程序終結前，據以准許之法規有變更者，於下列何種情形，應適用變更前之舊法規？　(A)依其性質應適用行為時之舊法規者　(B)舊法規有利於當事人且新法規已廢除所聲請之事項者　(C)舊法規有利於當事人且新法規已禁止所聲請之事項者　(D)當事人同意適用舊法規者

(D)　18.行政機關修改法令規定，減少退休公務員公保養老給付得辦理優惠存款金額之規定，主要涉及以下何種法律原則？　(A)平等原則　(B)比例原則　(C)法律明確性原則　(D)信賴保護原則

(A)　19.公務人員保障法第 1 條規定：「為保障公務人員之權益，特制定本法。本法未規定者，適用其他有關法律之規定。」依本條規定可知，關於公務人員權益之保障，相對於其他公務員法規，其性質為：　(A)特別法　(B)例外法　(C)普通法　(D)原則法

(C)　20.涉及到規範性要素時（如猥褻文書），行為人除了要認識到實現該要素的自然事實外，還必須要認識到下列何者，才能滿足故意的認知要求？　(A)行為的違法性　(B)行為的道德違反性　(C)相關自然事實的社會意義　(D)客觀可罰性條件

(C) 21.某稅法之罰則規定，對違反者得科漏稅額2倍至5倍罰鍰，主管機關科以7倍罰鍰，屬於何種類型行政裁量瑕疵？ (A)裁量收縮 (B)裁量濫用 (C)裁量逾越 (D)裁量怠惰

(C) 22.有關行政程序法第3條第3項事項適用之除外規定，不包括下列何種情形？ (A)刑事案件犯罪偵查程序 (B)外交行為 (C)核發建造執照之程序 (D)私權爭執之行政裁決程序

(C) 23.依據中央法規標準法之規定，法規條文書寫體例格式中，冠以一、二、三等數字者為： (A)條 (B)項 (C)款 (D)目

(C) 24.甲未經乙之許可，在乙之土地上種植蔬菜，並與丙訂立買賣契約，將該尚未採收之蔬菜賣給丙。下列敘述，何者正確？ (A)因蔬菜為甲所種植，故甲為蔬菜之所有權人 (B)丙與甲訂立買賣契約，故丙取得蔬菜所有權 (C)蔬菜長在乙之土地上，乙為蔬菜之所有權人 (D)丙因與甲訂立買賣契約，故得對乙主張採收之權

(A) 25.關於承攬之瑕疵擔保，下列敘述何者錯誤？ (A)定作人在承攬工作進行中發現有瑕疵時，不得主張瑕疵擔保請求權，須至工作完成時才能主張 (B)承攬人的瑕疵擔保責任為一種無過失責任 (C)定作人主張瑕疵擔保請求權，應遵守瑕疵發現期間 (D)承攬人之瑕疵擔保責任得以持約減輕或免除，但承攬人故意不告知瑕疵者，該特約無效

(B) 26.繼承人於繼承開始前，從被繼承人所受贈之下列何種財產，於繼承開始後不必先歸入被繼承人之總財產中，計算各繼承人之法定應繼分？ (A)因結婚所受的贈與 (B)因生日所受的贈與 (C)因分居所受的贈與 (D)因營業所受的贈與

(B) 27.下列何者並非成立加重結果犯的要件？ (A)行為人是出於故意犯基本犯罪行為 (B)行為人不能預見加重結果的發生 (C)基本犯罪行為與加重結果間須具有因果關聯 (D)法律對於加重結果犯設有明文規定

(B) 28.關於假釋撤銷之敘述，下列何者錯誤？ (A)假釋中因故意再犯罪，受有期徒刑以上刑之宣告者，撤銷其假釋 (B)假釋撤銷後，其出獄日數算入刑期內 (C)撤銷假釋者，其刑罰尚未執行完畢，自無由成立累犯 (D)在無期徒刑假釋後滿二十年，其未執行之刑，以已執行論

(C) 29.下列行為，何者侵害著作權？ (A)購買合法電影光碟，用以出租他人 (B)拍攝公園中的雕像，並將照片貼於公開之網頁 (C)於餐廳中以附有擴音器之設備播

放廣播節目　(D)為編輯教育部審定之教科書，於合理範圍內，重製該已公開發表之著作

(D)　30.甲公司無論對於新進員工或一般員工皆有定期進行性別平等相關訓練，亦有完整之申訴處理機制；一日乙與其同事丙一同出差，丙該日突然爆發對於乙之長期不滿，並以性騷擾之言語羞辱乙，且企圖性侵害不成，乙身心受創乃向甲申訴，並請求甲及丙依性別工作平等法，賠償其因此而遭受之精神上損害以及無法工作期間之賠償；惟丙所有資產皆因積欠卡債而遭法院拍賣，無償還能力，乙遂單獨向甲請求，有理否？　(A)無理，丙之行為，並非在事業場所內發生，甲之防治責任，不及於此　(B)無理，甲對於員工已有定期訓練，並建置完善之防治機制，已盡到雇主之責任，而丙之私人行為，不應由甲負責　(C)無理，有關於性侵害之行為，不是性別工作平等法所規範的性騷擾防治之範圍，甲無須擔負任何雇主責任　(D)有理，縱使甲可舉證其已依法採行各種防治性騷擾之措施，且對該事情之發生已盡力防止仍不免發生，但法院仍可因為乙之請求，斟酌甲及乙之經濟狀況，令甲為全部或一部之損害賠償

106 年公務人員普通考試試題　法學知識（中華民國憲法、法學緒論）

(C) 1.依司法院釋字第 392 號解釋，關於憲法第 8 條所稱之司法機關與法院，下列敘述何者正確？　(A)憲法第 8 條第 1 項所規定之「司法機關」，僅指憲法第 77 條規定之司法機關，不包括檢察機關　(B)廣義之法院係指國家為裁判而設置之人及物之機關，此即組織法上意義之法院，不包括檢察機關　(C)由法院依法定程序審問，此處法院指有審判權之法官所構成之獨任或合議之法院　(D)賦予檢察官撤銷羈押或其他有關羈押被告各項處分之權，符合憲法第 8 條人身自由保障之意旨

(D) 2.政府為幫助失業者而採取下列措施，何者非屬憲法之要求？　(A)政府廣設職業訓練中心，增加失業者之職業專長　(B)政府設置創業補助基金，以鼓勵失業者積極創業　(C)政府給予失業者失業救助，保障其基本生活需求　(D)失業者請求政府給予特定工作時，政府不得拒絕

(C) 3.依司法院大法官相關解釋，下列何者不屬於憲法財產權保障範圍？　(A)保險醫事服務機構向保險人申報其所提供醫療服務之點數，行使本於全民健康保險法有關規定所生之公法上請求權　(B)都市更新範圍內，其土地及合法建築物所有權　(C)921 緊急命令中的緊急慰助之給付　(D)政府採購得標廠未進用一定比例原住民所繳之代金

(D) 4.公平交易法禁止企業任意結合造成市場壟斷之情形，符合憲法規定之何種精神？　(A)保障私有財產　(B)尊重行為自由　(C)發展公營事業　(D)有效節制資本

(C) 5.依據司法院釋字第 574 號解釋，下列何者為憲法第 16 條訴訟權之核心內容？　(A)訴訟審級制度　(B)律師強制代理制度　(C)符合正當法律程序之法院救濟　(D)提起上訴之要件

(C) 6.總統副總統選舉罷免法規定，非政黨推薦之總統與副總統候選人須取得一定人數的連署並繳交保證金。依司法院釋字第 468 號解釋，下列敘述何者正確？　(A)關於繳交保證金之規定，過度限制候選人之財產權，違憲　(B)關於繳交保證金之規定，立法者享有不受限制之形成空間，合憲　(C)關於連署之規定，未違反平等原則，合憲　(D)關於連署之規定，過度限制人民之被選舉權，違憲

(B) 7.辦理監所管理員考試，預計以男女比例二比一的名額錄取，下列敘述何者正確？　(A)以性別為考試錄取之劃分標準，不違反男女平等原則　(B)如有工作上特性之

需求，以性別為合理差別待遇之標準，則無違平等原則　(C)現代科技發達，變性手術並不困難，以性別為標準並無過分之處　(D)平等權禁止任何以性別為區分標準的措施

(D)　8.依司法院釋字第371號解釋，採用成文憲法之法治國家，建立法令違憲審查制度，其目的係為保障憲法在規範層級中之何種特性？　(A)時間性　(B)完整性　(C)可變性　(D)最高性

(C)　9.憲法有關基本教育之規定，下列敘述何者正確？　(A)基本教育所需之書籍，全部由政府免費提供　(B)6歲至18歲之國民一律受基本教育　(C)受基本教育之學生免納學費　(D)已逾學齡未受基本教育之國民，無須受補習教育

(D)　10.下列何種措施，與憲法增修條文第10條第1項國家應促進產業升級之規定無直接關聯？　(A)制定促進產業升級條例　(B)推動大學與企業產學合作　(C)補助產業研發經費　(D)修訂工會法，放寬組織工會之限制

(B)　11.下列何者非屬水、電、郵遞、交通運輸等事業，在憲法上之共通特徵？　(A)皆為與國民基本生存照護有關之事業　(B)應由國家與國民共同經營　(C)該等事業均屬公用事業　(D)該等事業經法律許可者，得由國民經營之

(C)　12.如警察大學於招生簡章中規定，身上有刺青者不予錄取。考生甲認為此規定與憲法之精神有違，下列主張中何者最可能成立？　(A)招生簡章侵害人民之名譽權　(B)招生簡章侵害人民接受國民教育之權利　(C)招生簡章侵害人民平等接受教育之權利　(D)招生簡章侵害人民應考試之權利

(D)　13.關於依法行政原則之敘述，下列何者錯誤？　(A)屬於法治國原則內涵之一　(B)蘊含有民主國原則之精神　(C)為立法權對行政權制衡之一種機制　(D)法院對於依法行政原則不具司法控制權

(C)　14.依憲法增修條文規定及司法院大法官解釋意旨，關於全國不分區及僑居國外國民立法委員之敘述，下列何者錯誤？　(A)立法委員之人數固定　(B)立法委員之任期4年　(C)百分之五政黨席次分配門檻之規定，已經司法院大法官宣告違憲　(D)各政黨當選名單中，婦女不得低於二分之一

(B)　15.關於國民主權之敘述，下列何者錯誤？　(A)國民主權為民主原則之核心內涵　(B)在國民主權下，並無實施代議民主制度之空間　(C)根據司法院大法官之解釋，國民主權原則不容以修憲之方式予以變更　(D)人民選舉、罷免、創制及複決權之行使，為國民主權之展現方式

(C)　16.法官在審理民事案件時得援引習慣，下列何者非屬前述習慣之要件？　(A)須社會上有反覆的慣行　(B)社會上成員對該習慣有法的確信　(C)習慣之內容須為法律明文規定的事項　(D)習慣不違背公共秩序以及善良風俗

(C)　17.下列何者非屬司法機關適用法律之原則？　(A)不得拒絕適用法律　(B)不得拒絕審判　(C)得主動審理　(D)適用不告不理原則

(A)　18.下列何者受我國憲法表現自由之保障？　(A)講學自由　(B)經濟自由　(C)遷徙自由　(D)勞動自由

(C)　19.有關憲法上名譽權保障，下列敘述何者錯誤？　(A)名譽權保障之本旨，在維護個人之主體性及人格之完整　(B)名譽權之保障，係實現人性尊嚴所必要　(C)名譽權為列舉權之衍生權利，受我國憲法第 11 條之保障　(D)為保障名譽權，法律得對言論自由依其傳播方式為合理之限制

(D)　20.下列何種保護令不屬於家庭暴力防治法所明定之保護令之範疇？　(A)通常保護令　(B)暫時保護令　(C)緊急保護令　(D)刑事保護令

(A)　21.性別工作平等法之中央主管機關為下列何者？　(A)勞動部　(B)內政部社會司　(C)行政院性別工作平等會　(D)衛生福利部

(C)　22.根據全民健康保險法第 51 條規定，下列那一項目可以列入全民健保保險給付範圍？　(A)指定醫師、特別護士及護理師　(B)管灌飲食以外之膳食、病房費差額　(C)精神病照護的日間住院　(D)病人交通、掛號、證明文件

(C)　23.根據勞動基準法第 7 條第 2 項規定，雇主應置備勞工名卡，而勞工名卡應保管至勞工離職後多少年？　(A) 10 年　(B) 8 年　(C) 5 年　(D) 3 年

(A)　24.受著作權保護之著作須具備下列何種要件？　(A)原創性　(B)新穎性　(C)進步性　(D)藝術性

(C)　25.下列何者在現行刑法中並非絕對不罰？　(A)依法令之行為　(B)不能發生結果又無危險之行為　(C)未滿 16 歲人之行為　(D)有正當理由而無法避免不知法律

(D)　26.不能未遂之法律效果如何？　(A)得減輕　(B)必減輕　(C)減輕或免除其刑　(D)不罰

(C)　27.假釋中因故意更犯罪，受有期徒刑以上刑之宣告者，於判決確定後 6 月以內，撤銷其假釋。但假釋期滿，超過幾年不得撤銷假釋？　(A) 1 年　(B) 2 年　(C) 3 年　(D) 5 年

(D)　28.下列何者非民法姻親關係消滅的原因？　(A)裁判離婚　(B)婚姻的撤銷　(C)和解

離婚　(D)夫妻一方死亡後再婚

(A)　29.便利超商貨架上標有新款巧克力價格陳列，此種意思表示稱為？　(A)要約　(B)要約引誘　(C)承諾　(D)預約

(D)　30.下列何種契約為無償契約？　(A)承攬契約　(B)僱傭契約　(C)行紀契約　(D)使用借貸契約

106 年公務人員高等考試三級考試試題　法學知識（中華民國憲法、法學緒論）

(B)　1.依地方制度法之規定，關於權限爭議之解決，下列何者錯誤？　(A)直轄市間事權有爭議，由行政院解決之　(B)鄉（鎮、市）間事權有爭議，由縣議會議決之　(C)中央與縣（市）間之權限有爭議，由立法院院會議決之　(D)縣與鄉（鎮、市）間自治事項有爭議，由內政部會同中央各該主管機關解決之

(B)　2.依憲法增修條文之相關規定，下列何者之支出不屬於國家預算應優先編列之項目？　(A)對於失業者提供就業服務　(B)對於勞工提供全民健保補助　(C)對於低收入者提供生活扶助　(D)對於國民教育經費之提供

(C)　3.關於憲法上之商業性言論保障，依據司法院大法官解釋之意旨，下列何者錯誤？　(A)藥物廣告係因與國民健康有重大關係，基於公共利益之維護，應受較嚴格之規範　(B)商業言論非關公意形成、真理發現或信仰表達，故不能與其他言論自由之保障等量齊觀　(C)商品標示僅提供商品客觀資訊，並不受言論自由之保障　(D)言論自由在於保障意見之自由流通，依其性質而有不同之保護範疇及限制之準則

(B)　4.依據司法院釋字第 656 號解釋，關於法院以判決命加害人公開道歉是否合憲之該解釋意旨，下列何者錯誤？　(A)名譽權旨在維護個人主體性及人格之完整，為實現人性尊嚴所必要　(B)憲法第 11 條保障人民之言論自由，僅保障積極之表意自由外，不包括消極之不表意自由　(C)名譽權乃受憲法第 22 條所保障　(D)判決命加害人公開道歉，如未涉及加害人自我羞辱等損及人性尊嚴之情事者，並無違背比例原則

(D)　5.依司法院釋字第 631 號解釋之意旨，下列何者錯誤？　(A)憲法第 12 條之秘密通訊自由，確保人民就通訊之有無、對象、時間、方式及內容等事項，有不受國家及他人任意侵擾之權利　(B)國家採取限制手段時，如無法律依據，不得限制　(C)限制之要件應具體、明確，不得逾越必要之範圍　(D)檢察官與司法警察機關，同時負責通訊監察書之聲請與核發，其所踐行之程序乃屬合理、正當

(A)　6.依司法院大法官相關解釋之意旨，下列何者錯誤？　(A)祭祀公業條例施行前，女系子孫不得為祭祀公業之派下員，違反性別平等原則　(B)政府採購得標廠商於國內員工總人數逾一定人數者，應於履約期間內僱用原住民，不違反種族平

等原則　(C)夫妻非薪資所得應強制合併計算申報所得稅，應納稅額較單獨計算稅額為高，違反平等原則　(D)僅就部分宗教規定其不得處分寺廟財產，違反宗教平等原則

(C)　7.依司法院大法官解釋之見解，下列何者已構成對財產權之侵害？　(A)禁止騎樓所有權人於公告禁止設攤之處擺設攤位　(B)菸品業者於菸品容器上應標示尼古丁及焦油之含量　(C)於土地所有權人之都市計畫用地地下埋設自來水管線且未予補償　(D)政府採購得標廠商員工逾百人者應進用一定比例原住民

(D)　8.依司法院釋字第445號解釋，下列何者並非國家保障人民集會自由應負之保護義務？　(A)保障人民行使集會自由並且不任意干預　(B)提供適當之集會場所並保護集會之安全　(C)使參與集會者在毫無恐懼的情況下進行　(D)將人民集會時提出之意見納入公共政策

(D)　9.人民之財產具有社會義務性，國家為促進公共利益，得基於公益與私益協調者的角色，對私人財產予以限制，私人財產因為公共利益如已超過社會義務範圍，因該私人並無任何過咎，卻必須忍受財產的被剝奪或限制。下列何者正確？　(A)屬於一般犧牲，國家應給予賠償　(B)屬於一般犧牲，國家應給予補償　(C)屬於特別犧牲，國家應給予賠償　(D)屬於特別犧牲，國家應給予補償

(B)　10.更新身分證時，主管機關決定將身分證與健保卡、駕照等合而為一，統一為一種證件。可能涉及下列何種基本權？　(A)職業自由　(B)隱私權　(C)平等權　(D)秘密通訊自由

(D)　11.依司法院大法官解釋之意旨，下列何者不屬於憲法第19條人民有依法律納稅義務之內涵？　(A)關於租稅主體、租稅客體、稅基、稅率等租稅構成要件，應有法律或法規命令之明文規定　(B)主管機關得依憲法原則、立法意旨及法律一般解釋方法，依職權就租稅相關法律進行闡釋　(C)主管機關課稅時，就執行法律之細節性、技術性等次要事項，得自行發布行政規則為規範　(D)國家給予人民減免稅捐之優惠，係授予人民財產上之利益，不受到憲法第19條規定之拘束

(A)　12.依據憲法及法律規定，針對國家賠償責任，下列何者正確？　(A)請求國家損害賠償時，有所謂先行程序，係應先以書面向賠償義務機關請求之　(B)國家代位責任即公務員之行為視為國家行為，故國家賠償責任為無過失責任　(C)所謂公有公共設施，係僅指由公權力主體所有為限，不包括公權力租賃或管領之處所　(D)公務員之國家賠償責任，以該公務員有故意或重大過失為限

(C)　13.基於權力分立與制衡原則，關於立法權行使的界限，下列何者錯誤？　(A)立法權只能就不特定之人或抽象之事件作假設性的規範，原則上不得就特定人或具體事件予以處理或專為特定具體事件立法　(B)依據司法院釋字第613號解釋之意旨，行使立法權之立法院，其對行政院有關國家通訊傳播委員會委員之人事決定權固非不能施以一定限制，以為制衡，惟其仍有界限，不能將人事決定權予以實質剝奪，或逕行取而代之，否則將侵害行政權　(C)依據司法院釋字第585號解釋之意旨，立法院調查權乃立法院行使其憲法職權所必要之主要性權力，基於權力分立與制衡原則，立法院調查權所得調查之對象或事項，應毫無限制　(D)依據司法院釋字第645號解釋之意旨，公民投票法有關公民投票審議委員會委員任命之相關規定，實質上完全剝奪行政院依憲法應享有之人事任命決定權，顯已逾越憲法上權力相互制衡之界限

(D)　14.依司法院釋字第725號解釋之意旨，下列何者錯誤？　(A)依司法院釋字第185號解釋，司法院解釋憲法，並有統一解釋法律及命令之權，為憲法第78條所明定，故所為之解釋，自有拘束全國各機關及人民之效力，各機關處理有關事項，應依解釋意旨為之，違背解釋之判例，當然失其效力　(B)司法院就人民聲請解釋憲法，宣告確定終局裁判所適用之法令於一定期限後失效者，聲請人就聲請釋憲之原因案件，即得據以請求再審或其他救濟　(C)司法院就人民聲請解釋憲法，宣告確定終局裁判所適用之法令於一定期限後失效者，檢察總長得據以提起非常上訴　(D)司法院宣告違憲之法令定期失效者，係為避免因違憲法令立即失效，造成法規真空狀態或法秩序驟然發生重大之衝擊，並為促使主管機關審慎周延立法，以符合解釋意旨，僅在一定程度、一定時間內，宣告法令違憲

(D)　15.依司法院大法官審理案件法，關於政黨違憲解散案件之審理，下列何者正確？　(A)政黨之目的或其行為，危害中華民國之存在或自由民主之憲政秩序者，人民或政黨得聲請司法院憲法法庭解散之　(B)憲法法庭審理案件，以司法院院長充審判長　(C)憲法法庭行言詞辯論，須有大法官現有總額2/3以上出席，始得為之。未參與辯論之大法官不得參與評議判決　(D)憲法法庭對於政黨違憲解散案件判決之評議，應經參與言詞辯論大法官2/3之同意決定之

(B)　16.有關隱私權保障，下列何者正確？　(A)屬於社會生活上不可或缺之權利，受憲法第15條生存權保障　(B)指紋乃重要之個人資訊，個人對其指紋資訊之自主控制，受資訊隱私權之保障　(C)銀行法規定，銀行對於顧客之存款等有關資料，

應保守秘密，其旨在保障國家金融之健全發展，但該隱私權之保障僅屬反射利益，並非主要目的　(D)警察實施臨檢，均屬對人或物之查驗、干預，雖影響人民之行動自由甚鉅，但無涉隱私權之侵害

(A)　17.舊人民團體法規定，申請設立之人民團體，其組織與活動主張共產主義或分裂國土者，不予許可。此一規定因涉及行政機關得就人民之下列何者為審查，且作為不予許可之理由，顯已逾越必要程度，應失其效力？　(A)政治上言論之內容　(B)政治上言論之方法　(C)政治上言論之型態　(D)政治上言論之發展

(C)　18.有關行政法上信賴保護原則之適用，下列何者錯誤？　(A)純屬願望或期待而未表現已生信賴之事實者，不得適用信賴保護原則　(B)經廢止或變更之法規有重大明顯違反上位規範之情形者，不得適用信賴保護原則　(C)保護範圍僅及於實體上之利益，不及於程序利益與法律地位之不利影響　(D)不論授益或負擔行政處分皆有信賴保護原則之適用

(D)　19.關於民法及民事訴訟法在學理上之分類，下列何者正確？　(A)二者均屬公法　(B)二者均屬私法　(C)民法屬公法，民事訴訟法屬私法　(D)民法屬私法，民事訴訟法屬公法

(B)　20.司法院釋字第 75 號解釋略謂：「查制憲國民大會對於國民大會代表不得兼任官吏，及現任官吏不得當選為國民大會代表之主張，均未採納。而憲法第二十八條第三項僅限制現任官吏不得於其任所所在地之選舉區當選為國民大會代表。足見制憲當時並無限制國民大會代表兼任官吏之意，故國民大會代表非不得兼任官吏。」上述解釋係採下列何項解釋方式？　(A)文義解釋　(B)歷史解釋　(C)系統解釋　(D)目的解釋

(A)　21.有關我國全民健康保險法對於保險費負擔之敘述，下列何者錯誤？　(A)無一定雇主或自營作業而參加職業工會者之第二類被保險人及其眷屬自付百分之三十，其餘百分之七十，由中央政府補助　(B)農會及水利會會員，或年滿 15 歲以上實際從事農業工作者之第三類被保險人及其眷屬自付百分之三十，其餘百分之七十，由中央政府補助　(C)合於社會救助法規定之低收入戶成員之第五類被保險人，由中央社政主管機關全額補助　(D)雇主或自營業主之第 10 條第 1 項第 1 款第 4 目被保險人及其眷屬自付全額保險費

(D)　22.甲、乙為夫妻，甲經常毆打乙，乙得否依家庭暴力防治法請求法院裁定核發保護令命甲遷出兩人之住居所？　(A)否，加害人受到憲法居住自由之保障，法院

不能限制之 (B)否,僅能為乙提供庇護場所,不能命被害人遷出 (C)可以,但須以甲之同意為前提 (D)可以,保護令之內容依法得命加害人遷出住居所

(B) 23.公務員甲未與國家間,就職務上完成之著作約定以國家為著作人,則其於職務範圍內奉命調查研究特定政策對於經貿議題之衝擊,所製作完成之報告,於文末註記「切勿對外發表,僅供內部參考」之字句。下列何者正確? (A)公開發表之著作人格權,專屬於該公務員,故必須於其死亡後,因著作人格權消滅,始得對外公開 (B)機關可不寫該公務員姓名,逕為公開發表 (C)機關得公開發表,但必須表示該公務員姓名 (D)該等職務報告,性質上不得作為著作權保護之標的

(D) 24.有關員工取得公司股份之敘述,下列何者正確? (A)員工與公司簽訂認股權契約後,公司發給認股權憑證,公司得限制該憑證於 2 年內,不得轉讓 (B)員工之新股承購權,得單獨轉讓 (C)公開發行公司經股東會特別決議發行限制員工權利新股,員工不得低於面額取得該股份 (D)公司發行限制員工權利新股,得限制於一定期間內,不得轉讓

(A) 25.甲想殺 X,向知情的乙借來左輪手槍與六發子彈。甲持槍射擊 X,因從未練習,完全沒有打中 X,X 平安離去。有關甲、乙的敘述,下列何者正確? (A)X 未死亡,甲犯殺人未遂罪 (B)甲從未練習射擊,沒有打死 X 的可能性,應成立不能犯 (C)六發子彈完全沒有打中,對 X 生命沒有造成威脅,所以尚未著手 (D)甲未達成殺 X 目的,所以乙不成立幫助犯

(C) 26.關於保安處分之敘述,下列何者錯誤? (A)保安處分自應執行之日起逾 3 年未開始或繼續執行者,非經法院認為原宣告保安處分之原因仍繼續存在時,不得許可執行 (B)保安處分自應執行之日起逾 7 年未開始或繼續執行者,不得執行 (C)犯刑法第 285 條傳染花柳病之罪者,得於刑罰執行後,令入相當處所,強制治療 (D)電子監控屬於保護管束可採用的手段之一

(C) 27.甲、乙、丙共有土地一宗,應有部分各為三分之一,依民法規定,下列何者正確? (A)甲將土地出賣予丁,甲、丁間之買賣契約應經乙、丙同意,始生效力 (B)甲、乙未經丙之同意,將土地出租予丁,租賃契約不得對抗丙 (C)土地經合意分管後,甲將其分管之 A 部分土地出租予丁,不須經過乙、丙之同意 (D)土地經合意分管並經登記後,甲將其應有部分移轉予戊,戊以不知悉該分管契約為由,主張不受分管契約之拘束

(D) 28.有關種類之債之敘述，下列何者錯誤？ (A)買賣契約中約定，給付臺東池上有機蓬萊米 100 公斤，係屬種類之債 (B)承攬契約中約定，承攬人應使用臺灣製造之水泥 50 包，係屬種類之債 (C)給付種類之債，於債務人交付其物之必要行為完結後，其物即為特定給付物 (D)給付物僅以種類指示者，如不能依法律行為之性質或當事人之意思確定其品質時，則債務人應給以最優品質之物

(C) 29.下列何者成立民法物權編上之加工？ (A)甲以乙的建材對自己之房屋作重大修繕 (B)甲將乙的油漆塗在自己的腳踏車輪框上 (C)甲將乙的石材雕塑出一太極人像 (D)甲將乙的咖啡粉加入自己的牛奶中

(C) 30.下列何人有遺囑見證人之資格？ (A)繼承人之配偶 (B)受輔助宣告之人 (C)繼承人之兄弟姊妹 (D)受遺贈人之直系血親

107 年公務人員普通考試試題　法學知識（中華民國憲法、法學緒論）

(D)　1.下列有關監察院之敘述，何者正確？　(A)修憲後，監察院仍相當於民主國家之國會　(B)監察院不得對軍人提出彈劾案　(C)監察院院長由監察委員互選之　(D)監察委員獨立行使職權

(AB皆可)　2.依據立法院職權行使法之規定，有關文件調閱權，下列敘述何者錯誤？(A)立法院經院會決議，得設調閱委員會或調閱專案小組，要求有關機關就特定議案涉及事項提供參考資料　(B)政府機關或公務人員違反本法規定，於立法院調閱文件時拒絕、拖延或隱匿不提供者，應負刑責　(C)受要求調閱文件之機關，除依法律或其他正當理由得拒絕外，應於五日內提供之　(D)調閱委員會或調閱專案小組於必要時，得向有關機關調閱特定議案涉及事項之文件原本

(C)　3.依憲法、增修條文與司法院大法官解釋，下列關於調查權之敘述，何者錯誤？(A)立法院有文件調閱權　(B)監察院有調查權　(C)立法院經院長同意，即可要求與調查事項相關之人員陳述意見　(D)立法院行使調查權之程序應以法律定之

(D)　4.原住民族工作權保障法及政府採購法規定，得標廠商員工逾百者應進用一定比例原住民，未進用者應繳代金，關於此規定，下列敘述何者正確？　(A)此規定源自於憲法本文基本國策的明文規定　(B)大法官認為此規定對於原住民族和非原住民族的勞工，構成差別待遇，違反民族平等　(C)此規定對於雇主的營業自由、財產權造成過度侵害，故違憲　(D)雇主未達一定進用比例被課予代金，其金額若超過政府採購金額而顯不相當，國家宜有適當之減輕機制

(D)　5.依司法院大法官解釋之意旨，關於私密通訊自由，下列敘述何者錯誤？　(A)國家對人民之通訊採取限制手段時，應有法律依據　(B)國家對人民之通訊採取限制手段時，限制之要件應具體明確　(C)通訊監察書應由法官、而非檢察官核發(D)犯罪嫌疑人危害國家安全情節重大且情況急迫時，例外得由檢察官核發通訊監察書

(A)　6.依據司法院大法官解釋之意旨，有關人身自由之保障，下列何者正確？　(A)行政執行之管收屬憲法第 8 條第 1 項所規定之「拘禁」，涉及人身自由之限制，於決定管收之前，應由法院審問　(B)傳染病防治法之強制隔離使人民在一定期間內負有停留於一定處所之義務，已屬人身自由之剝奪，於決定隔離前，應由法

院審理　(C)臺灣地區與大陸地區人民關係條例規定之強制出境前暫予收容程序，涉及人身自由之限制，於決定收容前，應由法院審理　(D)入出國及移民法規定之受驅逐前暫時收容程序，係干預人民身體自由之強制處分，於決定收容前，應由法院審理

(D)　7.關於行政院之敘述，下列何者正確？　(A)行政院對於立法院決議之法律案，如認為窒礙難行時，經行政院會議之決議後，即得移請立法院覆議　(B)立法院通過對行政院院長之不信任案後，行政院院長得解散立法院　(C)覆議時，如經全體立法委員二分之一以上決議維持原案，行政院院長應即辭職　(D)行政院院長辭職或出缺時，由行政院副院長暫行代理，直至總統任命新行政院院長為止

(B)　8.憲法關於選舉之規定，下列敘述何者正確？　(A)全國不分區立法委員名額及選舉，其辦法另以法律定之　(B)各種選舉，應規定婦女當選名額　(C)國家對於僑居國外國民之政治參與，應予保障，故各種選舉，亦應規定其當選名額　(D)為保障原住民族之政治參與，立法委員選舉之各政黨不分區立法委員當選名單中，其比例不得低於三分之一

(A)　9.依憲法及憲法增修條文規定，下列何者不是立法院的權限？　(A)同意行政院院長之人選　(B)同意監察委員之人選　(C)提出正、副總統彈劾案　(D)議決條約案

(B)　10.司法院就人民 A 聲請解釋之案件作成解釋公布前，另一人 B 以同一法令抵觸憲法疑義聲請解釋，經大法官受理但未合併審理，則司法院就 A 之聲請案所為之解釋，對 B 之聲請案件，效力如何？　(A)既未合併審理，即無從適用　(B)雖未合併審理，仍可適用　(C)依個案而定　(D)漏未合併審理 B 之聲請案，對 A 之解釋無效

(D)　11.下列有關司法權之敘述，何者錯誤？　(A)法官為終身職，非受刑事或懲戒處分，或禁治產之宣告，不得免職　(B)法官須超出黨派以外，依據法律獨立審判，不受任何干涉　(C)司法院解釋憲法，並有統一解釋法律及命令之權　(D)司法院掌理公務員之懲戒及公職人員之財產申報事項

(D)　12.考試院掌理有關公務人員之事項，不包含下列何者？　(A)保障　(B)銓敘　(C)撫卹　(D)彈劾

(D)　13.依司法院釋字第 744 號解釋意旨，下列敘述何者錯誤？　(A)化粧品廣告宣傳化粧品效能，應受言論自由之保障　(B)化粧品廣告之事前審查乃對言論自由之重大干預　(C)事前審查應賦予人民有立即司法救濟之機會　(D)對化粧品廣告之事

前審查，係為維護國民健康所必要，與憲法並無牴觸

(B) 14.關於司法院釋字第748號解釋之敘述，下列何者錯誤？ (A)相同性別二人成立永久結合關係，亦受憲法第22條婚姻自由之保障 (B)現行民法第4編親屬第2章婚姻規定，侵害憲法第22條保障之隱私權 (C)以何種形式保障相同性別二人成立永久結合關係，以達婚姻自由之平等保護，屬立法形成之範圍 (D)以性傾向為分類標準所為之差別待遇，亦屬憲法第7條平等權規範之範圍

(D) 15.中央警察大學碩士班入學考試招生簡章，以有無色盲決定入學資格之規定，依司法院釋字第626號解釋，此項限制涉及下列何種憲法權利？ (A)學習自由 (B)工作權 (C)受國民教育權 (D)受國民教育以外教育之權利

(A) 16.有關法規命令之敘述，下列何者錯誤？ (A)人民可直接針對法規命令之合法性逕向行政法院起訴請求審查 (B)行政法院得於撤銷訴訟中，附帶審查行政處分所適用法規命令之合法性 (C)行政法院審理時，若認為法規命令違法，得不待聲請大法官解釋，逕行拒絕適用該法規命令 (D)受不利裁判之人民，對於行政法院確定終局裁判所適用之法規命令，得向司法院聲請解釋，進行違憲審查

(A) 17.所有人甲的下列二物之間，何者不具民法規定之主物與從物的關係？ (A)筆記型電腦與隨身碟 (B)電視機與遙控器 (C)汽車與備胎 (D)眼鏡與眼鏡盒

(C) 18.甲向乙借款1萬元並將其價值2萬元之手機設定質權予乙以供擔保，如乙於該借款期屆至未受清償時，關於其質權實行之敘述，下列何者錯誤？ (A)乙得自行拍賣或聲請法院拍賣該手機，並就其賣得價金優先受清償 (B)乙於無害其他質權人之利益，得與甲訂立契約取得該手機所有權 (C)乙如係經許可以受質為營業者，甲未於取贖期間屆滿後五日內取贖其手機時，乙取得手機之所有權，但手機價值超過擔保債權1萬元之部分，應返還予甲 (D)如甲、乙於設定質權之初，約定於債權已屆清償期而未為清償時，手機之所有權移屬於乙者，乙得請求甲為手機所有權之移轉，但手機價值超過擔保債權1萬元之部分，應返還予甲

(A) 19.下列人員之任命，何者不須經立法院同意？ (A)行政院院長 (B)司法院大法官 (C)考試委員 (D)監察委員

(D) 20.涉外民事法律適用法之性質屬於下列何者？ (A)公法 (B)母法 (C)直接法 (D)國內法

(D) 21.依中央法規標準法之規定，法規因下列何種事由而當然廢止？ (A)因法規規定

之事項已執行完畢 (B)因同一事項已定有新法規 (C)因情勢變遷無繼續施行之
必要 (D)因施行期限屆滿

(B) 22.行政程序法第 7 條規定，行政機關有多種同樣能達成目的之方法時，應選擇對
人民權益損害最少者。此係指下列何者？ (A)適合性原則 (B)必要性原則 (C)
狹義比例原則 (D)特定性原則

(B) 23.債務人甲為擔保新臺幣（以下同）500 萬元借貸債權，提供 L（價值 150 萬元）、
M（價值 450 萬元）二地設定抵押權，且未限定各土地所負擔的金額。就內部
言，M 地對該債權負擔的金額為何？ (A) 300 萬元 (B) 375 萬元 (C) 450 萬元
(D) 500 萬元

(A) 24.甲、乙為夫妻，育有一子 A；甲為躲債而偷渡海外，故意由乙申報失蹤人口並
於其後聲請作死亡宣告；之後乙、丙再婚，3 年後甲回臺灣並撤銷死亡宣告；
又經 1 個月後乙若因車禍死亡，留下新臺幣 300 萬元遺產，則丙可繼承多少遺
產？ (A) 0 元 (B) 75 萬元 (C) 100 萬元 (D) 150 萬元

(B) 25.依民法之規定，下列何者非屬解除權消滅之事由？ (A)除斥期間屆滿，有解除
權之人未行使解除權者 (B)有解除權之人，於解除權行使後，因可歸責於自己
之事由，致所領之給付物有減失者 (C)有解除權之人，於解除權行使前，因加
工將所受領之給付物變其種類者 (D)解除權之行使，未定有期間者，他方當事
人得定相當期限，催告解除權人於期限內確答是否解除，如逾期未受解除之通
知者

(A) 26.中華民國人民在美國犯下列何種犯罪，仍有中華民國刑法的適用？ (A)偽造貨
幣罪 (B)通姦罪 (C)普通傷害罪 (D)偽造私文書罪

(B) 27.犯罪成立的判斷，通說採取三階段的檢驗，下列何者非檢驗要件？ (A)構成要
件該當 (B)消極構成要件要素 (C)違法性 (D)有責性

(C) 28.下列關於有限公司之敘述，何者正確？ (A)股東應至少兩人以上 (B)公司增資
應經全體股東同意 (C)公司董事非得其他全體股東同意，不得以其出資額之全
部或一部，轉讓於他人 (D)每一股東不問出資多寡，均僅有一表決權

(A) 29.依全民健康保險法之規定，當保險對象、投保單位、扣費義務人及保險醫事服
務機構對保險人核定案件有爭議時，應該如何處理？ (A)先申請審議，對於爭
議審議結果不服時，得依法提起訴願或行政訴訟 (B)先申請審議，對於爭議審
議結果不服時，得依法提起再審議 (C)先申請審議，對於爭議審議結果不服時，

得依法提起民事訴訟　(D)依法得逕行提起訴願或行政訴訟請求救濟

(A)　30.受僱者或求職者因受性別、性傾向歧視或性騷擾，受有損害者，雇主應負賠償責任。該賠償請求權之時效，下列何者正確？　(A)自請求權人知有損害及賠償義務人時起，2年間不行使而消滅。自有性騷擾行為或違反各該規定之行為時起，逾10年者，亦同　(B)自請求權人知有損害及賠償義務人時起，1年間不行使而消滅。自有性騷擾行為或違反各該規定之行為時起，逾2年者，亦同　(C)自請求權人離職後，2年間不行使而消滅。自有性騷擾行為或違反各該規定之行為時起，逾10年者，亦同　(D)無時效之規定

107 年公務人員高等考試三級考試試題　法學知識（中華民國憲法、法學緒論）

(D)　1.依地方制度法之規定，地方自治團體為處理跨區域自治事務得採行之合法方式，不包括下列何者？　(A)訂定協議　(B)締結行政契約　(C)成立區域合作組織　(D)共同上級機關協調

(C)　2.我國憲法第 137 條規定，中華民國之國防，以保衛國家安全，維護世界和平為目的。國防之組織，以法律定之。因此立法院乃據之訂定下列何者？　(A)國家安全法　(B)國家總動員法　(C)國防法　(D)國防安全法

(A)　3.未經人民許可，而侵入人民住宅之情況，下列何者不符憲法保障人民居住自由之意旨？　(A)以蒐集情資為名進行家戶訪查　(B)依據搜索票之刑事搜索　(C)依據法定程序之行政檢查　(D)基於緊急狀況之即時強制

(C)　4.依司法院釋字第 631 號解釋之意旨，私密通訊之自由權利，與下列何者較無關係？　(A)維持人性尊嚴　(B)維持個人主體性　(C)維護私人財產　(D)維護人格發展完整

(A)　5.依司法院大法官解釋意旨，有關集會自由之敘述，下列何者正確？　(A)對於集會遊行之管制採行事前許可或報備程序，立法者有形成自由　(B)群眾因特殊原因自發性聚集之偶發性集會，仍應事先申請許可，但應有緊急申請程序之設計　(C)報備制相對於許可制而言屬於相同能達到目的之侵害較小手段，故集會遊行採事前許可制即與比例原則有違　(D)對於不遵從解散及制止命令之首謀者科以刑責，已違反比例原則

(B)　6.下列何者為憲法規定之人民義務？　(A)繳納社會保險費　(B)服兵役　(C)受大學教育　(D)勞工加入工會

(D)　7.依憲法規定，中華民國國民年滿幾歲，有依法被選舉之權？　(A) 18 歲　(B) 20 歲　(C) 22 歲　(D) 23 歲

(B)　8.依公職人員選舉罷免法之規定，下列何人得登記為候選人？　(A)現役軍人　(B)國民兵應教育召集者　(C)替代役男　(D)辦理選舉事務人員

(CD皆可)　9.關於立法院各種會議之進行，下列敘述何者錯誤？　(A)立法院得依據行政院院長之請求，召開秘密會議　(B)立法院除依據憲法第 67 條之規定設各種委員會外，於必要時，得增設特種委員會　(C)立法院臨時會，以決

議召集臨時會之特定事項為限　(D)立法院院長認為有必要時，得經諮詢立法委員五分之一以上之意見後，召開臨時會

(C)　10.下列何者隸屬於行政院？　(A)中央研究院　(B)國家安全局　(C)大陸委員會　(D)國史館

(A)　11.領土變更案經立法院議決通過後，須經下列何項程序始成立？　(A)交由公民複決　(B)聲請司法院大法官審理　(C)經監察院審議通過　(D)經行政院會議通過

(D)　12.依憲法規定，立法院由立法委員組成，代表何者行使立法權？　(A)國家　(B)機關　(C)選民　(D)人民

(C)　13.下列何者非隸屬司法院？　(A)各級法院　(B)各級行政法院　(C)公務人員保障暨培訓委員會　(D)公務員懲戒委員會

(C)　14.依司法院釋字第725號解釋之見解，大法官解釋宣告法令違憲而定期失效者，於所宣告失效期限尚未屆至前，對於聲請人據以聲請之確定終局裁判案件，聲請人如請求再審救濟，法院應如何處理？　(A)予以駁回，以免影響法律效力之安定性　(B)予以駁回，因該法令尚屬有效　(C)應受理並為實體判決　(D)應受理，但以該法律尚未失效為由，實體無理由駁回

(D)　15.依監察法第26條規定，監察院為行使監察職權，得由監察委員持下列何種證件，赴各機關部隊公私團體調查檔案冊籍及其他有關文件？　(A)調查證　(B)指揮證　(C)委員證　(D)監察證

(D)　16.與英美法系相較，關於大陸法系特徵之敘述，下列何者錯誤？　(A)為成文法　(B)設有行政法院　(C)不採陪審制之法庭組織　(D)以判例為中心，作歸納思考

(A)　17.民法第6條規定：「人之權利能力，始於出生，終於死亡」，此一規定與下列何者有密切關係？　(A)基本權保障　(B)契約自由　(C)所有權保障　(D)過失責任原則

(D)　18.下列何者為憲法明文規定之事項？　(A)憲法的制定程序　(B)立法院制定法律之三讀程序　(C)立法委員有法律提案權　(D)考試院得向立法院提出法律案

(A)　19.有關法治國原則之敘述，下列何者錯誤？　(A)法治國原則已是具有完整清楚明確內容之概念　(B)人性尊嚴是法治國原則之主觀支柱　(C)基本權利保障是法治國原則之主觀支柱　(D)權力分立是法治國原則之客觀內涵

(A)　20.憲法第52條規定，總統除犯內亂或外患罪外，非經罷免或解職，不受刑事上之訴究。司法院釋字第388號解釋認為：現職總統競選連任時，因其已名列總統

候選人，其競選活動固應受總統副總統選舉罷免法有關規定之規範，惟其總統身分並未因參選而變更，所以現職總統依法競選連任時，除犯內亂或外患罪外，非經罷免或解職，並不得適用刑法及總統副總統選舉罷免法等有關刑罰之規定予以訴究。司法院釋字第388號解釋所依據的法律原則是：　(A)憲法優於法律　(B)總統不必守法　(C)從新從優原則　(D)特別法優於普通法的原則

(D)　21.憲法明定行政院、立法院、司法院、考試院及監察院，分別為國家最高行政、立法、司法、考試及監察機關，此為下列何項憲法原則之具體落實？　(A)國民主權原則　(B)民主原則　(C)共和國原則　(D)權力分立原則

(BD皆可)　22.關於聲請司法院大法官解釋主體及事項之敘述，下列何者錯誤？　(A)中央或地方機關，於其行使職權適用憲法發生疑義或因行使職權與其他機關之職權，發生適用憲法爭議時得聲請之　(B)任何人民於其憲法上所保障之權利遭受不法侵害經依法定程序提起訴訟後，無論對任何審級法院判決適用法律或命令發生有牴觸憲法疑義者得聲請之　(C)依立法委員現有總額三分之一以上之聲請，就其行使職權適用憲法發生疑義或適用法律發生有牴觸憲法之疑義者得聲請之　(D)各級法院法官就其所受理之案件，對於所適用之法律或命令確信有牴觸憲法之疑義時，得以裁定停止訴訟程序並聲請之

(A)　23.關於使用借貸契約之敘述，下列何者錯誤？　(A)使用借貸契約預約成立後，無論如何預約貸與人均不得撤銷該約定　(B)使用借貸為無償契約　(C)使用借貸為要物契約　(D)原則上借用人不得將借用物允許他人使用

(D)　24.有關袋地通行權之敘述，下列何者錯誤？　(A)袋地是因其所有人之任意行為所致者，土地所有人無通行鄰地之權利　(B)有通行權之土地所有人，應擇其周圍地損害最少之處所及方法為之　(C)有通行權之土地所有人，對於通行地因此所受之損害，應支付償金　(D)有通行權之土地所有人不得開設道路

(D)　25.行刑權因期間內未執行而消滅，下列敘述何者錯誤？　(A)甲犯殺人罪，宣告無期徒刑，其行刑權時效期間為40年　(B)乙犯強盜罪，宣告5年有期徒刑，其行刑權時效期間為30年　(C)丙犯竊盜罪，宣告2年有期徒刑，其行刑權時效期間為15年　(D)丁犯誹謗罪，宣告拘役40天，其行刑權時效期間為5年

(B)　26.下列行為之結果，何者非刑法第10條第4項所稱之重傷？　(A)甲覺得惡作劇很有趣，拿擴音設備在乙之耳邊大喊，致乙雙耳耳膜破裂失聰　(B)甲乙打架，將

乙的頭髮，幾乎全部拔光　(C)甲將乙的左手大拇指、食指、中指砍斷　(D)甲開車將乙撞成植物人

(A) 27. 甲於民國 101 年 1 月 27 日從乙電視購物台購買某一保養品，並於同年同月 29 日收到該物品。甲於同年 2 月 4 日拆開該保養品之外盒包裝後（但未開瓶），突生悔意，遂於當日以宅急便將該保養品退回於乙，而乙也於當日收訖。下列關於解除買賣契約效力之敘述，何者正確？　(A)有效，因甲在法定期限內行使解約權　(B)有效，因甲乙雙方對於解除契約的條件、期限及方式並無特別約定　(C)無效，因甲解除契約無正當理由　(D)無效，因甲解除契約未以書面方式為之

(A) 28. A 公司、B 公司均為股份有限公司。A 公司已發行 900 萬股普通股、B 公司已發行 1200 萬股普通股。A 公司持有 B 公司 420 萬股，B 公司持有 A 公司 310 萬股，A、B 公司知有相互持股之事實，則各得於對方所召開之股東會行使之表決權股數為何？　(A) A 公司得行使 400 萬股表決權、B 公司得行使 300 萬股表決權　(B) A 公司得行使 420 萬股表決權、B 公司得行使 300 萬股表決權　(C) A 公司得行使 400 萬股表決權、B 公司得行使 310 萬股表決權　(D) A 公司得行使 420 萬股表決權、B 公司得行使 310 萬股表決權

(A) 29. 根據全民健康保險法第 78 條規定，全民健康保險的安全準備總額，以相當於最近精算多少個月的保險給付支出為原則？　(A)一到三個月　(B)四到六個月　(C)七到八個月　(D)九到十二個月

(B) 30. 甲女與乙男二人均滿 18 歲，沒有同居下隱瞞家人私下交往，但甲女打算提出分手以準備學測，乙男無法接受且毆打甲女。有關家庭暴力防治法規定，下列何者正確？　(A)甲女已滿 18 歲，可以自行提出保護令聲請　(B)甲女與乙男二人雖然沒有同居，但甲女父母可以為甲女向法院聲請保護令　(C)甲女父母親不捨孩子被打，打算聘僱律師提出傷害告訴，可以向縣市政府提出律師費補助　(D)有位單戀甲女的同學丙男，知道甲乙兩人分手，不斷以電話騷擾甲女要求與甲女約會，甲女亦可聲請保護令

108 年公務人員普通考試試題　法學知識（中華民國憲法、法學緒論）

(A)　1.依憲法規定，憲法施行之準備程序，由何機關定之？　(A)制定憲法之國民大會　(B)立法院　(C)行政院　(D)司法院大法官

(D)　2.下列關於憲法中基本國策條款效力之敘述，何者正確？　(A)基本國策條款是國家的施政方針，都沒有強制性質　(B)國家對於基本國策之實施，應盡力為之，即使因客觀上資源不足而未達成目標，仍然違憲　(C)基本國策規定中有若干條文屬憲法委託，立法者對於如何實現，沒有任何裁量權　(D)大法官得引用基本國策規定，宣告法令違憲

(D)　3.依司法院大法官解釋，下列敘述何者與憲法保障人民工作權之意旨不符？　(A)已聘任之教師有教師法規定行為不檢有損師道者，應報請主管教育行政機關核准後，予以解聘、停聘或不續聘　(B)限制公務員於離職後一定期間內，選擇營利事業特定職務之自由　(C)對於未肇事拒絕接受酒測之職業駕駛人，吊銷其持有各級車類之駕駛執照，且3年內不得考領　(D)針對經主管機關限期整理之人民團體，依據督導各級人民團體實施辦法，停止其理監事之職權

(B)　4.依司法院釋字第689號解釋，下列敘述何者錯誤？　(A)依正當法律程序原則，人民權利受侵害時，應有司法救濟之機會　(B)警察機關就無正當理由之跟追行為，經勸阻而不聽者，須由法官核定後，始得裁罰跟追人　(C)新聞採訪自由並非僅保障隸屬於新聞機構之新聞記者之採訪行為　(D)個人縱於公共場域中，亦應享有依社會通念得不受他人持續注視、監看等侵擾私人活動領域之權利

(D)　5.依司法院大法官解釋意旨，有關結社自由之限制，下列敘述何者正確？　(A)農會法規定農會會員住址遷離原農會組織區域者為出會之原因，過度侵害人民之結社自由　(B)督導各級人民團體實施辦法規定，人民團體經主管機關限期整理者，其理監事之職權應即停止，僅屬細節性規定，無須法律明確授權　(C)基於國家安全，人民團體法規定主張特定政治性言論之團體得不予許可設立，並不牴觸結社自由　(D)人民團體法規定職業團體理事長應由理事就常務理事中選舉之，不設常務理事者，就理事中互選之，限制內部組織與事務之自主決定，違反比例原則

(A)　6.依司法院釋字第736號解釋，下列敘述何者正確？　(A)教師因學校年終成績考核留支原薪，認其權利或法律上利益受侵害時，得向法院請求救濟　(B)教師不

服再申訴決定者，僅得依法提起訴願　(C)教師因學校教師評量，認其權利或法律上利益受侵害時，仍不得向法院請求救濟　(D)基於大學自治，大學教師之權利因學校具體措施遭受侵害時，僅能尋求大學內部管道救濟

(C)　7.依憲法及增修條文規定、司法院大法官解釋，關於緊急命令，下列敘述何者錯誤？　(A)緊急命令具有暫時變更或代替法律之效力　(B)緊急命令之發布，屬於總統之職權　(C)緊急命令發布前，應諮詢行政院院長　(D)發布後十日內應提交立法院追認

(C)　8.依憲法第 145 條第 1 項之規定，國家對於私人財富及私營事業，認為有妨害國計民生之平衡發展者，應以何種規範限制之？　(A)行政規則　(B)法規命令　(C)法律　(D)自治條例

(A)　9.下列那一種案件類型，非屬我國憲法中司法權之行使範圍？　(A)訴願之決定　(B)行政訴訟之審判　(C)公務員之懲戒　(D)解釋憲法

(C)　10.下列何者並非構成我國現行地方制度之法規範依據？　(A)憲法本文　(B)憲法增修條文　(C)省縣自治通則　(D)地方制度法

(A)　11.依司法院釋字第 613 號解釋，關於宣告國家通訊傳播委員會組織法部分條文違憲之理由，下列敘述何者錯誤？　(A)剝奪總統之提名權　(B)違反通訊傳播自由之意旨　(C)違反責任政治　(D)實質上幾近完全剝奪行政院之人事決定權

(D)　12.依憲法增修條文第 4 條之規定，下列關於立法委員選舉制度之敘述，何者錯誤？　(A)合格選民可以投兩票　(B)直轄市、縣市之選舉區，每區只能選出一名立法委員　(C)得到超過百分之五以上政黨選舉票之政黨，才能分配全國不分區立法委員席次　(D)各政黨提出之不分區立法委員候選名單，婦女不得低於二分之一

(A)　13.依據憲法增修條文之規定，下列何者並非立法院之職權？　(A)行使考試委員及考選部部長、銓敘部部長之同意權　(B)提出總統、副總統彈劾案　(C)聽取總統國情報告　(D)提出領土變更案

(B)　14.關於司法院院長之職權，下列敘述何者錯誤？　(A)綜理院務　(B)主持大法官會議，而當決議可否同數時，取決於主席　(C)監督所屬機關　(D)為集思廣益，研商重要事項，得召開司法院會議

(B)　15.根據憲法增修條文之規定，下列何者之任期為憲法所明文保障？　(A)行政院院長　(B)監察院院長　(C)考試院院長　(D)司法院院長

(A)　16.下列何者具有母法與子法的關係？　(A)消費者保護法與消費者保護法施行細則

(B)民法與民事訴訟法　(C)公司法與證券交易法　(D)刑法與陸海空軍刑法

(B)　17.依憲法增修條文規定，下列何者提出憲法修正案之後，由中華民國自由地區選舉人依規定投票複決？　(A)總統　(B)立法院　(C)行政院　(D)公民投票審議委員會

(B)　18.關於法律解釋，下列何者正確？　(A)學理解釋屬於有權解釋　(B)刑罰必須遵守罪刑法定原則，故禁止類推解釋　(C)依照法律條文字義所為之解釋，稱為論理解釋　(D)不拘泥於法律條文的字義，而以整體法律秩序為基礎，闡明法律真意的解釋方法，稱為限縮解釋

(D)　19.甲將其收藏之臺灣畫家陳澄波的畫作出賣與乙，乙非因過失不知該畫係屬贗品，惟甲可得而知其事。越一年，乙發現上開情事，擬撤銷其意思表示，下列何者正確？　(A)乙得以物之性質，在交易上認為重要者為由，於發現錯誤後一年內，撤銷其錯誤之意思表示　(B)乙依民法錯誤之規定撤銷其意思表示後，對於甲應負損害賠償責任　(C)乙就該錯誤或不知事情，沒有過失，其撤銷權自意思表示後，經過十年而消滅　(D)乙不得依民法詐欺之規定撤銷其意思表示

(B)　20.依民法規定，有關承攬之危險負擔，下列敘述何者錯誤？　(A)一旦定作人受領工作，工作毀損、滅失之危險，即由定作人負擔　(B)一旦承攬人完成工作，工作毀損、滅失之危險，即由定作人負擔　(C)定作人受領遲延，工作毀損、滅失之危險，由定作人負擔　(D)定作人供給之材料，因不可抗力而毀損滅失者，由定作人負擔

(C)　21.下列何種情形，雖屬不法，但仍可阻卻故意犯及過失犯的罪責（有責性）？　(A)行為人未滿 16 歲　(B)行為人對於構成犯罪之事實欠缺完整認知　(C)行為人無法避免認識自己的行為是違法　(D)行為人係依法令而行為

(B)　22.依消費者保護法規定，關於消費者健康與安全之保障，下列敘述，何者錯誤？　(A)商品具有危險性者，應於明顯處為警告標示及緊急處理危險之方法　(B)從事改裝、分裝商品或變更服務內容之企業經營者，若對於損害之防免已盡相當之注意，或縱加以相當之注意而仍不免發生損害者，不須與設計、生產、製造商品或提供服務之企業經營者，負連帶賠償責任　(C)商品或服務不得僅因其後有較佳之商品或服務，而被視為不符合商品流通進入市場或服務提供當時，科技或專業水準可合理期待之安全性　(D)企業經營者所為必要之處理，若足以除去商品或服務對消費者安全與健康之危害，即不須回收該批商品或停止其服務

(D)　23.依性別工作平等法第 15 條之規定，下列何者非屬雇主應使其停止工作，給予產

假之情形？　(A)女性受僱者分娩前後　(B)女性受僱者妊娠三個月以上流產者　(C)女性受僱者妊娠未滿二個月流產者　(D)女性受僱者經醫生診斷需安胎休養者

(C) 24.關於法規制定或訂定之敘述，下列何者錯誤？　(A)行政機關研擬之法規命令草案原則上應預先公告　(B)法規命令之訂定，得由人民或團體提議為之　(C)立法者制定法律，因其係代表民意，故不受正當程序之限制　(D)法律之制定或法規命令之訂定，應踐行公布或發布程序

(D) 25.有關向立法院提出法律案、預算案提案權之敘述，下列何者錯誤？　(A)預算案關係到國家整體運作，僅行政院始得提出　(B)依據憲法規定，針對法律案、戒嚴案、條約案等，行政院有提案權　(C)依據憲法規定，針對所掌事項，考試院得向立法院提出法律案　(D)監察院並無法律案之提案權

(D) 26.關於給付行政措施是否適用法律保留原則之問題，下列敘述何者正確？　(A)不適用法律保留原則　(B)有法定預算作為依據即符合法律保留原則　(C)應以法律規定　(D)如涉及公共利益或實現人民基本權利之保障等重大事項者，原則上仍適用法律保留原則

(A) 27.內政部曾依據戶籍法規定要求國民於請領身分證時應按指紋並儲存，此等作法違反下列何種原則？　(A)比例原則　(B)信賴保護原則　(C)平等原則　(D)誠信原則

(B) 28.民國（以下同）99 年 10 月 10 日上午，83 歲的甲男失蹤。法院於受理其親屬的死亡宣告聲請，經法定公示催告程序後，應裁判宣告甲於何時死亡？　(A) 100 年 10 月 9 日下午 12 時　(B) 102 年 10 月 10 日下午 12 時　(C) 104 年 10 月 10 日下午 12 時　(D) 106 年 10 月 9 日下午 12 時

(C) 29.下列關於財團法人之敘述，何者錯誤？　(A)屬於他律法人　(B)屬於公益法人　(C)重要管理方法不具備時，由目的事業主管機關酌定之　(D)於登記前，應得主管機關之許可

(C) 30.依全民健康保險法之規定，下列關於保險費負擔之敘述，何者正確？　(A)受雇於私立高中之數學教師甲，負擔 30% 之保險費，其餘 70% 由學校負擔　(B)受雇於公立高中之國文教師乙，負擔 30% 之保險費，35% 由學校負擔，政府則負擔 35%　(C)受雇於民營企業之丙，負擔 30% 之保險費，民營企業負擔 60%，政府負擔 10%　(D)合於社會救助法所規定之中低收入戶丁，接受中央役政主管機關全額補助

108 年公務人員高等考試三級考試試題　法學知識（中華民國憲法、法學緒論）

(D)　1.關於我國現行修憲程序之敘述，下列何者正確？　(A)由行政院提出憲法修正案，送請立法院決議通過　(B)由人民提出憲法修正案，送請立法院複決通過　(C)由總統提出憲法修正案，經人民投票複決通過　(D)由立法院提出憲法修正案，經人民投票複決通過

(D)　2.依司法院大法官解釋意旨，關於徵收私人土地所應踐行之正當行政程序，下列敘述何者錯誤？　(A)不僅適用於徵收前及徵收時，亦應擴及於徵收後之階段　(B)徵收計畫確定前，應給予土地所有權人陳述意見之機會　(C)徵收核准時，應踐行徵收處分公告及書面通知土地所有權人之程序　(D)徵收完成後，應即時公告被徵收土地所有權移轉登記辦理完竣資訊

(A)　3.依司法院大法官解釋，下列有關訴訟權之敘述，何者正確？　(A)民事訴訟法對上訴第三審利益之數額限制，不違反訴訟權之保障　(B)對於律師懲戒覆審委員會所為之決議，仍得向最高行政法院請求救濟　(C)都市計畫因定期通盤檢討所為之變更，屬法規性質，人民不得爭訟　(D)有關審級制度之設計，完全屬立法形成之自由

(B)　4.依憲法規定，有關選舉及被選舉年齡之敘述，下列何者正確？　(A)中華民國國民年滿 21 歲者，有依法被選舉之權　(B)中華民國國民年滿 20 歲者，得依法選舉總統　(C)中華民國國民年滿 18 歲者，得依法選舉縣長　(D)中華民國國民年滿 35 歲者，得依法被選為總統

(B)　5.依司法院大法官解釋意旨，下列何者非憲法服公職權之保障主體？　(A)立法委員　(B)國立大學專任教授　(C)志願役預備士官　(D)退休公務人員

(A)　6.下列何者不屬於地方制度法所稱之地方自治團體？　(A)臺灣省　(B)高雄市　(C)花蓮縣　(D)嘉義市

(BC皆可)　7.有關憲法保障人民受教育之權利，下列敘述何者錯誤？　(A)受國民教育以外教育之權利，屬憲法第 22 條保障之範圍　(B)憲法第 21 條賦予人民得請求國家提供教育給付之權利，國家亦有提供給付之義務　(C)憲法第 159 條規定：「國民受教育之機會，一律平等。」旨在確保人民享有接受國民教育之公平機會　(D)大學為維持學校秩序，對學生所為之公權力措

施，如侵害學生受教育權，應許權利受侵害之學生提起行政爭訟

(B) 8.憲法第七章所定之「司法」，其掌理之事項不包括下列何者？ (A)民事訴訟 (B)刑事偵查及訴訟 (C)行政訴訟 (D)公務員懲戒

(A) 9.依司法院大法官解釋意旨，關於法官聲請釋憲之要件，下列何者錯誤？ (A)限於最高法院或最高行政法院繫屬中之案件 (B)聲請解釋之標的，須為法官審理案件時應適用之法律 (C)聲請解釋之法官，須提出客觀上形成確信法律為違憲之具體理由 (D)聲請解釋之法官，得以之為先決問題裁定停止訴訟程序

(D) 10.依司法院大法官解釋意旨，有關言論及出版自由，下列敘述何者錯誤？ (A)憲法保障人民有積極表意之自由及消極不表意之自由 (B)言論自由保障之內容包括主觀之意見表達及客觀之事實陳述 (C)性言論之表現與性資訊之流通，不論是否出於營利目的，均受憲法對言論及出版自由之保障 (D)商業性意見表達亦屬言論自由保障之範圍，要求藥物廣告刊播前先送審，已違背事前檢查之禁止原則

(D) 11.依司法院大法官解釋，下列關於隱私權之敘述，何者錯誤？ (A)隱私權非屬憲法明文列舉之權利 (B)個人資料自主控制權亦屬於隱私權 (C)個人指紋受憲法隱私權之保障 (D)隱私權為憲法所保障財產權之一種

(D) 12.關於集會自由，下列何者正確？ (A)集會屬憲法保留的基本權利，不得以法律限制之 (B)國家不得劃定集會遊行之禁制區 (C)偶發性集會一律違法 (D)國家應提供適當集會場所，並保護集會、遊行之安全

(BD皆可) 13.依據憲法與總統副總統選舉罷免法，關於罷免總統之敘述，下列何者錯誤？ (A)罷免案經由立法院提議與同意後提出 (B)任何人不得宣傳罷免與阻止罷免之宣傳活動 (C)總統就職滿一年後，方得提出罷免案 (D)罷免案經投票否決後，在任期內得再次為罷免案之提議

(C) 14.依憲法增修條文之規定，關於行政院覆議權之敘述，下列何者正確？ (A)覆議案之範圍為法律案、預算案、條約案與重要政策變更 (B)行政院對窒礙難行之法律案決議，直接向立法院提出覆議 (C)立法院逾期未議決覆議案，原決議失效 (D)覆議時，如經全體立法委員二分之一以上決議維持原案，行政院院長應即接受或辭職

(D) 15.立法委員不可兼任下列何項職務？ (A)長榮海運總經理 (B)台新銀行董事長 (C)執政黨私書長 (D)中華郵政股份有限公司董事長

(A) 16.所得稅法施行細則係依所得稅法第 121 條規定訂定，其性質為下列何者？ (A)法規命令 (B)委辦規則 (C)特別法 (D)間接法

(D) 17.依據地方制度法規定，下列何者非屬應以自治條例規定之事項？ (A)法律或自治條例規定應經地方立法機關議決者 (B)創設、剝奪或限制地方自治團體居民之權利義務者 (C)關於地方自治團體及所經營事業機構之組織者 (D)關於地方自治團體其內部行政事務之分工者

(B) 18.甲依法向主管機關申請許可，在決定作成前，據以准許之法規有變更，但未廢除或禁止所申請之事項。依據中央法規標準法之規定，主管機關原則上應如何適用法規？ (A)適用舊法規，但新法規有利於當事人者，適用新法規 (B)適用新法規，但舊法規有利於當事人者，適用舊法規 (C)不論何者有利於當事人，一律適用新法規 (D)不論何者有利於當事人，一律適用舊法規

(A) 19.憲法第 7 條規定「中華民國人民，無分男女、宗教、種族、階級、黨派，在法律上一律平等」，通說上認為此處之法律，包括法律與行政命令，係採用何種法律解釋方法所獲得之結果？ (A)擴張解釋 (B)反面解釋 (C)歷史解釋 (D)類推解釋

(A) 20.下列何者適用行政程序法之程序規定？ (A)主管機關與公費生簽訂行政契約 (B)考選部關於國家考試之命題行為 (C)外國人出入境事項 (D)行政機關對所屬公務人員為記過一次之懲處

(A) 21.基於法治國原則，以法律限制人民自由權利時，關於其構成要件所使用之概念，下列何者錯誤？ (A)不得使用不確定法律概念或概括條款 (B)須非難以理解 (C)須為受規範者所得預見 (D)須可經由司法審查加以確認

(D) 22.依民法之規定，下列就無償契約之敘述，何者正確？ (A)無行為能力人為意思表示及受意思表示，應得法定代理人之允許與同意，但純獲法律上利益者不在此限 (B)不當得利受領人，以其所受者，無償讓與第三人，第三人一律免負返還責任 (C)受任人處理委任事物，未受有報酬者，應以善良管理人之注意為之 (D)債務人所為之無償行為，有害及債權者，債權人得聲請法院撤銷之

(D) 23.下列選項中的 X 與 Y，何者結婚無效？ (A)甲乙為夫妻，甲婚前育有子女 X，乙婚前育有子女 Y，X 與 Y 成年後結婚 (B)甲乙為夫妻，甲之父 X 已喪偶，乙之母 Y 亦已喪偶，X 與 Y 結婚 (C)甲乙為兄妹，甲婚後育有子女 X，乙婚後收養子女 Y，X 與 Y 成年後結婚 (D)X 17 歲時生下甲，甲成年後與較其年長 12

歲的 Y 結婚，甲與 Y 離婚後，X 與 Y 結婚

(B) 24.依民法之規定，下列有關使用借貸契約之敘述，何者正確？ (A)使用借貸契約為要物契約，貸與人須交付和移轉借用物之所有權予借用人 (B)貸與未定期限，又不能依借貸之目的而定期限者，貸與人得隨時請求返還借用物 (C)借用物為動物者，其飼養費由貸與人負擔 (D)貸與人故意或重大過失不告知借用物之瑕疵，致借用人受損害者，負賠償責任

(B) 25.乙為擔保其向甲之借款，乃以其 A 屋及丙、丁所有之 B 地、C 地設定共同抵押。於甲之債權屆期未受清償時，下列敘述何者錯誤？ (A)甲得自由選擇 A 屋、B 地、C 地任何其中之一，就其賣得價金，受償權全部或一部之清償 (B)因 A 屋為債務人乙所有，故甲應優先選擇 A 屋，就其賣得價金，受償權全部或一部之清償 (C)甲如選擇 B 地實行抵押權，獲得完全之清償，若 B 地超過其分擔額時，丙得請求丁償還 C 地應分擔之部分 (D)甲如選擇 B 地實行抵押權，丙於 B 地清償之限度內，承受甲對乙之債權。但不得有害於甲之利益

(A) 26.關於感化教育處分相關規定，下列敘述何者錯誤？ (A)因未滿 14 歲而不罰者，不得令入感化教育處所，施以感化教育 (B)感化教育為限制人身自由之保安處分 (C)執行感化教育之期間最長 3 年 (D)執行已逾 6 月，認無繼續執行之必要者，法院得免其處分之執行

(C) 27. A 餐廳推出自助餐 599 元吃到飽專案，並貼出告示：「請酌量取用，勿浪費食物，否則每人一律罰款用餐價格 10 倍」。該告示是否有效？ (A)有效，因為當事人可任意約定契約內容 (B)原則有效，除非顧客反對才會無效 (C)無效，因為違反平等互惠原則 (D)如果餐廳曾告知顧客此規定，則有效，若無，則無效

(C) 28.關於非公開發行股份有限公司年度財務報表之規定，下列敘述，何者錯誤？ (A)應由董事會編造，交監察人查核後，送股東會承認 (B)一定規模以上公司之財報，才需由會計師查核簽證 (C)簽證會計師由監察人選任與解任 (D)債權人得請求公司提供財務報表

(D) 29.依全民健康保險法之規定，關於被保險人投保金額之敘述，下列何者錯誤？ (A)受僱者，以其薪資所得為投保金額 (B)雇主及自營業主，以其營利所得為投保金額 (C)自營作業者，以其執行業務所得為投保金額 (D)專門職業及技術人員自行執業者之投保金額，以第二類被保險人之平均投保金額計算之

(C) 30.依性別工作平等法第 27 條之規定，受僱者或求職者因受性騷擾而受有損害者，

有關雇主之民事賠償責任，下列何者正確？　(A)只要雇主能證明其已遵行本法所定之各種防治性騷擾之規定，則雇主不負賠償責任　(B)縱使雇主已遵行該法所定之各種防治性騷擾之規定，但是損害仍然發生，雇主仍應與行為人負賠償責任　(C)雇主如能證明其已遵行本法所定之各種防治性騷擾之規定，且對該事情之發生已盡力防止仍不免發生者，雇主不負賠償責任　(D)雇主與行為人應負連帶賠償責任，惟事後得向行為人請求賠償

109 年公務人員普通考試試題　法學知識（中華民國憲法、法學緒論）

(C)　1.依現行制度，地方自治法規牴觸憲法者無效，關於有無牴觸發生疑義時，應如何處理？　(A)由中央主管機關審查並撤銷之　(B)提起行政訴訟並由法院進行審查　(C)聲請司法院就爭議事項作出解釋　(D)由立法院決議解決之

(C)　2.法律條文之解釋，若有多種可能，只要其中有一種結論能避免宣告該法律違憲時，便應選擇該解釋，而不採納其他可能導致法律違憲之解釋。此種解釋方法稱為：　(A)文義解釋　(B)主觀解釋　(C)合憲解釋　(D)歷史解釋

(B)　3.關於司法院大法官之職權，下列敘述何者錯誤？　(A)解釋憲法　(B)提出憲法修正案　(C)審理政黨違憲解散事項　(D)國家機關間憲法權限爭議之解決

(C)　4.依憲法及增修條文規定，下列關於行政與立法關係之敘述，何者錯誤？　(A)行政院有向立法院提出施政報告之責　(B)行政院對於立法院決議的預算案與條約案，得經總統核可後移請立法院覆議　(C)立法院通過之預算案，若無涉法定經費，行政院得依政策需求停止執行　(D)立法院通過對行政院院長之不信任案後，行政院院長得呈請總統解散立法院

(D)　5.依據司法院大法官解釋之意旨，下列何項規定，違反現行憲法賴以存立之自由民主憲政秩序？　(A)立法委員選舉採單一選區兩票制之並立制　(B)全國不分區及僑居國外國民立法委員席次，以政黨比例代表制選出　(C)獲得政黨選舉票百分之五以上之政黨，始得分配全國不分區及僑居國外國民立法委員席次之規定　(D)無憲政上不能依法改選之正當理由，逕行延長立法委員任期

(D)　6.關於立法院職權之敘述，下列何者錯誤？　(A)立法院對於總統所提名之司法院大法官有同意權　(B)為有效行使憲法所賦予之立法職權，本其固有之權能，立法院自得享有一定之調查權　(C)總統於立法院解散後發布緊急命令，立法院應於 3 日內自行集會，並於開議 7 日內追認之　(D)總統、副總統均缺位時，由行政院院長代行其職權，行政院院長應於 3 個月內提名候選人，由立法院補選，繼任至原任期屆滿為止

(C)　7.依憲法增修條文規定，下列關於緊急命令之敘述，何者正確？　(A)總統有發布緊急命令之權，但以立法院休會期間為限　(B)緊急命令發動之要件，以國家遇有天然災害、癘疫，或國家財政經濟上有重大變故，須急速處分者為限　(C)總統發布緊急命令，須經行政院會議決議，並送立法院事後追認　(D)緊急命令經

立法院追認後，於生效期間總統仍得解散立法院

(D)　8.下列何者不屬於傳統特別權力關係之適用範圍？　(A)國家與公務員之關係　(B)公立學校與學生之關係　(C)監獄與受刑人之關係　(D)公營事業與其勞工之關係

(D)　9.人民有依法律納稅之義務，而應以法律明定之租稅構成要件，不包括下列何者？　(A)稅基　(B)稅率　(C)納稅主體　(D)納稅地點

(D)　10.下列何者並非憲法及增修條文對於婦女之特別保護？　(A)保障婦女之參政權　(B)對婦女從事勞動者之特別保護　(C)消除性別歧視，促進兩性地位之平等　(D)保障婦女之生育自主權

(A)　11.年滿 20 歲的公民皆有選舉權，此為下列何種原則之體現？　(A)普通選舉　(B)平等選舉　(C)直接選舉　(D)祕密選舉

(C)　12.依司法院大法官解釋，下列關於言論自由之敘述，何者錯誤？　(A)猥褻資訊亦受言論自由保障　(B)法律要求特定商品應標示警語，為對於言論自由之限制　(C)與事實不符之言論不受言論自由保障　(D)化妝品廣告之事前審查原則上應屬違憲

(B)　13.依司法院大法官解釋，關於人身自由之敘述，下列何者錯誤？　(A)憲法第 8 條第 1 項所稱「法定程序」，須以法律規定，其內容更須實質正當　(B)凡限制人民身體自由之處置，不問其是否屬於刑事被告之身分，皆應踐行相同之法定程序　(C)行政執行法之管收處分，係於一定期間內拘束人民身體自由於一定之處所，屬拘禁之類型之一　(D)人身自由之保障亦應及於外國人，使其與本國人同受保障

(C)　14.下列關於基本國策的敘述，何者正確？　(A)基本國策皆為具體的社會權，可以作為人民對國家給付請求權的基礎　(B)基本國策所揭示的各種國家目標，都是憲法所承認的制度性保障　(C)基本國策中的憲法委託條款，若立法者不積極履行，會構成立法怠惰　(D)基本國策中的國家目標條款，都是單純政策目標的宣示，對立法者不具有拘束力

(C)　15.關於我國憲法總綱規定，下列敘述何者錯誤？　(A)明文規定我國為民主共和國　(B)明文規定主權屬於國民全體　(C)明文規定我國採單一國籍制　(D)明文規定我國國旗之樣式

(A)　16.甲男平日皆著褲裝上班，後因醫師建議其表現自我而開始著裙裝上班，同事對於甲男的改變開始竊竊私語，甲向主管乙反映此事，但並未獲得相關協助，反

而將甲調職，雖然新工作甲亦可勝任，但仍悶悶不樂，請求調回原職，關於上述案例，下列敘述何者正確？　(A)乙不得因甲之性傾向而有不利益對待　(B)甲著裙裝已違背公序良俗　(C)乙之調職決定和甲之性傾向無關　(D)甲穿裙裝造成他人困擾

(C)　17.有關我國中央層級立法之敘述，下列何者錯誤？　(A)立法院為我國最高之立法機關　(B)依據憲法規定人民得依法行使創制、複決權，創制、複決中央法律　(C)由於我國採取中央集權制，至今尚未承認地方自治議會立法權　(D)依據憲法規定，中央之立法除經立法院三讀通過外，尚須經總統公布始得生效

(A)　18.下列何者為地方制度法所稱之自治團體？　(A)鄉、鎮、市　(B)農田水利會　(C)行政法人　(D)大學法人

(D)　19.甲公務人員某日收受 A 市政府的處分函，主旨為：「臺端因溢領薪資，限 7 日內繳回溢領之金額，逾期將送行政執行。」此外並無任何說明。則該處分違反下列那一項原則？　(A)不利變更禁止之原則　(B)必要衡量原則　(C)比例原則　(D)明確性原則

(C)　20.司法院釋字第 535 號解釋指出：「……臨檢自屬警察執行勤務方式之一種。臨檢實施之手段：檢查、路檢、取締或盤查等不問其名稱為何，均屬對人或物之查驗、干預，影響人民行動自由、財產權及隱私權等甚鉅，應恪遵法治國家警察執勤之原則。實施臨檢之要件、程序及對違法臨檢行為之救濟，均應有法律之明確規範，方符憲法保障人民自由權利之意旨。……」這段話與下列那一原則較無關聯？　(A)法律保留原則　(B)正當程序原則　(C)信賴保護原則　(D)法明確性原則

(C)　21.關於社團法人的事項，依民法規定，下列何者須經過總會特別決議？　(A)開除社員　(B)任免監察人　(C)變更章程　(D)任免董事

(A)　22.甲經營汽車維修保養廠與 T 通運公司間有多年的汽車維修保養（營業）關係。數週前，T 送修 X、Y 二車，其中 Y 車的數萬元維修材料費全未獲清償。當 T 要取回 X、Y 二車時，甲得主張何種權利？　(A)得主張就 X、Y 二車有留置權　(B)僅得主張就 Y 車有留置權　(C)得主張就 X、Y 二車均有抵押權　(D)得主張就 X、Y 二車有質權

(C)　23. A 透過網路向 B 訂購飛機模型一盒（種類之債），並約定送至便利超商，貨到付款。但 B 卻逾期遲遲未發貨，終於在超出約定期限後發貨至便利超商。詎當

夜因便利超商大火，飛機模型燒毀。下列敘述何者正確？　(A)因不可歸責 B 而致給付不能，故 A 須給付價金　(B)因貨品尚未特定，無給付不能之情況，故 A 無須給付價金　(C)因 B 須對不可抗力事件負責，故 B 須對 A 負賠償責任　(D) B 須再給付一次飛機模型

(C) 24.下列有關被繼承人所負債務之敘述，何者錯誤？　(A)遺產分割前，繼承人以因繼承所得遺產為限，對外負連帶清償責任　(B)遺產分割後經過 5 年，繼承人之連帶清償責任可免除　(C)遺產分割前，繼承人應平均清償被繼承人之債務　(D)遺產分割後，若經債權人同意，各繼承人免除連帶責任

(D) 25.甲、乙於民國 100 年結婚，未約定夫妻財產制。結婚前乙有乳牛 100 頭。婚後甲、乙工作收入豐厚。下述何者於夫妻財產制關係消滅時，應納入財產分配範疇？　(A)甲離婚前 3 年贈與某博物館價值 6,000 萬元的古董，未料其後甲因經商失敗而離婚　(B)甲於婚後因車禍取得加害者所提供 20 萬元精神上損害賠償　(C)乙於婚後受祖母以遺囑遺贈 100 萬元　(D)甲、乙婚後，乙之 100 頭乳牛所生 10 隻小牛

(B) 26.關於民法之消滅時效制度，下列敘述何者錯誤？　(A)經確定判決所確定的請求權，其原有時效期間短於 5 年者，重行起算的期間為 5 年　(B)時效期間得以法律行為加長或減短　(C)僅適用於請求權　(D)消滅時效完成，義務人取得拒絕給付的抗辯權

(B) 27.關於刑法第 12 條所規定之「行為非出於故意或過失者，不罰。過失行為之處罰，以有特別規定者，為限。」下列敘述，何者錯誤？　(A)刑法以處罰故意犯為原則　(B)刑法不處罰過失行為　(C)故意犯罪行為應處罰　(D)過失行為有規定才罰

(D) 28.某甲因犯強制性交罪遭判有期徒刑二年而入監服刑，後來獲得假釋，卻在假釋期間因涉嫌強制猥褻罪遭地檢署起訴，並為法院裁定羈押，拘禁於看守所。強制猥褻罪的法定刑是六個月以上，五年以下有期徒刑。就本案與前案，下列敘述何者正確？　(A)在羈押期間，法院應依檢察官之聲請，撤銷甲的假釋　(B)如果甲就本案被判二年以下有期徒刑，則法院得同時宣告緩刑　(C)如果甲因本案被判有期徒刑確定，則在本案執行期間，甲不能聲請假釋　(D)如果甲就本案被判無罪，則因本案所受羈押的日數，應該計入前案假釋期間

(A) 29.下列有關性別歧視之禁止，何者錯誤？　(A)雇主對求職者或受僱者之招募、甄

試、進用等，不得因性別而有差別待遇，即使該工作性質僅適合特定性別者亦同　(B)雇主為受僱者舉辦教育、訓練或其他類似活動，不得因性別而有差別待遇　(C)雇主為受僱者提供各項福利措施，不得因性傾向而有差別待遇　(D)雇主對受僱者之退休、資遣、離職、解僱，不得因性別而有差別待遇

(D)　30.依全民健康保險法第 10 條之規定，被保險人總共分為幾類？　(A) 3 類　(B) 4 類　(C) 5 類　(D) 6 類

109 年公務人員高等考試三級考試試題 法學知識（中華民國憲法、法學緒論）

(D) 1. 關於憲法前言及憲法增修條文前言，下列敘述何者正確？ (A)憲法之前言因憲法增修條文前言而暫時停止適用 (B)兩者之效力與後續各條文之規範效力相同 (C)其所揭示之內容均具本質重要性，乃現行憲法所賴以存立之基礎，即使透過修憲亦不得變更 (D)兩者皆係由國民大會所制定

(D) 2. 關於憲法及憲法增修條文明定應給予特別保障與扶助之對象，不包括下列何者？ (A)藝術工作者 (B)學行俱優無力升學之學生 (C)軍人 (D)政黨

(D) 3. 依司法院釋字第 329 號解釋，下列有關條約之敘述，何者正確？ (A)我國與其他國家所締結之任何國際書面協定，均應送立法院審議 (B)我國與國際組織所締結之任何國際書面協定，均應送立法院審議 (C)未附有批准條款之國際書面協定，即不須送立法院審議 (D)國際書面協定之內容如與國內法律相同，則不須送立法院審議

(A) 4. 依司法院大法官解釋意旨，下列何者不受憲法表意自由之保障？ (A)於網路上對不特定人散布促使人為性交易的訊息 (B)於網路上刊登化粧品廣告 (C)網友未經主管機關許可，於公共場所緊急舉行集會遊行 (D)對他人可受公評且確信其為真實之事項，所為不利之事實陳述

(B) 5. 依司法院大法官解釋，下列何者受憲法絕對保障，不得限制？ (A)生命權 (B)思想自由 (C)言論自由 (D)財產權

(C) 6. 依司法院釋字第 613 號解釋及憲法規定，下列敘述何者正確？ (A)行政一體旨在使行政院掌理之事務，最終仍受總統之指揮監督 (B)行政院毋須為獨立行政機關之整體施政表現負責 (C)層級式行政體制之金字塔頂端為行政院 (D)總統府為當前國家最高行政機關

(B) 7. 司法院釋字第 690 號解釋，係對於傳染病防治法中關於必要處置及強制隔離規定所為之違憲審查。下列何者，並非上述解釋所引用之原則？ (A)比例原則 (B)信賴保護原則 (C)法律明確性原則 (D)正當法律程序原則

(C) 8. 有關憲法第 44 條賦予總統的權限爭議處理權，下列敘述何者錯誤？ (A)此項職權未經憲法增修條文凍結或另為規定 (B)大法官解釋曾指出，將此職權定位為元首中立權，是否符合民主政治、權力分立等原則，有商榷餘地 (C)如副總統

兼任行政院院長，總統在行使本條職權時，將發生協調者與被協調者相同的矛盾　(D)經過憲法第 44 條之程序所獲得的解決方法對總統與各院院長均無法律拘束力

(B)　9.司法院釋字第 696 號解釋，宣告所得稅法關於夫妻非薪資所得強制合併計算之規定，與單獨計算稅額比較，有增加稅負之情形而違憲。其違憲理由，應為下列那一個原則？　(A)信賴保護原則　(B)平等原則　(C)實質課稅原則　(D)法律保留原則

(D)　10.下列何者不屬於對於職業選擇自由的客觀限制？　(A)原住民族教育師資以具備原住民族身分者為限　(B)以總量管制方式核發計程車牌照，亦即須有人繳回牌照，始得接受新申請案　(C)禁止非視障者從事按摩業　(D)藥師經登記領照執業後，執業處所以一處為限

(C)　11.依憲法增修條文規定，監察院不再行使下列何種職權？　(A)糾舉權　(B)糾正權　(C)同意權　(D)審計權

(D)　12.依司法院大法官解釋，下列何者並非憲法第 80 條所稱之法官？　(A)司法院大法官　(B)行政法院法官　(C)懲戒法院法官　(D)檢察官

(D)　13.依司法院釋字第 553 號解釋，有關中央與地方權限爭議及地方自治之監督，下列敘述何者錯誤？　(A)涉及中央與地方權限劃分之爭議，是大法官得以解釋之事項　(B)地方自治團體處理自治事項，中央僅能為適法性監督　(C)地方自治團體辦理委辦事項，中央得為適法性與合目的性監督　(D)地方自治事項如涉及不確定法律概念，上級監督機關即不得撤銷或變更地方自治團體所為合法性之判斷

(B)　14.下列何者不是司法院之權限？　(A)公務員懲戒　(B)犯罪偵查　(C)統一解釋法律命令　(D)解釋憲法

(C)　15.依據憲法規定，下列何者並非專屬中央立法並執行，且不得交由地方執行之事項？　(A)電政　(B)司法制度　(C)教育制度　(D)商事法律

(B)　16.關於立法院通過，總統公布之法規範，下列敘述何者正確？　(A)皆為公法　(B)為形式意義之法律　(C)無須經行政院院長之副署　(D)得以「規則」為其名稱

(D)　17.下列何者非法規命令之無效事由？　(A)抵觸憲法、法律或上級機關之命令者　(B)無法律之授權而剝奪或限制人民之自由、權利者　(C)其訂定依法應經其他機關核准，而未經核准者　(D)其訂定未經聽證程序者

(A)　18.下列何者非屬法院適用法律必須遵循之原則？　(A)上下命令服從之原則　(B)不告不理原則　(C)獨立審判原則　(D)一事不再理原則

(A)　19.依司法院釋字第 666 號解釋意旨，對於從事性交易之行為人，僅處罰意圖得利之一方，而不處罰支付對價之相對人，係違反下列何者？　(A)平等原則　(B)比例原則　(C)信賴保護原則　(D)公益原則

(D)　20.下列何者非屬信賴保護原則之要件？　(A)信賴基礎　(B)信賴表現　(C)值得保護之信賴利益　(D)信賴利益應大過於公共利益

(D)　21.甲為自己利益，擅自以自己名義將乙所有、市值 100 萬（新臺幣，以下同）之 A 古玩，以 150 萬出賣並交付予善意無過失之丙。下列敘述何者正確？　(A)乙得對丙主張所有權人之物上返還請求權　(B)乙得依侵權行為請求權向甲請求 150 萬　(C)乙得依不當得利返還請求權向甲請求 150 萬　(D)乙得請求甲因不法管理行為所得之全部利益 150 萬

(B)　22.甲之妻乙已過世，留下岳父丙獨居；甲每月匯款一千元予某公益團體評估需受助養的家境清寒兒童丁；甲尚有姑姑戊以及未成年的乾女兒（義女）己；甲每月各匯六千元予丙戊己作為生活費；甲若因車禍死亡後，下述何者不得請求遺產酌給？　(A)丙　(B)丁　(C)戊　(D)己

(A)　23.依民法之規定，侵害下列何種權益，被害人不得向加害人請求非財產上之損害賠償？　(A)所有權　(B)信用權　(C)姓名權　(D)自由權

(D)　24.關於動產之敘述，下列何者錯誤？　(A)甲以所有之意思，占有被遺棄之流浪狗，甲取得該狗之所有權　(B)電影院管理員在電影院內拾得遺失物者，對遺失人不得請求報酬　(C)甲在乙所有之土地上挖掘發見龍銀一批，該批龍銀由甲、乙二人共有各一半　(D)加工於他人之動產者，其加工物之所有權，原則上屬於加工人

(B)　25.擔任公家機關採購業務的公務員甲，將公有地標售底價事前告訴投標人乙，構成下列何種犯罪？　(A)刑法第 130 條公務員廢弛職務罪　(B)刑法第 132 條公務員洩漏秘密罪　(C)刑法第 120 條公務員委棄守地罪　(D)刑法第 134 條假借職務機會犯罪

(B)　26.關於我國刑法未遂犯之處罰規定，下列敘述何者正確？　(A)不能未遂應減輕或免除其刑　(B)中止未遂應減輕或免除其刑　(C)所有犯罪都有未遂處罰規定　(D)未遂犯與既遂犯之處罰相同

(A) 27. 關於股份有限公司之資訊，下列何者係任何人得向主管機關申請查閱或抄錄之事項？ (A)公司章程 (B)閉鎖性股份有限公司之股東非現金出資所繳納之股款金額 (C)實收資本額與資本公積 (D)董監事之姓名、住址、持股

(D) 28. 下列何者不屬於衍生著作？ (A)將既存樂曲變換他種演奏形式之樂曲 (B)將小說轉換成劇本 (C)將漫畫拍攝成電影著作 (D)將詩作編排成詩集

(B) 29. 依全民健康保險法第 43 條之規定，除不經轉診，於地區醫院、區域醫院、醫學中心門診就醫者外，關於保險對象應自行負擔門診費用之比例，下列敘述何者正確？ (A)保險對象應自行負擔門診費用之百分之十 (B)保險對象應自行負擔門診費用之百分之二十 (C)保險對象應自行負擔門診費用之百分之三十 (D)保險對象應自行負擔門診費用之百分之四十

(D) 30. 直轄市、縣 (市) 主管機關得核發家庭暴力被害人之補助，下列敘述何者錯誤？ (A)緊急生活服務費用，準用於目睹家庭暴力之兒童及少年 (B)非屬全民健康保險給付範圍之醫療費用及身心治療、諮商與輔導費用 (C)子女教育、生活費用、兒童托育費、安置費用與房屋租金費用 (D)家庭暴力被害人年滿 18 歲者，得申請創業貸款；其申請資格、程序、利息補助金額、名額及期限等，由中央目的事業主管機關定之

主要參考書籍

最新綜合六法全書　　　　陶百川等編纂　　　三民書局印行

六法全書　　　　　　　　林紀東等編　五南圖書出版公司印行

最新常用法律適用大全（中國）　　　　中國法制出版社出版

新六法（日本）　　　　永井憲一等編　　株式會社三省堂出版

法學緒論　　　　　　　　鄭玉波著　　　三民書局印行

法學緒論　　　　　　　　孫致中著　　　三民書局印行

法學緒論　　　　　　　　韓忠謨著　　　著作者發行

法學緒論　　　　　　　　林紀東著　五南圖書出版公司印行

法學緒論　　　　　　　　管　歐著　　　著作者發行

法學入門　　　　　　　　劉得寬著　五南圖書出版公司印行

法學緒論　　　　　　　　林榮耀著　　　著作者發行

法學緒論　　　　　　　　段重民著　　　國立空中大學印行

法學概論　　　　　　　　陳惠馨著　　　三民書局印行

法學概論　　　　　　　　李復甸
　　　　　　　　　　　　劉振鯤　著　　大中國圖書公司印行

中華民國憲法論　　　　　管　歐著　　　三民書局印行

中華民國憲法　　　　　　陳志華著　　　三民書局印行

中華民國憲法逐條釋義　　林紀東著　　　三民書局印行

中華民國憲法概要　　　　曾繁康著　　　三民書局印行

憲法新論　　　　　　　　管　歐著　五南圖書出版公司印行

中華民國憲法精義　　　　朱元懋著　　　著作者發行

中華民國憲法新論　　　　汪中原著　　　廣懋圖書公司印行

比較憲法　　　　　　　　劉慶瑞著　　　大中國圖書公司印行

民法概要　　　　　　　　何孝元著　　　三民書局印行

民法總則　　　　　　　　鄭玉波著　　　三民書局印行

民法總則大意	楊與齡著	五南圖書出版公司印行
民法債編總論	鄭玉波著	三民書局印行
民法物權	鄭玉波著	三民書局印行
民法親屬新論	陳棋炎 黃宗樂著 郭振恭	三民書局印行
民法繼承新論	陳棋炎 黃宗樂著 郭振恭	三民書局印行
商事法	鄭玉波著	大中國圖書公司印行
刑法原理	韓忠謨著	著作者發行
刑法總論	蔡墩銘著	三民書局印行
刑法概要	周冶平著	三民書局印行
刑法總則之比較與檢討	楊建華著	著作者發行
刑法總論	梁恆昌著	著作者發行
少年事件處理法	劉作揖著	三民書局印行
少年觀護工作	劉作揖著	五南圖書出版公司印行
保安處分執行法	劉作揖著	新文京出版公司出版
行政法	林紀東著	著作者發行
行政法概要	管　歐著	三民書局印行
中國行政法總論	管　歐著	著作者發行
行政法概要	左潞生著	三民書局印行
刑事訴訟法論	蔡墩銘著	五南圖書出版公司印行
民事訴訟法（上）（下）	陳計男著	三民書局印行
法律與人生	劉作揖著	五南圖書出版公司印行

■ 少年事件處理法

劉作揖／著

　　國內有關少年事件處理法的專門著作甚少，本書可說是最具代表性與權威性的一本學術論著。全書共分二編，第一編闡述少年事件處理法的意義、性質、制定與修改等內容。第二編闡述總則、少年法院、少年保護事件等有關少年保護事件之調查、審理、處分與執行之方策，體系完整、架構嚴謹，可供大學院校作為法律課程之教材，更是有志從事司法公職人員應考必備的第一手資料。

■ 法學概論

陳惠馨／著

　　本書討論法學的基本概念，例如如何學習法律、法律與生活的關係、民主與法治的關係、法律的意義等議題。希望讀者可以透過本書學習臺灣現行重要法律及其理念，並瞭解法律在社會中運作情形。本書重視理論與實務的結合，以真實案例，說明法律規範在生活中的運作情形。讀者透過本書，能全面掌握我國法制最新狀態。

國家圖書館出版品預行編目資料

法學緒論／劉作揖著.－－修訂十四版一刷.－－臺北
市：三民，2021
　　面；　公分

　　ISBN 978-957-14-6913-3　（平裝）
　1.法學

580　　　　　　　　　　　　　　　　　109012526

法學緒論

作　　　者	劉作揖
發 行 人	劉振強
出 版 者	三民書局股份有限公司
地　　　址	臺北市復興北路 386 號 (復北門市)
	臺北市重慶南路一段 61 號 (重南門市)
電　　　話	(02)25006600
網　　　址	三民網路書店 https://www.sanmin.com.tw
出版日期	初版一刷 1995 年 4 月
	修訂十二版一刷 2014 年 8 月
	修訂十三版一刷 2016 年 9 月
	修訂十四版一刷 2021 年 1 月
書籍編號	S585320
I S B N	978-957-14-6913-3

三民書局